中等职业教育“十二五”规划教材

中职中专物流类教材系列

物流信息技术

张秀生　主　编

张立川　副主编

李守斌　主　审

科学出版社

北　京

内 容 简 介

本书根据物流行业的特点，以理论结合实践为出发点，以实用、易懂为原则，遵循教育部对职业教育的要求，系统介绍了物流信息技术所应掌握的相关知识。

全书共分 10 章，详细阐述了物流信息和物流信息系统的基本知识，物流信息技术（数据库技术、条码技术、射频识别技术、物流 EDI 技术、GPS 技术、GIS 技术）以及智能运输系统的基本知识。本书采用案例引入、理论讲解、问题解决基本思路，并配以思考与练习及实际操作模拟训练作业来加强巩固学生对知识的理解和把握。

本书可作为中等职业技术学校物流管理及相关专业的教材，也可作为物流企业管理人员、市场营销人员学习和培训的参考书。

图书在版编目(CIP)数据

物流信息技术/张秀生主编. —北京：科学出版社，2007
（中等职业教育“十二五”规划教材・中职中专物流类教材系列）
ISBN 978-7-03-019643-9

Ⅰ. 物… Ⅱ. 张… Ⅲ. 物流-信息技术-专业学校-教材 Ⅳ.F253.9
中国版本图书馆 CIP 数据核字（2007）第 126247 号

责任编辑：任锋娟 王 琳/ 责任校对：刘彦妮
责任印制：吕春珉 / 封面设计：山鹰工作室

科学出版社 出版
北京东黄城根北街 16 号
邮政编码：100717
http://www.sciencep.com
北京中科印刷有限公司 印刷
科学出版社发行 各地新华书店经销
*
2007 年 9 月第 一 版 开本：787×1092 1/16
2020 年 1 月第八次印刷 印张：15
字数：353 000

定价：36.00 元

（如有印装质量问题，我社负责调换〈中科〉）
销售部电话 010-62136131 编辑部电话 010-62138978-8767（SF02）

中职中专物流类教材系列
编写委员会

顾　问

姜大源（教育部职业技术教育中心研究所研究员、教授，《中国职业技术教育》杂志主编）

任豪祥（教育部中等职业教育物流专业教学指导委员会主任委员，物流采购与联合会副会长）

主　任

李守斌（教育部中等职业教育物流专业教学指导委员会委员，河北经济管理学校副校长）

委　员（按姓氏笔画排序）

王国文　王爱霞　王维民　王淑荣

孙明贺　李　伟　李洪奎　李素芳

苏国锦　张立川　张月华　张秀生

陈伟明　柳和玲　侯彦国　傅锡原

序

教育的根本任务，在于根据人的智力结构和智力类型，采取适合的培养模式，发现人的价值，发掘人的潜能，展示人的个性。

长期以来，社会上普遍存在一种看法，认为职业院校的教学质量、教学水平低于普通院校，这是不公平的。因为职业教育与普通院校是两种不同类型的教育，从满足社会需求来看，职业教育重在培养生产、服务和管理第一线的应用型职业人才；而从个性需求来看，职业教育则重在培养以形象思维为主的青少年，使其同样成为国家不可或缺的人才。作为不同于普通教育的另外一种类型的教育，职业教育有着自己独特的规律和特点。教育类型不同，评价的标准也应该不同。

因此，职业教育的教育教学必须遵循自身的规律和特点。针对传统的建筑在学科体系理论知识基础上的教学，职业教育改革鲜明地提出了“行动导向”的全新教学观。所谓职业教育行动导向的教学，其基本意义在于：学生是学习过程的中心，教师是学习过程的组织者与协调人，遵循资讯、决策、计划、实施、检查、评估这一完整的行动过程序列，在教学中师生互动、生生互动，学生独立地获取信息、独立地制定计划、独立地实施计划、独立地评估计划，在动手中获取职业技能并掌握相关的专业知识。教学方法也从传统的课堂授课的组织形式逐步向项目教学法、案例教学法、仿真教学法、角色扮演教学法等转换。

但是，长期以来，对职业教育的教育教学改革至关重要的课程改革却一直止步不前，其原因在于课程微观内容的设计与编排始终远未跳出学科体系的藩篱。实践表明，职业教育课程内容的序化已成为制约职业教育课程改革的关键。在改革过程中出现的“工作过程系统化”的课程开发，很可能成为建立凸显职业教育特色的课程体系的突破口。

全国现代物流大会期间，我欣喜地听说科学出版社联合高职和中职院校以及相关企业的专家，在“行动导向”教学思想的指导下，共同合作开发了一套职业院校物流专业系列教材。这意味着，职业教育的课程开发正引起并成为教育界、经济界努力探索的目标，并且已经在物流行业取得了很大进展。所以，当这套物流教材的样章交给我时，我深深地感到，我们近年来在职业教育课程理论上的探究，在物流行业得到了实际的体现。特别是，以就业为导向的工学结合的办学模式，通过这套教材的开发、编写而得以“物化”。

伴随着物流这样一个在我国方兴未艾的行业的发展，物流管理专业由于刚刚起步，无论是在理论体系还是在教学实践层面都有待完善。但正因为如此，对教育界来讲，这是一种挑战，也是一种机遇。如何针对市场的不断变化、针对物流业的实际需求，培养出满足物流企业需要的职业人才，同时又如何针对学生的智力特点，针对学生的个性需求，培养出社会需要的合格劳动者，是我们职业教育界必须正视的问题。本系列教材密切结合物流企业的实际工作，结合物流业务的真实案例，在教材编写时充分考虑了学生的学习兴趣及其能力的培养，其特色可以概括为：

一、业务案例导入

本系列教材选择物流行业中的实际的工作案例，引发学生的思考，让学生带着问题去学习相应的理论知识，充分调动了学生的学习积极性。鉴于职业院校的学生主要具有形象思维的智力特征，如何将抽象的逻辑建构的知识体系形象化、具体化、生活化和职业化，提高他们的兴趣，是至关重要的。因此，从物流业务的实际工作案例导入，能大大提高学生学习的兴趣，从而激发其学习动力。

二、工作流程主线

本系列教材难能可贵的是，既关注职业院校毕业生必须首先以就业为目标的根本方向，强调教材内容要有助于学生迅速适应职业工作的要求，又关注技术和社会发展对职业人才提出的新要求，强调教材要有助于学生职业能力的培养，因此，理论知识不能太抽象而必须契合职业实践。以实际工作过程为主线的课程符合这一需求，所以本系列教材结合物流企业实际业务工作过程，在将职业技能的习得与相关理论知识的学习结合方面，做出了有益的探索。

三、教学资源多元

本系列教材扩展了传统教材的界域，将其视为一个教学资源库，从而能集实践、知识与操作应用于一体，配合视频采集、图片图表，并采取情境模拟、作业发布、集体讨论、小组竞赛等多种教学方式，极大地丰富了学生的感性认识和理性认识，有利于了教与学、做与学的整合。

四、学习内容综合

本系列教材的内容具有跨专业的视野。现代物流是一个深入国民经济各方面的开放系统和动脉系统，具有跨地区、跨行业、跨部门的特征，因此本系列在教学内容上必然涉及多方面的专业知识，由此必须打破传统教材的学科性及学科体系的界限，而按工作过程逻辑建构教学内容，就将专业的和跨专业的知识有机融合在一起。

五、学生主体凸显

本系列教材围绕基于职业实践的教学任务或单元，设计学习环境及其活动，并在各小节设置相关实训作业，旨在消除传统学科教学满堂灌的弊端，强调学生参与操作、参与思考，其内容编排要求学生采取小组学习形式，可充分发挥团队力量，既有利于学生主动探索和尝试精神的培养，又有助于学生责任感和协作精神的形成。

陶行之老先生有句话：“生活即教育，社会即学校，教学做合一。”我相信，只要我们职业教育界的各位同仁共同努力，深化改革，解放思想，追求创新，就能实现陶老的希望，创造卓越。

物流行业的发展日新月异，物流人才的需求与日俱增，物流职业教育的改革日益深入。如果说，物流职业教育的改革与发展，正迎来一个美好的春天，那么，在经历夏日的辛勤的耕耘之后，一定会有一个硕果累累的金秋。

教育部职业技术教育中心研究所研究员、《中国职业技术教育》主编

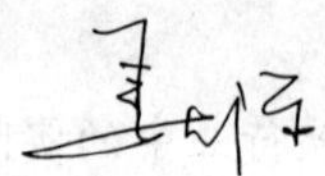

前 言

随着世界经济的快速发展和现代科学技术的进步，物流产业作为世界经济中一个新兴的服务部门，正在全球范围内迅速发展。在国际上，物流产业被认为是国民经济发展的动脉和基础产业，其发展程度成为衡量一国现代化程度和综合国力的重要标志之一，被喻为促进经济发展的“加速器”。现代物流业作为一种先进的组织方式和管理技术，被广泛认为是企业在降低物资消耗、提高劳动生产率以外的重要利润源泉，被业界称为“第三利润源”、“尚未开垦的大陆”、“降低成本的宝库”以及“国家经济的支柱”。它将在我国的经济发展中起到重要作用，也将对传统的交通运输业、仓储业带来革命性的变革。

随着我国物流产业的快速发展及物流行业对专业人才需求的不断增加，物流人才紧缺的问题日益突出。目前，我国已将现代物流专业人员列为十二类紧缺人才之一。

现代信息技术在经济中的广泛应用，不仅直接促进了传统产业的快速发展和结构调整，而且促使传统的物流活动成为一个新的专业化分工领域，形成从生产到消费的系统化的物流链条，实现了物流流程的优化和资源的合理配置，提高了全社会的流通效率和经济效益。

随着许多信息技术在物流领域中的广泛应用和物流企业信息密集程度的提高，物流从业人员的知识水平和技能水平也随之发生变化，这就对物流人才的培养和物流从业人员的培训提出了较高的要求。因此，加强信息技术人才的培养和物流从业人员操作与技能的培训，是彻底改变物流领域信息技术水平落后的关键。

根据教育部《中等职业学校物流专业紧缺人才培养教学指导方案》和多年的教学实践，我们编写了本书。书中本着要把提高学生的职业能力放在核心位置，加强实践性教学环节的指导思想，重点讲述了物流信息化系统的定义、功能结构，物流信息系统的开发过程，数据库技术、条码技术、射频识别技术、EDI 技术、GIS 技术和 GPS 技术的应用，具有很强的实用性。为了方便读者使用，本书还配备了相关的视频资料，如有需要请发邮件至 renfj@abook.cn 索取。

本书具体的编写分工如下：第 1 章、第 5 章由河北经济管理学校的董云婷编写，第 2 章由河北经济管理学校的刘会菊编写，第 3 章由北京外贸学校的李小龙编写，第 4 章由河北经济管理学校的王晓斐编写，第 6 章、第 10 章由河北经济管理学校的张秀生编写，第 7 章由北京金融商贸职业技术学校的赵静编写，第 8 章、第 9 章由河北经济管理学校的张立川编写。全书由张秀生负责统稿、定稿。本书由教育部中职物流专业教学指导委员会委员、中国现代物流研究会秘书长李守斌担任主审。

本书在编写过程中参考了许多专家的论著和相关教材及网站资料，在此对相关作者表示衷心的感谢。

由于编者水平有限，书中难免有不妥之处，敬请广大读者批评指出。

目　录

第1章 物流信息技术概论

信息技术在物流业的广泛应用，不仅可以提高企业的运作效率，增强企业的竞争能力，而且现代物流的发展对信息技术提出了更高的要求。物流信息贯穿整个物流活动的始终，并且起到重大的作用。随着近些年全球物流业的蓬勃发展，物流信息技术也越来越多地被物流公司和其他产业认可，它在整个社会活动中扮演着至关重要的角色。

1.1 信息与物流信息

学习目标

1. 了解数据与信息的概念、特征和关系
2. 掌握物流信息的概念和分类
3. 掌握信息与物流信息的关系

案例导入

朝鲜战争与兰德咨询公司的故事

朝鲜战争前，兰德公司向美国国防部推销一份秘密报告，其主题词只有7个字，要价150万美元。美国国防部认为是敲诈，不予理睬，结果“在错误的时间，在错误的地点，与错误的敌人进行了一场错误的战争”。战争结束之后，国防部才想起那份报告，拿来一看，追悔莫急。

问题：那7个字是什么？

答案：“中国将出兵朝鲜”。

必备的理论知识

1.1.1 信息的含义与特征

1. 数据与信息

(1) 数据

"数据"这个词大概已经算是当今使用频率最高的词汇之一了，那么到底什么叫数据？就是我们日常工作中所说的数字吗？这两者有什么联系和区别？我们可以先这样简单地理解：描述事物的符号记录称为"数据"。而描述事物的符号可以是数字，也可以是文字、图形、图像和声音等不同的表现形式。

可见数据的表现和存在形式是多种多样的，像"多媒体数据"，它可以是数字、文字、图形、图像、视频、音频等多种形式。举个例子：我们经常将朋友的电话号码和地址等信息记录在一个笔记本上，这样，每一个人的记录就可以看成是一条数据。电话号码就属于数字形式的数据，而地址属于文字形式的数据。

事物的用途直接影响着事物属性的定义，这些属性采用特定的符号来表示，并被转换成数据。确切地说，数据是描述事物特征的特定的符号，是人们传达思想，进行思想信息交流的载体。

对数据的描述是一个从客观事物出发，经过概念、规则或逻辑推理转换成数据的过程。这个过程可归纳为三个步骤：现实世界→概念世界→数据世界，如图 1.1 所示。

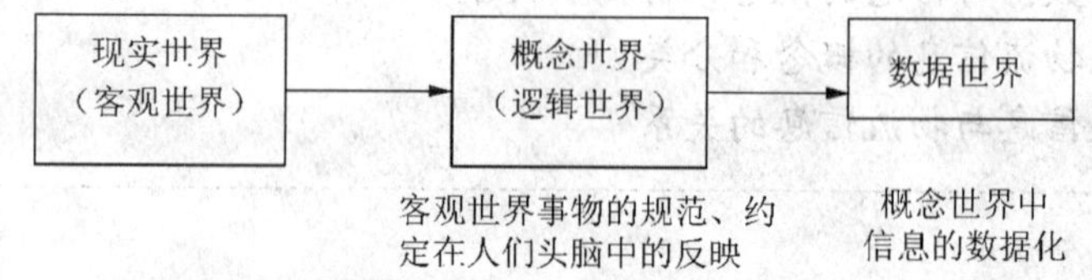

图 1.1 对数据的描述过程

(2) 信息

信息是指经过加工后的数据，对接收者存在着直接或潜在的价值。

信息与数据息息相关，数据是信息的载体，信息是对数据的解释。我们可以用图 1.2 所示来说明。

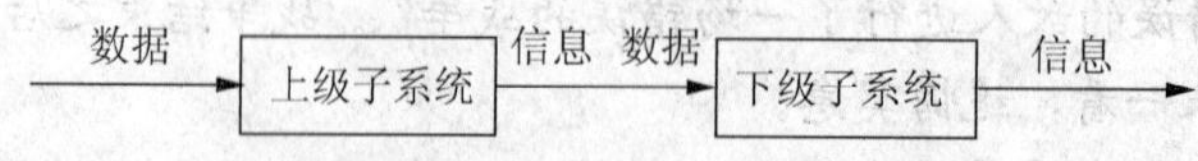

图 1.2 数据与信息的关系

对于任何一个子系统来说，它接收的是总是数据，输出的总是信息。

信息包括以下概念：

1）信源，即信息的发布者，也就是信息的传者。

2）信宿，即接受并利用信息的人，也就是信息的受者。

3）媒介，即可用以记录和保存信息并随后由其重现信息的载体。

4）信道，即信息传递的途径、渠道。

5）反馈，即受者对传者发出信息的反应，在传播过程中，这是一种信息的回流。

2. 信息的特征

（1）可识别性

信息是可以识别的，识别又可分为直接认别和间接识别，直接认别是指通过感官的识别，间接识别是指通过各种测试手段的识别。不同的信息源有不同的识别方法。

（2）可存储性

信息是可以通过各种方法存储的。

（3）可扩充性

信息随着时间的变化，将不断扩充。

（4）可压缩性

人们对信息进行加工、整理、概括、归纳就可使之精炼，浓缩。

（5）可传递性

信息的可传递性是信息的本质特征。

（6）可转换性

信息可以由一种形态转换成另一种形态。

（7）特定范围有效性

信息在特定的范围内是有效的，否则是无效的。

3. 信息与数据的关系

信息是加工后的数据，能够减少不确定性，对使用者的决策有意义。相当于原料和成品的关系。

1.1.2 物流信息

1. 物流信息的概念

物流信息是指与物流活动（运输、库存、包装、搬运、流通加工等）有关的必要信息。如在运输手段、路线的选定，运输单位的决定，库存期间的决定，接受订货和订货处理等过程中，都存在着大量必要的物流信息。

物流信息的基本功能是支持运输、仓储管理、订货管理等物流活动。信息化的发展使物流信息不只是停留在基本功能上，还包括更广泛的与流通有关的信息，如商品交易信息和商场信息。

2. 物流信息的分类

在处理物流信息和建立信息系统时，对物流信息进行分类是一项基础工作。物流信息有以下几种：

1）计划信息。

2）控制及作业信息。

3）统计信息。

4）支持信息。

另外，按领域功能分类，还有运输信息、仓储信息、装卸信息等。

3. 物流信息的特征

1）范围大，信息源点多，处理地点和传达对象分布广泛。

2）动态性强。

3）种类繁多。

4）物流信息趋于标准化。

1.1.3 信息与物流的关系

物流是联结供给和消费、克服空间和时间差异、实现物的价值的经济活动。现代物流一般包含运输、库存、装卸、搬运、包装等活动，而且这些活动对商品的流动来讲，是在不同场所进行的，特别是物流服务的主要作用在于缩短货物的在途时间、实现零库存、及时供货和保持供应链的连续和稳定。要求在物的流动过程中，保持信息的畅通。物流的特性决定了物流与信息流之间有着天然的密不可分的关系。

物流活动中的信息流是伴随着物流的运作而不断产生的，并作为物流的重要组成要素，为物流的运转、管理、决策以及制定战略提供不可缺少的依据。

接下来介绍物流与信息流的关系。物流和信息流之间的关系是密不可分的。一方面，物流活动产生大量的原材料供应、成品消费等信息。为提高物流的效率，要求信息流保持通畅，并准确反馈物流各环节运作所需要的信息；另一方面，信息技术的不断进步为信息的及时大规模传递创造了条件，反过来促进物流服务范围的扩大和物流组织管理手段的不断改进，促进物流能力和效率的提高。

1）物流活动的内容包括订货管理、订货处理、配送作业、运输、采购等。通过信息流的反馈作用，使其每一项物流作业按照物流要求得以实现。

2）物流是一项系统性较强的活动，需要制定周密的物流计划。这些计划的制定，需要有大量的、及时的信息支持，充分、准确的信息流是制定物流计划有效的保障。

3）现代通信技术和网络技术的发展和应用，使得跨地区的及时信息交流和传递成为可能，加之网上支付正在成为现实，使物流在较大范围运作、构建跨地区的物流网络成为可能。

小　结

信息在我们的生活和工作中无处不在，准确、及时、有用的信息对做出合理、有效的决策至关重要。物流活动中物流信息更是如此，每个物流企业都应对信息做出合理的收集和应用。

1.2　物流系统功能的信息需求与信息处理

学习目标

1. 了解物流系统的功能
2. 掌握物流系统功能的信息需求
3. 了解物流信息处理的内容

案例导入

为了与国际接轨，建立高效、迅速的现代物流系统，海尔采用了 SAP 公司的 ERP 系统和 BBP 系统（原材料网上采购系统），对企业进行流程改造。经过近两年的实施，海尔的现代物流管理系统不仅很好地提高了物流效率，而且将海尔的电子商务平台扩展到了包含客户和供应商在内的整个供应链管理，极大地推动了海尔电子商务的发展。你了解海尔的物流系统是怎样构成的吗？

必备的理论知识

1.2.1　物流系统的功能

1. 运输功能

运输是物流的核心业务之一，也是物流系统的一个重要功能。选择何种运输手段对于物流效率具有十分重要的意义，在决定运输手段时，必须权衡运输系统要求的运输服务和运输成本，可以将运输机具有的服务特性作为判断的基准：运费、运输时间、频度、运输能力、货物的安全性、时间的准确性、适用性、伸缩性、网络性和信息等。

2. 仓储功能

在物流系统中，仓储和运输是同样重要的构成因素。仓储功能包括了对进入物流系统的货物进行堆存、管理、保管、保养、维护等一系列活动。仓储的作用主要表现在两个方面：一是完好地保证货物的使用价值和价值，二是为了将货物配送给用户，在物流中心进行必要的加工活动而进行的保存。随着经济的发展，物流由少品种、大批量物流进入到多品种、小批量或多批次、小批次物流时代，仓储功能从重视保管效率逐渐变为重视如何才能顺利地进行发货和配送作业。流通仓库作为物流仓储功能的服务据点，在流通过程中发挥着重要的作用，它将不再以储存保管为主要目的。流通仓库包括检选、配货、检验、分类等作业，并具有多品种、小批量，多批次、小批量等收货配送功能以及附加标签，重新包装等流通加工功能。根据使用目的，仓库的形式可分为以下几种：

1）配送中心（流通中心）型仓库，具有发货、配送和流通加工的功能。

2）存储中心型仓库，以存储为主的仓库。

3）物流中心性仓库，具有存储、发货、配送、流通加工功能的仓库。

物流系统现代化仓储功能的设置，以生产支持仓库的形式，为有关企业提供稳定的零部件和材料供给，将企业独自承担的安全储备逐步转为社会承担的公共储备，减少企业经营的风险，降低物流成本，促使企业逐步形成零库存的生产物资管理模式。

3. 包装功能

为使物流过程中的货物完好地运送到用户手中，并满足用户和服务对象的要求，需要对大多数商品进行不同方式、不同程度的包装。包装分工业包装和商品包装两种。工业包装的作用是按单位分开产品，便于运输，并保护在途货物。商品包装的目的是便于最后的销售。因此，包装的功能包括再保护商品、单位化、便利化和商品广告等几个方面。前三项属物流功能，最后一项属营销功能。

4. 装卸搬运功能

装卸搬运是随运输和保管而产生的必要的物流活动，是对运输、保管、包装、流通加工等物流活动进行衔接的中间环节，以及在保管等活动中为进行检验、维护、保养所进行的装卸活动，如货物的装上卸下、移送、拣选、分类等。装卸作业的代表形式是集装箱化和托盘化，使用的装卸机械设备有吊车、叉车、传送带和各种台车等。在物流活动的全过程中，装卸搬运活动是频繁发生的，因而是造成产品损坏的重要原因之一。对装卸搬运的管理，主要是对装卸搬运方式、装卸搬运机械设备的选择和合理配置与使用以及装卸搬运合理化，尽可能减少装卸搬运次数，以节约物流费用，获得较好的经济

效益。

5. 流通加工功能

流通加工功能是在物品从生产领域向消费领域流动的过程中，为了促进产品销售、维护产品质量和实现物流效率化，对物品进行加工处理，使物品发生物理或化学性变化的功能。这种在流通过程中对商品进一步的辅助性加工，可以弥补企业、物资部门、商业部门生产过程中加工程度的不足，更有效地满足用户的需求，更好地衔接生产和需求环节，使流通过程更加合理化，是物流活动中的一项重要增值服务，也是现代物流发展的一个重要趋势。

流通加工的内容有装袋、定量化小包装、拴牌子、贴标签、配货、挑选、混装、刷标记等。流通加工的主要作用表现在：进行初级加工，方便用户；提高原材料利用率；提高加工效率及设备利用率；充分发挥各种运输手段的最高效率；改变品质，提高收益。

6. 配送功能

配送功能的设置，可采取物流中心集中库存、共同配货的形式，使用户或服务对象实现零库存，依靠物流中心的准时配送，而无需保持库存或只需保持少量的保险储备，以减少物流成本的投入。配送是现代物流的一个最重要的特征。

7. 信息服务功能

现代物流是需要依靠信息技术来保证物流体系正常运作的。物流系统的信息服务功能包括进行与上述各项功能有关的计划、预测、动态（运量、收、发、存数）的情报及有关的费用情报、生产情报、市场情报活动。物流情报活动的管理，要求建立情报系统和情报渠道，正确选定情报科目和情报的收集、汇总、统计、使用方式，以保证其可靠性和及时性。

从信息的载体及服务对象来看，该功能还可分成商流信息服务功能和物流信息服务功能。商流信息主要包括进行交易的有关信息，如货源信息、物价信息、市场信息、资金信息、合同信息、付款结算信息等。商流信息中的交易、合同等信息，不但提供了交易的结果，也提供了物流的依据，是两种信息流主要的交汇处；物流信息主要是物流数量、物流地区、物流费用等信息。物流信息中库存量信息不但是物流的结果，也是商流的依据。

物流系统的信息服务功能必须建立在计算机网络技术和国际通用的 EDI 信息技术基础之上，才能高效地实现物流活动一系列环节的准确对接，真正创造“场所效用”及“时间效用”。可以说，信息服务是物流活动的中枢神经，该功能在物流系统中处于不可或缺的重要地位。

信息服务的主要作用表现为：缩短从接受订货到发货的时间，库存适量化，提高搬运作业效率，提高运输效率，使接受订货和发出订货更为省力，提高订单处理的精度，防止发货、配送时出现差错，调整需求和供给，提供信息咨询等。

1.2.2 物流系统功能的信息需求

物流系统功能的信息需求，如图 1.3 所示。

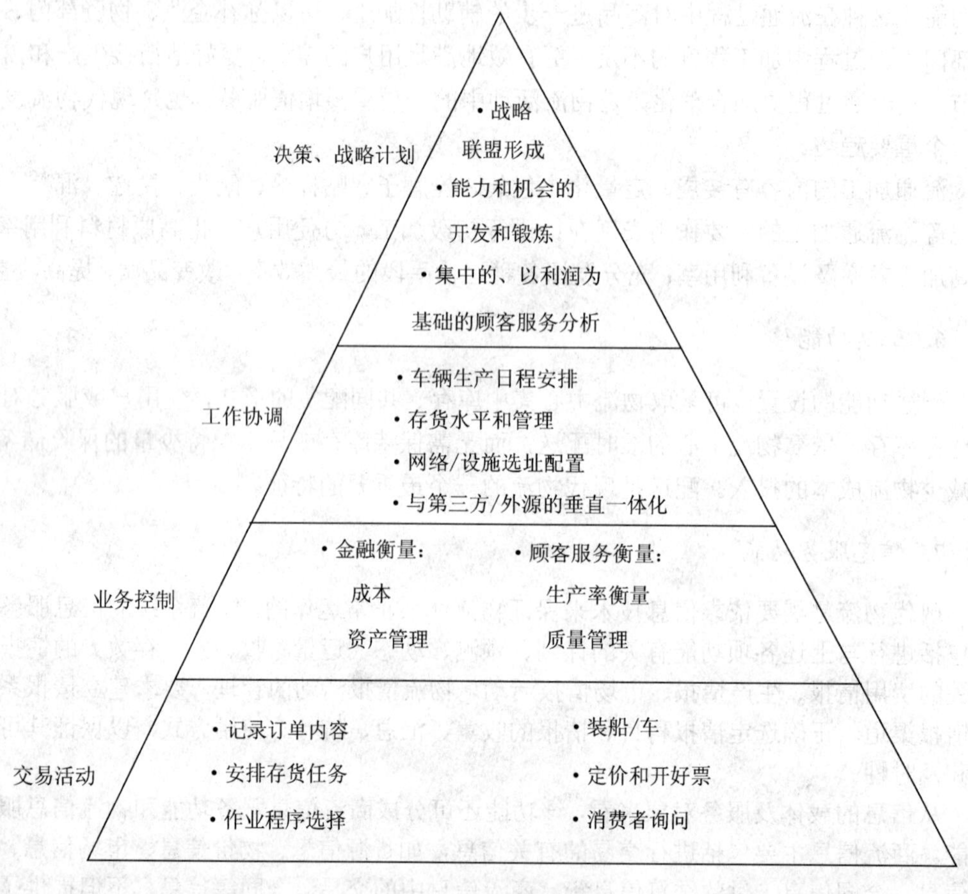

图 1.3 物流系统功能

1.2.3 物流信息处理的主要内容

1. 订货信息处理

1）计划阶段：选定订货方法，选定订货信息的传递手段。

2）实施阶段：订货处理，核对库存，核对装卸能力，核对配送能力，制作出货单，制作进货单，迟进货物的管理。

3）评价阶段：订货统计分析，退货处理，进货管理。

2. 库存管理中的信息处理

1）计划阶段：决定库存地点的数量，商品库存的合理配置，设定库存预算，拟定标准的库存周转率。

2）实施阶段：回答库存，进出库处理，移送处理，卸现货货架。

3）评价阶段：库存预算与库存实际的对比，标准库存周转率与实际周转率的对比，分析过剩库存，分析缺货库存，分析商品的恶化和破损，计算保管费，计算保险费。

3. 进货信息处理

1）计划阶段：选定进货方法，选定订货信息传递手段。

2）实施阶段：进货，掌握和督促未进仓库的商品。

3）评价阶段：分析进货统计。

4. 仓库管理中的信息

1）计划阶段：租用储运公司的仓库或使用自有仓库的决定，决定仓库容积和设备的设计，保管形式的设计，仓库设备投资的经济核算。

2）实施阶段：自动仓库的经营；容纳场所的指示；故障对策，完善仓库的安全设备；安置管理。

3）评价阶段：分析仓库设备的调动；空架表；故障分析；计算修理费用，计算保安设施费用。

5. 装卸信息处理

1）计划阶段：装卸方法的设定，装卸机械投资的经济核算。

2）实施阶段：装卸作业指示，商品检查。

3）评价阶段：装卸费用分析，装卸机械调动分析。

6. 包装信息处理

1）计划阶段：决定包装形式；决定运输货物的形态；拟定包装标准，设计自动包装。

2）实施阶段：包装材料的管理，包装工程的管理，不同包装种类的指示货盘管理，空集装箱的管理。

3）评价阶段：包装费用的分析，事故统计。

7. 运输信息处理

1）计划阶段：运输工具的选定；运输路线的选定，运送大宗货物的决定。

2）实施阶段：调配车辆，货物装载指示，货物跟踪管理。

3）评价阶段：运费计算，装载效率分析，车辆调动分析，迂回运输分析，事故分析。

8. 配送信息处理

1）计划阶段：配送中心的数量、位置的确定，配送区域的确定。
2）实施阶段：配送指示，与配送的货物抵达点联络，货物跟踪管理。
3）评价阶段：运费计算，装载效率分析，车辆调动分析，退货的运费分析，误差分析。

9. 综合系统信息处理

1）计划阶段：物流综合系统的设计，需求的预测。
2）实施阶段：订货处理的流向跟踪。
3）评价阶段：综合业绩的掌握和分析，综合流通费用的分析，服务时间和服务效率的分析。

小结

物流系统是对整个物流活动的综合管理。系统是否合理关系到企业物流工作的有效性和合理性，对任何物流企业来说，物流系统的基础构架没有太大的区别，但是具体工作必须进行有针对性的设置和安排。

1.3 物流信息系统的特征与类型

学习目标

1. 了解物流信息系统
2. 掌握物流信息系统的基本结构
3. 物流信息系统的类型

案例导入

现在越来越多的公司建立了自己的物流系统，节省了成本，提高了效率。但是不同的公司有不同的结构和侧重的业务。你能根据自己的了解和所学知识编写一个最基本的物流公司的系统结构图吗？

必备的理论知识

1.3.1 物流信息系统

物流信息系统作为信息系统的主要组成部分，可以理解为通过对与物流相关信息的收集、加工、处理、储存和传递来达到对物流活动的有效控制和管理，并为企业提供信息分析和决策支持的人机系统。它具有实时化、网络化、系统化、规模化、专业化、集成化、智能化等特点。

物流信息系统对物流信息进行收集、整理、存储传播和利用，也就是将物流信息从分散到集中，从无序到有序，从产生、传播到利用。同时对涉及物流信息活动的各种要素，包括人员、技术、工具等进行管理，实现资源的合理配置。在这个意义上，物流信息系统将硬件和软件结合在一起，对物流活动进行管理、控制和衡量。

物流信息系统的结构如图 1.4 所示。

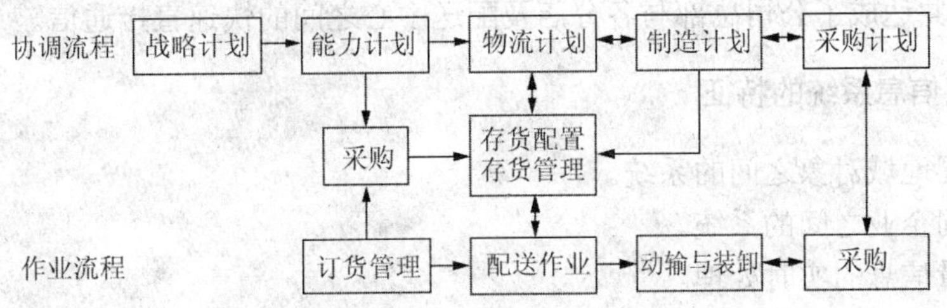

图 1.4 物流信息系统结构

从物流信息系统结构图中可以看到，现代物流是一系列繁杂而精密的活动，要计划、组织、控制和协调这一活动，离不开物流信息系统的支持。物流信息系统的支持与决策作用主要表现在以下几个方面：

1）为物流战略规划提供决策依据，为建立以顾客为中心的服务战略提供实施依据，确立正确的顾客服务水平和物流保障系统。

2）为客户的订单处理提供准确可靠的作业指令。订单处理过程是作业指令的发出和进行具体的生产、运输、仓储、配送等方面的执行命令过程，有了及时准确的作业命令，才会有准确率高的物流作业活动。

3）为物流基础设施投资提供项目可行性建议。

4）为物流绩效评价提供基础数据和指标体系。

在实际操作过程中，我们可以看看沃尔玛的经营策略。

零售业巨人沃尔玛连锁店，以每年 2000 余亿美元的销售额稳居全球企业 500 强的前 3 位。沃尔玛在美国已拥有连锁店约 3500 家，在其他国家约 1100 家，全球雇员 1200 多万。如此庞大的“商业帝国”，如果没有一套完善的物流信息系统，那么其工作量之大是无法估计的，也是不可能完成的。实际上，沃尔玛的信息系统是极其完备和先进的，在这一点上，沃尔玛远居世界前列。

有资料表明，到20世纪90年代初，沃尔玛在电脑和卫星（物流信息系统的硬件设施）通信系统上就已经投资了7亿美元，而它只不过是一家纯利润只有2%～3%的折扣百货零售公司。1983年，沃尔玛与休斯公司合作的投资2400万美元的人造卫星发射升空。到20世纪80年代末期，沃尔玛配送中心的运行完全实现了自动化。每个配送中心约10万平方米面积，每种商品都有条形码，由十几公里长的传送带传送商品，由激光扫描器和电脑追踪每件商品的储存位置和运送情况。沃尔玛在全球的4000家门店通过它的物流信息系统网络可以在1小时之内对每件商品的库存、上架、销售量全部盘点一遍。在公司的通信卫星室里看上一两分钟就可以了解一天的销售情况，可以查到当天信用卡入账的总金额，可以查到任何地区或者任何商店、任何商品的销售数量，并且根据销售的历史纪录以及目前状况和趋势，预测出未来的销售情况，为库存和采购提供准确及时的决策依据。整个沃尔玛公司的信息系统可以处理工资发放、顾客信息和订货、发货、送货，并达成了公司总部与各分店及配送中心之间的快速直接通信。

1.3.2 物流信息系统的特征

1）不同地域对象之间的系统。
2）不同企业之间的系统。
3）大量信息的实时处理。
4）对于波动的适应性。
5）与作业现场密切联系的系统。
6）可得性。
7）准确性。
8）及时性。
9）以异常情况为基础的物流信息系统。

1.3.3 物流信息系统的类型

按物流作业流程来分，可分为进货管理系统、销售管理系统和库存管理系统。若按物流环节来分，可分为仓储管理系统、配送管理系统、运输管理系统等。

1. 进货管理系统

进货操作中主要有以下环节：
1）请购单。
2）询价。
3）采购单。

4）进货处理。

5）退货处理。

6）供应商管理。

2. 销售管理系统

1）销售管理系统主要包含以下环节：

① 报价。

② 销售单。

③ 出货处理。

④ 退货处理。

⑤ 客户信息管理。

⑥ 销售预测和分析。

2）销售预测与分析系统设计要求如下：

① 具备按商品、客户、作业人员、仓库等查询销售量、销售金额、成本、利润等数据及打印各种汇总报表的功能。

② 在固定期间比较不同时期的资料，并制作百分比评估表。

③ 能由使用者自定各项预测模式。

④ 注意检索与排序程序的算法，以缩减处理时间。

3. 库存管理系统

库存管理系统具体有以下环节：

1）库存计划。

2）商品分类分级。

3）入库。

4）出库。

5）调拨处理。

6）盘点。

4. 仓储管理系统

1）入库作业系统。

2）保管场所系统。

3）出库作业系统。出库作业系统包括：订单处理系统、订货拣选系统、出库处理等内容。

5. 配送管理系统

配送管理系统包括商品集中、分类、车辆调度、车辆配装、配送路线规划及配送途中的跟踪管理等功能。

1）配送系统设计要点如下：

① 派车系统中司机及随车人员的调派要考虑司机的工作能力、体力、以往工作量及曾配送区域的范围，以便有效地安排配送人员。

② 车辆配送中遇到困难或其他不能完成任务的情况，也应返回系统中进行分析，避免下次重新出现车辆调派的错误。

③ 现有车辆不足以配发所有物品时，车辆调派系统还需具备估计所需车辆种类、台数的功能。

2）企业信息管理系统。其主要功能是满足企业日常生产活动中对资金、人事、业务流程管理、资产等的审核监督、控制等方面的要求。因此信息管理系统有许多种，分别适应企业不同方面的要求，例如：

① 电子邮件系统。

② 办公自动化系统。

③ 工资系统。

④ 认识档案系统。

⑤ 固定资产管理系统。

⑥ 财务管理系统。

⑦ 进、销、存管理系统。

⑧ 生产制造管理系统。

⑨ 企业资源管理系统。

⑩ 客户关系管理系统。

⑪ 供应商关系管理系统。

⑫ 物流管理系统。

⑬ 供应链管理系统。

⑭ 信息管理平台。

知识链接

物流管理软件的主要功能

物流管理软件及其功能主要包括以下内容：

（1）货代管理软件

1）空运管理。

① 客户委托。

② 制单作业。

③ 集货作业。

④ 订舱。

⑤ 预报。

⑥ POD（客户接受确认）。

⑦ 运价管理。

2）海运管理。

① 客户委托。

② 制单作业。

③ 订舱。

④ 调箱作业。

⑤ 集装/拼箱作业。

（2）财务管理

① 总账管理。

② 应收账款管理。

③ 应付账款管理。

④ 财务预算管理。

⑤ 固定资产管理。

⑥ 财务分析管理。

⑦ 客户化财务报表。

另外，还有仓储管理、运输管理、订单管理、结算管理等软件。

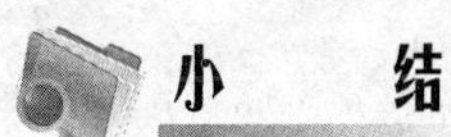

小　　结

随着信息技术的发展，越来越多的企业开始重视现代技术的应用。现代物流也是如此，因此物流信息系统的应用就更为重要。信息人员的工作，信息的收集和运用，信息系统的使用可以提高工作效率，提升企业利润。

本 章 小 结

物流信息技术在物流行业的作用至关重要。目前，已有越来越多的国家和公司在物流活动中广泛地应用了信息技术，我国也是如此。因此，物流人才必须要对信息技术有更加深刻的了解才能更好地应用到实践活动中去。信息充斥了社会的所有角落，我们所处的时代是信息爆炸的时代，信息系统的应用尤其广泛，而且，信息人员在近几年的需求在增加，物流信息技术的学习与应用都是必需的。

思考与练习

1．数据与信息的区别和联系有哪些？
2．物流信息有何特点？
3．简述物流系统的功能。
4．简述物流信息系统的基本结构。
5．案例分析。

焰火不是构成奥运会的重要元素，但假如焰火未能按时就绪，奥运会开幕式就会受到牵制；而不能顺利举行开幕式，对一场全人类的体育盛事来说，便可能是灾难性的事故……

当北京申办奥运成功，欢腾过后，人们开始冷静地思考“奥运能为我们带来什么”、“奥运能创造多少经济价值”、“北京需要为奥运做哪些准备”。中国有古话说“兵马未动，粮草先行”、“养兵千日，用兵一时”，在迎接第 29 届奥运会的“漫长”7 年里，物流系统建设，是摆在北京面前的最艰巨的任务之一。

我们如何认识奥运会为我国物流业带来的机遇和挑战？建设奥运物流工程需要解决哪些问题？信息技术又能在解决这些问题中发挥怎样的作用？

小组模拟仿真

（要求小组讨论，并将活动成果以小组为单位提交电子作业）

物流信息技术概述

在 Internet 上登录某一专业物流公司的网站，了解物流信息技术运用情况，并写一篇关于其信息技术运用情况的案例。

1．分析问题

1）该公司利用了哪些信息技术手段？
2）你认为哪些方面应用的较好，哪些方面还有待加强？
3）分析该公司自己的物流信息系统。

2．活动要求

分组讨论完成内容，并以 PPT 的形式完成。

3．制作步骤

1）每组将任务分工，分别查询相关的资料。
2）将所搜集的素材整合在一起。

3）设计完整美观的PPT。

4）由小组代表阐述案例并进行评价。

5）组外同学提出与小组案例相关问题。

6）小组代表或组员回答上述问题。

7）小组代表总结。

8）教师评价打分。

4. 注意事项

1）PPT资料要求图文并茂、清晰生动、突出主题。

2）语言表达流畅、吐字清楚、声音洪亮、逻辑性强。

3）分析问题一定要结合实际。

5. 作业展示及点评

考核评分请参见下表。

考核评分表

考评小组		被考评小组	
考评地点		考评时间	
考评内容	物流信息技术概述		
考评标准	内容	分值	实际得分
	条理清楚	60	
	有创新	30	
	整体内容连贯，素材运用得当	10	
合　计		100	

注：考评满分为100分，60～74分为及格；75～84分为良好；85分以上（含85分）为优秀。

第2章 数据库管理技术

数据库是数据管理的最新技术，是计算机科学的重要分支。数据库自20世纪60年代中期产生到今天仅仅三十几年的历史，但数据库技术不论在理论上、实现技术上还是在应用上，都取得了巨大的发展。现代数据库技术与人工智能技术、网络通信技术、面向对象程序设计技术、并行计算技术、多媒体技术等互相渗透、互相结合，成为当前数据技术发展的主要特征。

2.1 数据库基础知识

学习目标

1. 掌握数据库概念
2. 理解数据库管理系统概念
3. 理解数据库系统概念
4. 了解数据库系统的特点

案例导入

中国拥有总里程超过5万公里的铁路线，是世界上最大的铁路运输网之一，铁路客运服务在其中占有非常重要的地位。我国有5000多个车站承办客运业务，日开列车2000多列。为了使客运售票工作正确无误、高速进行，通常对这些数据进行统一管理和存储，能够完成这一任务的便是数据库。

请思考：什么是数据库？

必备的理论知识

2.1.1 数据库、数据库管理系统及数据库系统

1. 数据库

孤立的数据不能代表确切的信息，为反映某一方面的信息往往需要若干数据。例如学生的基本信息：姓名、性别、出生年月、籍贯，这些数据需要被组织起来。最初的数据以文件形式组织，处理数据时，更多的是涉及对文件的操作（读与写），造成了数据处理不便、数据共享困难等一系列问题，数据库（database，DB）技术的产生有效地克服了这类问题。

数据库，从字面上可理解为是存放数据的仓库。从技术角度上看，数据库是存储在计算机的存储介质上，按一定的方式组织起来的相关数据的集合。数据库是结构化的，不仅仅描述数据本身，而且对数据之间的关系进行描述。数据库中的数据具有高度的共享性。

2. 数据库管理系统

如何科学地组织和存储数据，如何高效地获取和维护数据，完成这一任务的便是数据库管理系统（database management system，DBMS）。DBMS 是维护和管理数据库软件，是数据库与用户间的界面。它需要通过操作系统的支持，向用户提供一系列的数据管理功能。数据库管理系统是数据系统的一个重要组成部分。其主要功能包括以下几个方面：

1）数据定义功能：用户通过 DBMS 提供的数据定义语言（data definition language，DDL）对数据库的数据对象进行定义。

2）数据操纵功能：用户通过 DBMS 提供的数据操纵语言（data manipulation language，DML）实现对数据库的基本操作，如查询、插入、删除和修改等。

3）数据库运行管理：数据库在建立、运行和维护时由数据库管理系统统一管理和控制，以保证数据的安全性、完整性、多用户数据的并发使用及发生故障后的系统恢复。

4）数据库的建立和维护功能：它包括数据库初始数据的输入和转换，数据库转储和恢复，数据库的重组织功能和性能监视、分析功能等。这些功能通常是由一些实用程序完成的。

3. 数据库系统

数据库系统（database system，DBS）是指在计算机系统中引入数据库技术，具有管理数据库功能。其一般由数据库、数据库管理系统（及其开发工具）、应用程序、数据库管理员和用户构成，数据库系统的层次如图 2.1 所示。

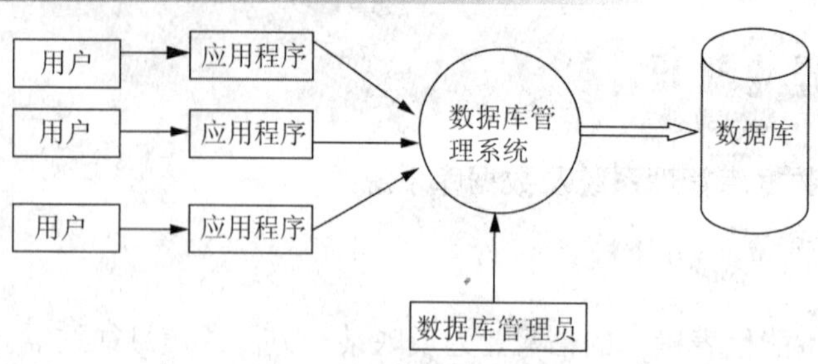

图 2.1 计算机数据库系统

2.1.2 数据库系统的特点

1. 数据结构化

数据不再从属于特定的应用，而是按照某种数据模型组织成为一个结构化的整体。它描述数据本身的特性，也描述数据与数据之间的种种联系。数据结构化，有利于实现数据共享。

2. 数据的共享性

数据共享是数据库系统的目的，也是它的重要特点，各个不同的用户可以在相同的时间存取同一数据库中的数据。

3. 数据冗余小，易扩充

以一定的数据模型来组织数据，数据可减少重复；数据不再是面向某一特定的应用，而是面向整个系统，减少了数据冗余和不一致现象。

4. 数据独立于程序

数据库系统提供了数据的存储结构与逻辑结构之间的映射功能及总体逻辑结构与局部逻辑之间的映射功能，实现了数据的物理独立性和逻辑独立性，把数据的定义和描述与应用程序完全分离开。

5. 数据由 DBMS 统一管理和控制

数据库的资源是共享资源，因而计算机的共享一般是并发的，即多个用户同时使用数据库，甚至可以同时使用数据库中同一个数据。为此，DBMS 还必须提供以下几个方面的数据控制功能：

（1）数据的安全性保护

数据的安全性是指采取一定安全保密措施确保数据不被非法的使用，造成数据的泄密和破坏。

（2）数据的完整性检查

数据的完整性是指数据的正确性、有效性和相容性。完整性检查将数据控制在有效的范围内，或保证数据之间满足一定的关系。

（3）并发控制

当多个用户的并发进程同时存取、修改数据库时，可能会发生相互干扰而得到错误结果，导致数据库完整性遭到破坏，因此必须对多用户的并发操作加以控制和协调。

（4）数据库恢复

当系统发生故障或对数据库数据的操作发生错误时，系统能进行应急处理，把数据库恢复到正确状态。

知识链接

新一代数据库的特点

1）面向对象的方法和技术对数据库发展的影响最为深远。

2）数据库技术与多学科技术的有机结合。

① 数据库技术与分布处理技术相结合，出现了分布式数据库系统。

② 数据库技术与并行处理技术相结合，出现了并行数据库系统。

③ 数据库技术与人工智能技术相结合，出现了知识库系统和主动数据库系统。

④ 数据库技术与多媒体技术结合，出现了多媒体数据库系统。

⑤ 数据库技术与模糊技术相结合，出现了模糊数据库系统。

3）面向应用领域的数据库技术的研究。数据库技术被应用到特定的领域中，出现了数据仓库、工程数据库、统计数据库、空间数据库、科学数据库等多种数据库。

小　　结

数据库是长期存储在计算机内的有组织的数据集合，它可以供多个用户共享，具有较小冗余和较高的数据独立性。DBMS 是维护和管理数据库的软件，方便用户快速地建立、维护、查询、存取和处理数据库中的数据。

2.2　关系数据库设计基础

学习目标

1. 了解数据模型的概念
2. 掌握关系模型概念及常用术语
3. 理解关系模型的特点
4. 掌握关系模型的完整性

案例导入

在现实生活中我们见过很多模型，如飞机模型、汽车模型、手机模型、建筑模型等，请问什么是数据模型呢？那么在计算机中如何将数据以何种形式来组织呢？

必备的理论知识

2.2.1 数据模型

模型是现实世界特征的模拟和抽象，而数据模型（data model）则是对现实世界数据特征的抽象。数据库存放的是某个企业、组织或部门的综合性数据。它不仅要反映数据本身的内容，而且要反映数据之间的联系。

数据库的组织形式称为数据模型，它决定了数据（结点）之间联系表达方式，直接影响数据库的性能，数据模型的设计方法决定着数据库的设计方法。数据库系统使用的主要数据模型有层次模型（hierarchical model）、网状模型（network model）、关系模型（relational model）和面向对象模型（objectoriented model）。

层次模型、网状模型是早期的数据模型，又称为格式化数据模型。由于关系模型比层次模型、网状模型更为简单灵活，并且其研制发展较快，因此现在关系数据库产品占据统治地位。

2.2.2 关系模型

关系模型是建立在严格的数据概念的基础之上的。在关系模型中，数据被组织成若干个二维表，它们分别由行和列组成。每一张表又称为一个关系，其数据结构形式简单、统一，易于掌握和应用，因而在数据库领域占有重要地位。现以表 2.1 为例，介绍关系模型中的一些术语。

表 2.1 供应商表

供应商	货物名称	电 话	地 点
S_1	冰箱	021-××××××××	上海
S_2	洗衣机	020-××××××××	广州
S_3	电视机	0532-××××××××	青岛

关系：一个关系对应一张二维表，表 2.1 所示这张供应商表就是一个关系。

元组：表中的一行即为一个元组。

属性：表中的一列即为一个属性，给每个属性起一个名称即为属性名。如表 2.1 所示，有四列，对应四个属性（供应商、货物名称、电话、地点）。

分量：元组中的一个属性值，如S_3、电视机等。

主键：表中的某个属性组，它可以唯一确定一个元组。

关系模式：对关系的描述，一般表示为关系名（属性1，属性2，……，属性n）。例如，以上的关系可描述为供应商表（供应商，货物名称，电话，地点）。

1. 关系数据模型的特点

（1）关系必须规范化

所谓规范化是指关系模型中的每一个关系模式都必须满足一定的要求，即表中不能再包含表。

（2）模型概念单一

关系模型无需另设指针，而是由数据本身自然地反映它们之间的联系。

（3）集合操作

在关系模型中，操作的对象和结果都是元组的集合，即关系。

2. 关系模型的三类完整性

（1）实体完整性

若属性A是基本关系R的主属性，则属性A不能取空值。

对于实体完整性规则说明如下：

① 一个基本关系通常对应现实世界的一个实体集。

② 现实世界中的实体是可区分的，即它们具有某种唯一性标识。

③ 关系模型中由主键作为唯一性标识，主键值不能重复。

④ 主键不能取空值。所谓空值就是“不知道”或“无意义”的值，即不存在的实体。

例如：学生（学号、姓名、性别、年龄、籍贯），学号即为学生关系的主属性（属性值是唯一的），其值不能重复也不能取空。

（2）参照完整性

若基本关系R中含有与另一基本关系S的主键Ks相对应的属性F(F称为外部键)，则对于R中每个元组在F上的值必须满足：或者取空值（F的每个值均为空值）；或等于S中某个元组的主键值。

例如，供应商表（供应商、地点）和订单表（订单号、供应商、货物、价格、数量），在订单关系中，供应商是它的外部键，其值或者为空，或者等于供应商关系中供应商的值。

（3）用户定义的完整性

实体完整性和参照完整性用于所有基本表，并由关系模型自动定义和检验。用户定义的完整性就是针对某一具体关系数据库的约束条件。它反映某一具体应用所涉及的数据必须满足的语义要求。关系模型应提供定义和检验这类完整性的机制，以便用统一的系统的方法处理它们，而不由应用程序承担这一功能。

2.2.3 关系数据库

使用关系模型的数据库称为关系数据库。在关系数据库中处理的最小单位是字段即属性，例如一个人的姓名、一个产品的编号、单价等字段的逻辑组合称为一个记录即元组，即与一个特定产品有关的所有字段构成这个产品的记录。所有同类的记录组成一个文件即二维表，例如，所有的产品记录组成产品文件。逻辑相关的表再组成为一个数据库，例如，产品销售数据库可以包含产品表、订单表和销售商表等。

一个关系（relation）是一张描述数据集合的二维表。

关系具有以下基本性质：

① 任意两上元组不能完全相同。

② 行的顺序可以任意交换。

③ 列是同域的，每一列的字段数据类型相同。

④ 不同的列可以出自同一个域，但要给予不同的属性名。

⑤ 列的次序可以任意交换。

⑥ 表中任意字段必须是不可再分的数据项。

⑦ 在关系数据库中，每一个二维表或关系都描述一种实体。实体是表示特定的人或事物的概念，如供应商、货物、订单等（见表 2.1）。

常用的关系数据库系统

（1）Oracle

Oracle 的原意是“先知”，这里指一种适用于大型、中型和微型计算机的关系数据库管理系统，它使用 SQL（structured query language）作为它的数据库语言。

（2）Sybase

Sybase（系统数据库）是美国 Sybase 公司在 20 世纪 80 年代中推出的客户机/服务器结构的关系数据库系统，也是世界上第一个真正的基于 Client/Server 的 DBMS 产品。

（3）Microsoft SQL Server

Microsoft SQL Server 是一种典型的关系型数据库管理系统，可以在许多操作系统上运行，它使用 Transact-SQL 语言完成数据操作。由于 Microsoft SQL Server 是开放式的系统，其他系统可以与它进行完好的交互操作。

（4）Access

Access 是 Microsoft 公司推出的在 Windows 环境下工作的关系型数据库，是当今非常流行的桌面型数据库管理系统。使用 Microsoft Access 无需编写任何代码，只需通过直观的可视化操作就可以完成大部分数据管理任务，接下来将对 Access 的基本使用做以简单介绍。

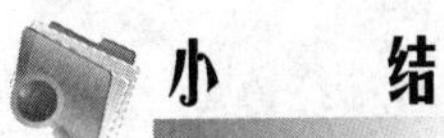

关系型数据库中的关系就是一张二维表格，每一行数据集合就是一条元组，每一列就是一个属性；关系数据模型的特点有模型概念单一、集合操作、关系必须规范化；关系模型 3 类完整性分别是实体完整性、参照完整性、用户定义的完整性。

2.3 Access 数据库及表的建立

学习目标

1. 了解数据库的启动、退出
2. 掌握数据库的建立
3. 掌握数据表的建立的两种方法

案例导入

每到月底营销员王明把本月发生的业务以表格的形式提交给刘经理，随着业务的扩大，他发现手工操作不仅费时费力，而且还经常出错，所以他就想通过一种方法将这些表格存放到数据库中，这样就大大减轻劳动负担，而且提高工作效率，受到经理的赏识。如何来实现这种功能呢？

1. 数据库启动

启动 Access 2003 的步骤如下：

单击桌面左下角的“开始”按钮，将鼠标指针移动到“程序”项上，出现程序子菜单，选择“Microsoft Access”选项，再单击“Microsoft Office Access 2003”选项，即可启动 Access。

2. 数据库退出

完成任务后要退出 Access，可以单击对话框右上角的“×”按钮，也可以单击“文件”菜单中的“退出”，还可以双击窗口左上角的控制符号。

3. 数据库的创建

单击工具栏上的“新建”按钮或选择“文件”菜单中“新建”命令，再选择任务窗格中“空数据库”命令，弹出“文件新建数据库”窗口，选择存储位置和文件名后单击“创建”按钮，即可建立空数据库，如图 2.2 所示。

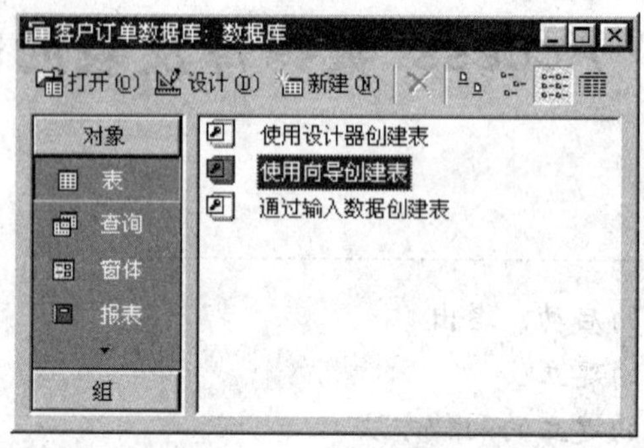

图 2.2　建立“客户订单数据库”

4. 建立表

表是数据库的基本对象，是存放各类数据的基础。接下来介绍表结构的建立、数据的输入。

（1）使用“表向导”创建

1）建立“表结构”。使用向导建立表结构是在“表向导”的引导下，以系统提供“商务”和“个人”两类方式进行，抽取若干个字段组成一个新表。这种方法简单、快捷。下面抽取“商务”类下“客户”、“客户 ID”、“公司名称”、“联系人姓名”、“地址”、“电话号码”、“电子邮件地址”共七个字段组成表，具体步骤如下所示。

步骤 1：打开“客户订单数据库”，单击数据库窗口中“表”对象，再双击右侧窗口“使用向导创建表”或单击“新建”命令，再选择“表向导”，最后单击“确定”命令，弹出“表向导”第一个对话框，如图 2.3 所示。

步骤 2：在“示例表”中选择“客户”表，在“示例字段”框中选择“客户 ID”字段，单击“>”按钮将其添加至“新表中的字段”框内，然后单击“重命名字段”按钮，将“客户 ID”改为“客户编号”。

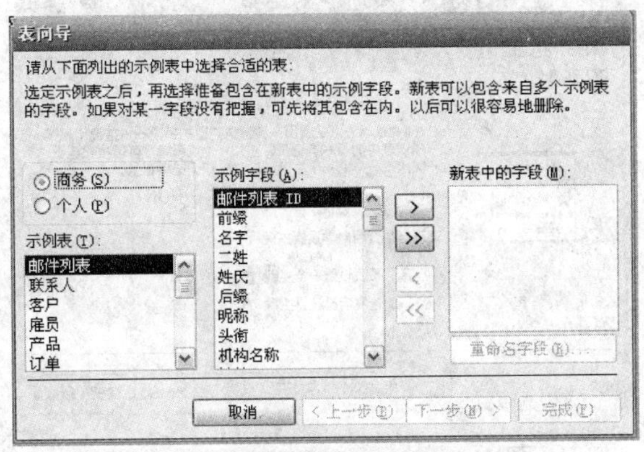

图 2.3 “表向导”的第一个对话框

用同一方法将“公司名称”、“邮政编码”、“电话号码”、“电子邮件地址”字段添加到“新表中的字段”框内；然后将“联系人名字”、“记账地址”等选项分别添加到“新表中的字段”中，再单击“重命名字段”按钮，将其改为“联系人姓名”、“地址”，如图 2.4 所示。

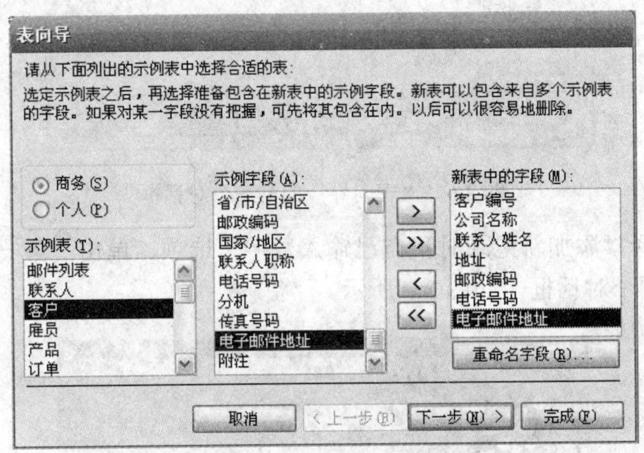

图 2.4 添加字段后的表

步骤 3：单击“下一步”按钮，弹出“表向导”第二个对话框，如图 2.5 所示。

步骤 4：在“请指定表的名称”文本框中输入“客户信息”，并在“请确定是否用向导设置主键”单选项中选择“不，让我自己设置主键”。单击“下一步”按钮，弹出“表向导”的第三个对话框，如图 2.6 所示。

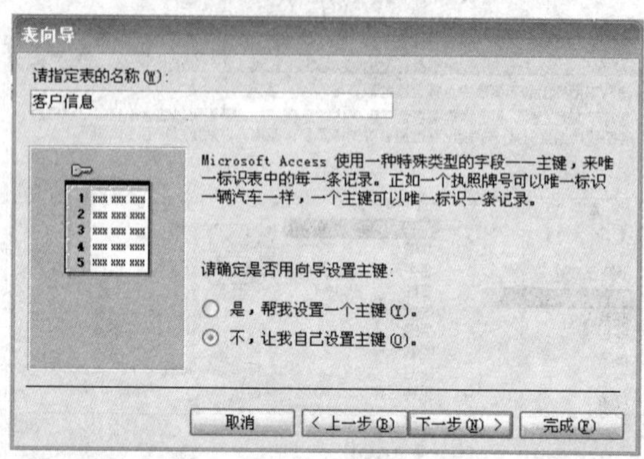

图 2.5 “表向导”的第二个对话框

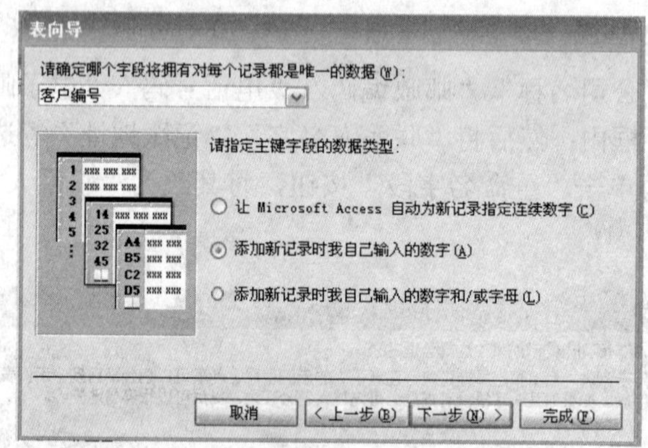

图 2.6 “表向导”的第三个对话框

步骤 5：选择“添加新记录时我自己输入数字”选项，单击“下一步”按钮，出现“表向导”的第四个对话框，如图 2.7 所示。

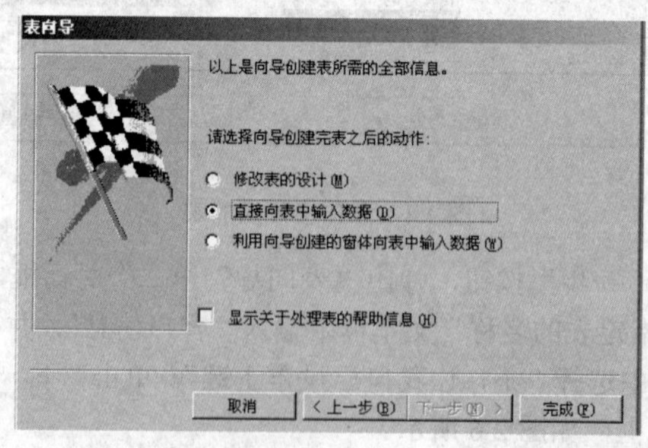

图 2.7 “表向导”的第四个对话框

步骤 6：选择“直接向表中输入数据”，单击“完成”按钮，完成表结构建立。

2）输入数据。表结构建立后，数据表是一个空白表，没有具体数据。选择“直接向表中输入数据”选项后，会自动弹出“数据表视图”。

步骤 1：从第一个字段开始输入数据，在光标处输入“100501”，再按“Tab”键或“Enter”键将光标移至第二个字段，再输入“S1”，以下字段数值输入方法相同，不再重复。

步骤 2：输入完第一条记录，按 Tab 键或 Enter 键会自动添加一条新的空记录，且该记录的选择器上显示一个“*”，表示这个记录是一个新记录。五条记录输入完毕后，单击工具栏上的“保存”按钮，结果如图 2.8 所示。

客户信息 ：表

客户编号	公司名称	联系人姓名	地址	邮政编码	电话号码	电子邮件地址
100501	S1	王强	北京市民族路78	100011	010-55103658	wq@163.com
100502	S2	赵洪海	天津市北四街110	300171	022-22109548	zhh@163.com
100503	S3	刘同	上海市新华西路2	200000	021-65431563	ltong@sina.com
100504	s4	李阳	合肥市东光路66	230000	0551-32621141	ly@126.com
100505	S5	明海	广州市海洋路40	510000	020-46521352	mh@shou.com

记录：5 共有记录数：5

图 2.8 “客户信息”表

（2）使用“设计视图”创建表

“数据表视图”是一张二维的表，是按行与列显示数据的视图，是常见的视图形式。

1）建立表结构。

步骤 1：打开“客户订单数据据库”，如图 2.9 所示。

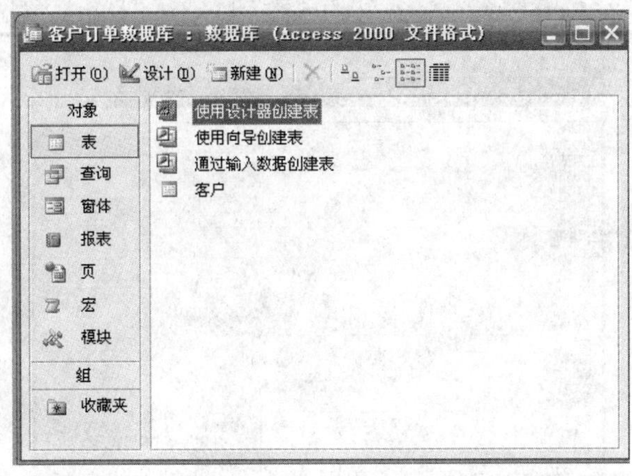

图 2.9 “客户订单数据库”

步骤 2：选择“表”对象，然后双击“使用设计器创建表”选项，打开的对话框如图 2.10 所示。

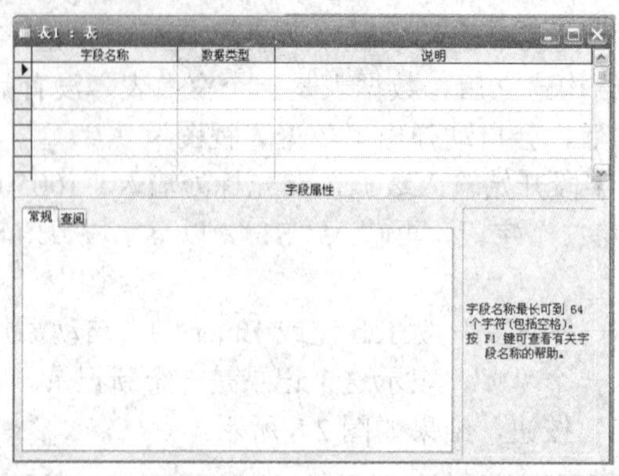

图 2.10 “表”设计器

表的“设计视图”分为上下两部分。上半部分是字段输入区，从左向右分别为“字段选择器”、“字段名称”、“数据类型”和“说明”列。下半部分是“字段属性”区，在字段属性区可以设置字段的属性值，用户也可以使用默认的属性值。

步骤 3：单击“设计视图”的第一行“字段名称”列，输入“订单号”；单击“数据类型”列，并单击右边的向下三角形按钮，在弹出的下拉列表中选择“文本”数据类型，在窗口的下半部分将“字段大小”改为“6”，第一个字段定义完成。

步骤 4：如表 2.2 所示，用同样方法设置其他字段的数据类型和长度，如图 2.11 所示。

表 2.2 “订单表”数据类型和长度

字段名	订单号	供应商编号	客户编号	货物名称	货物单价	货物数量	经办人	订货时间
数据类型	文本	文本	文本	文本	货币	文本	文本	日期/时间
长度	6	6	6	20		5	6	

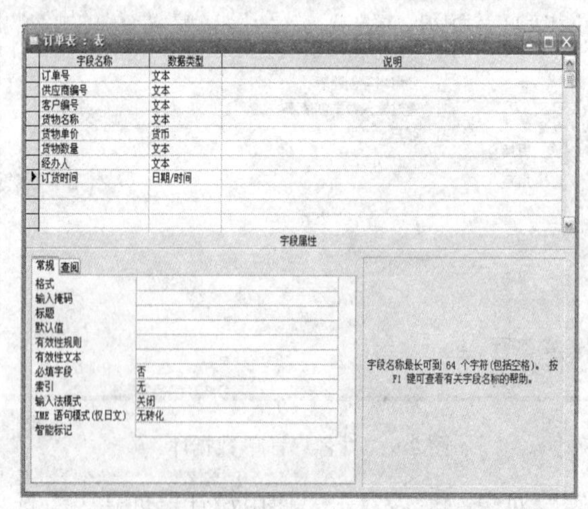

图 2.11 “订单表”设计视图

步骤5：单击工具栏上的“保存”按钮，弹出“另存为”对话框。在“另存为”对话框中的“表名称”文本框内输入“订单表”。最后单击“确定”按钮，“订单表”表结构建立完成。

2）输入数据。

步骤1：双击“订单表”，打开数据表视图。

步骤2：输入数据的方法与在“使用向导”创建中的②输入数据相同，如图2.12所示。

订单表 : 表

订单号	客户编号	货物名称	货物单价	货物数量	经办人
100201	100501	电话机	¥580.00	100	王刚
100202	100502	冰箱	¥1,500.00	50	王刚
100203	100503	液晶电话	¥16,680.00	30	沈强
100204	100504	空调	¥2,000.00	60	李海
100205	100505	热水器	¥800.00	100	刘明
100206	100501	电话机	¥580.00	150	朱阳
100207	100502	冰箱	¥1,500.00	90	赵贺
			¥0.00		

记录: 1 共有记录数: 7

图2.12 “订单表”数据

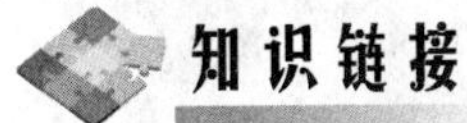

知识链接

Access数据类型详解

（1）文本类型

文本类型（Text）用于文字及不需要计算的数字，如姓名、电话号码、供应商号等。

（2）数字类型

数字类型（Number）用于需要数值计算的数据，如数学成绩、订单数量等。

（3）日期/时间型

日期/时间型（Data/Time）用于存放100～9999年的日期与时间的值，固定占8个字节。

（4）货币类型

货币类型（Currency）用于存放1～4位小数的数据，精确到小数点左边15位和小数点右边4位，固定占8个字节。

（5）自动编号类型

自动编号类型（Auto Number）自动为一条新记录指定唯一的顺序号，固定占4个字节。

（6）是/否类型

是/否类型（Yes/No）用于存放是/否、真/假、开/关值，占1个字节。

(7) 备注型

备注型(Memo)用于长文本。

(8) OLE 对象类型

OLE 对象类型(OLE Object)用于存放数据表图形、图像、声音、表格或链接对象,最多可以存放 1GB。

(9) 超级链接类型

超级链接类型(Hyper Link)用于存放超级链接地址。

(10) 查阅向导类型

查阅向导类型(Lockup Wizard)是一个特殊字段,可以使用“列表框”或“组合框”从另一个表或数据列表中选择一个数据,固定为四个字节。

小　结

数据库的启动、退出;空数据库的建立;数据表的两种建立方法:使用向导建立数据表;使用设计器建立数据表。

2.4 Access 中数据的查询

学习目标

1. 掌握关系的创建
2. 会利用“设计视图”创建查询

案例导入

每到月末销售员王明需要按货物名称分类总结,在已有的客户信息、订单表数据表基础上,查看销售各类商品销售情况(如冰箱),那么该如何操作呢?

必备的理论知识

1. 创建关系

关系是指在两个表的公共字段(列)之间所建立的联系。

使用表向导创建数据库时,向导自动定义各个表之间的关系;如果没有使用表向导

创建表，就需要自己建立表之间的关系。

说明：定义表间的关系，将所有表关闭。在“关系”窗口中添加要建立关系的表，然后在相关表之间拖动相应的字段来建立关系。

例如：在“客户订单数据库”中建立“客户信息”和“订单表”之间的关系，操作步骤如下。

步骤1：关闭“客户订单数据库”中所有的表。

步骤2：单击工具栏上“关系”按钮，打开“关系”窗口，如图2.13所示。

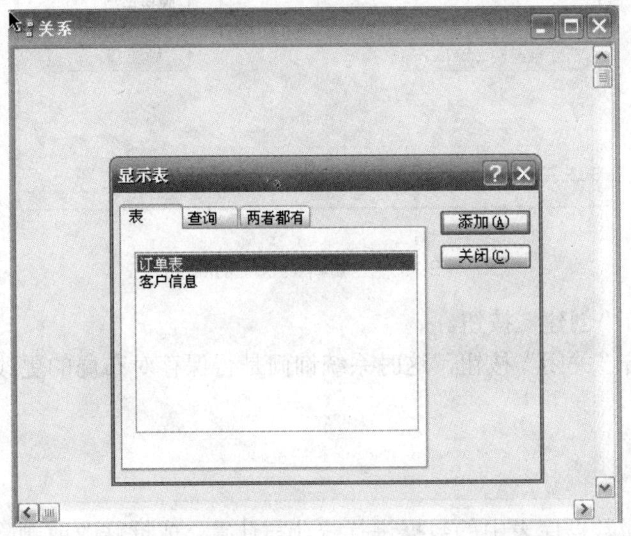

图2.13 “关系”窗口

步骤3：在“显示表”对话框中，单击“订单表”，再单击“添加”按钮，将“订单表”添加至“关系”窗口中。使用同样的方法将“客户信息”表添加至“关系”窗口中，关闭“显示表”对话框，如图2.14所示。

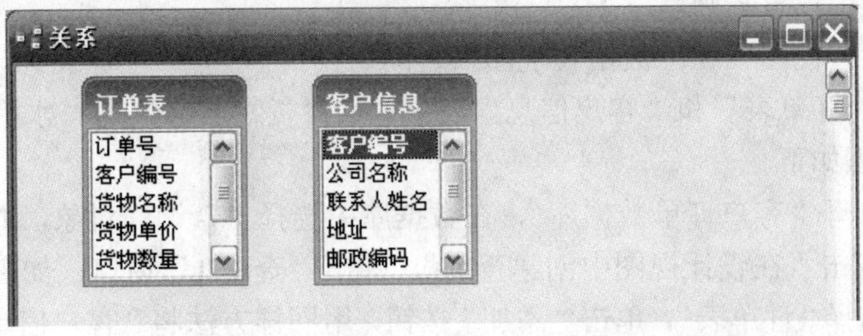

图2.14 “关系”窗口

步骤 4：在“关系”窗口中选择“订单表”中的“客户编号”字段，用鼠标将其拖动到“客户信息”表中的“客户编号”上，然后松开鼠标，出现“编辑关系”对话框，如图 2.15 所示。

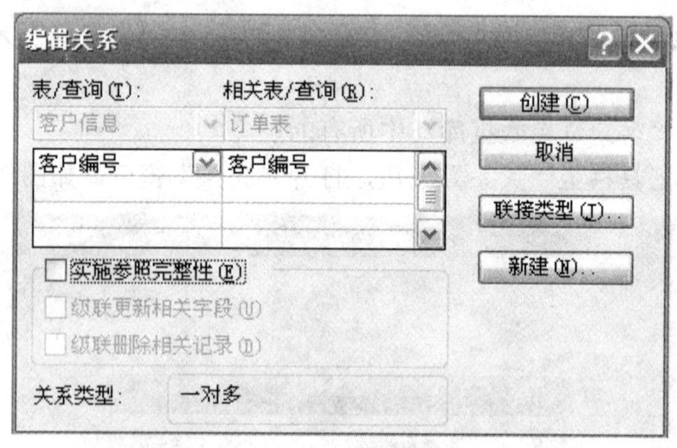

图 2.15 “编辑关系”对话框

步骤 5：单击“创建”按钮。

步骤 6：单击“关闭”按钮，这时系统询问是否保存对布局的更改，单击“是”按钮完成建立关系。

2. 建立查询

查询是用来对数据库表中的数据进行统计与计算，成批修改或删除数据，从多个表中查找符合条件的一系列数据。

利用“设计视图”创建查询，一般包含以下内容。

① 为查询选择表。

② 添加字段。

③ 在查询中设置准则。

④ 在“设计视图”和“数据表视图”之间切换。

例如：在“订单表”和“客户信息”表中查询“货物名称”为“冰箱”的一些字段信息，操作步骤如下。

步骤 1：打开“客户订单数据库”，在数据库中选择“查询”对象，如图 2.16 所示。

步骤 2：双击“在设计视图中创建查询”，弹出“查询 1”窗口，如图 2.17 所示。

步骤 3：选择“订单表”，单击“添加”按钮，用同样方法将“客户信息”添加到“选择查询”中，如图 2.18 所示。

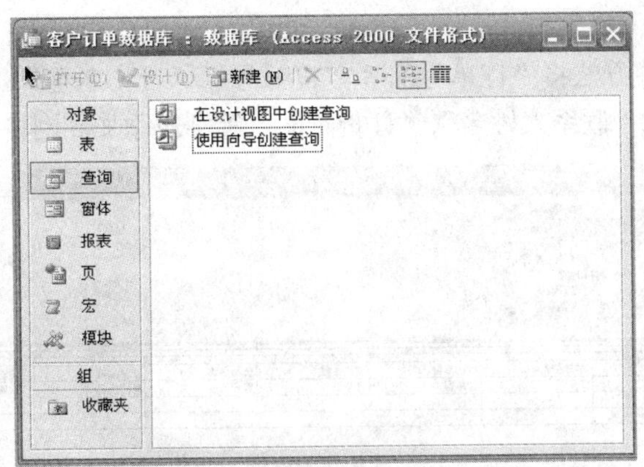

图 2.16 在“设计视图”中创建查询

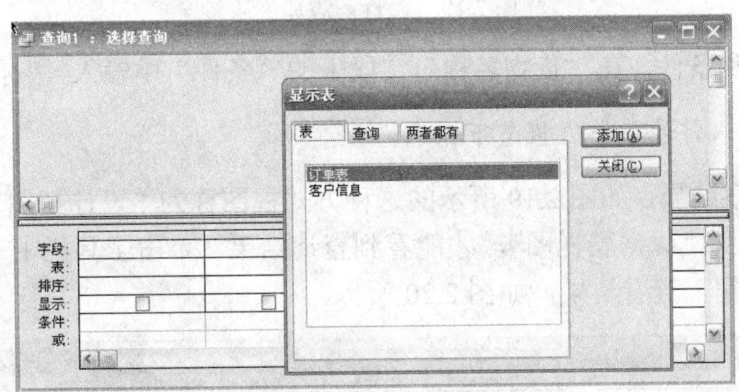

图 2.17 为查询添加表

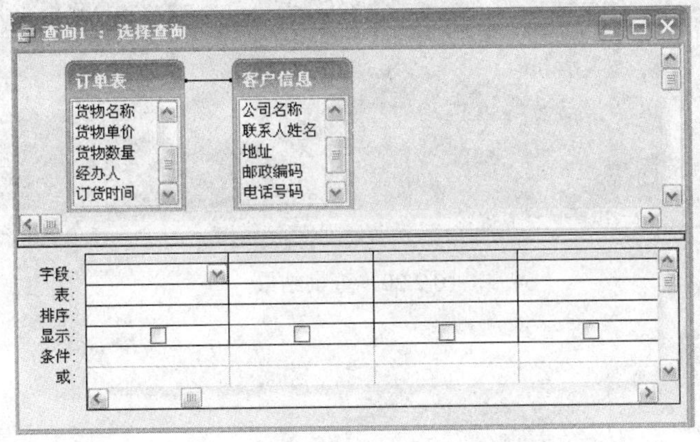

图 2.18 添加表窗口

步骤 4：添加字段的方法很多。双击字段列表框中的字段名称，或将字段直接拖到设计网格中，或在设计网格的“字段”行的下拉列表框中选择，都可进行添加字段的操作。

现在使用第一种方法将“订单号”、“客户编号”、“货物名称”、“货物单价”、“货物数据”、“公司名称”、“联系人姓名”、“订货时间”等字段添加到网格中，如图 2.19 所示。

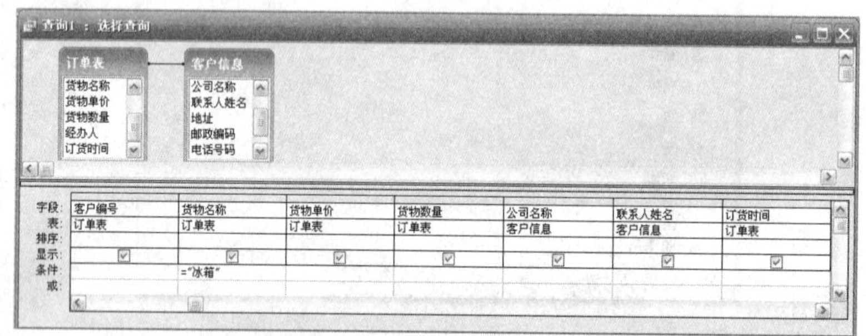

图 2.19　为查询添加字段

步骤 5：设置条件，在“货物名称”字段下的“条件”中输入=“冰箱”条件。

注：“=”和双引号在半角状态下输入。

步骤 6：观察结果。如图 2.19 所示的这种方式视图称为“设计视图”方式，当查询定义完成后切换到“数据表视图”，才能看到查询结果，单击工具栏中“视图”按钮或单击“运行”按钮，查看结果，如图 2.20 所示。

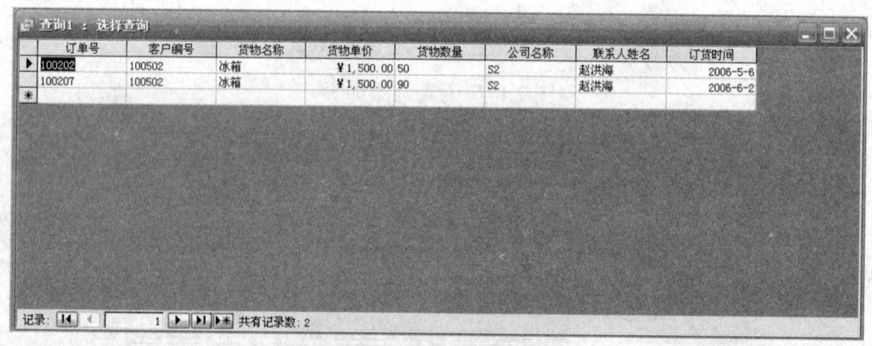

图 2.20　查询结果

知识链接

表间关系的类型

表间关系类型可以分为一对一、一对多和多对多三种。

（1）一对一的关系

若表 A 中的一个记录与表 B 中的一个记录相匹配，且表 B 中的一个记录也与表 A

中的一个记录相匹配，那么表 A 与表 B 的关系是一对一的。例如：校长与学校；经理与公司等。

（2）一对多的关系

若表 A 中的一个记录与表 B 中的多个记录相匹配，且表 B 中的一个记录与表 A 的一个记录相匹配，则表 A 与表 B 的关系是一个对多的关系。例如：学校与职工；仓库与货物等。

（3）多对多的关系

若表 A 多个记录与表 B 中的多个记录相匹配，且表 B 中的多个记录也与表 A 中的多个记录相匹配，则表 A 与表 B 的关系是多对多的关系。例如：教师与课程。

小　结

本节主要介绍表间关系的创建，使用设计器创建查询，找到符合条件的记录。在 Access 数据库中根据不同需求设置了不同的表后，必须告诉 Access 如何再将这些信息合并在一起。首先是定义表间的关系，然后创建查询、窗体及报表来从多个表中显示信息。

2.5 Access 数据报表

学习目标

1. 了解报表的作用
2. 掌握使用向导创建报表

案例导入

销售员王明要每半年做一次的销售汇总，并以书面形式提交给经理，该如何实现呢？

必备的理论知识

报表是以打印格式展示数据的一种有效方式。因为能够控制报表上所有内容的大小和外观，所以可以按照所需的方式显示要查看的信息。

创建报表有三种方法：自动创建报表、报表向导、设计视图。在本书中我们采用第二种方法来创建报表。

操作步骤如下：

步骤 1：打开“客户订单数据库”，选择“报表”对象，双击“使用向导创建报表”，打开如图 2.21 所示对话框。

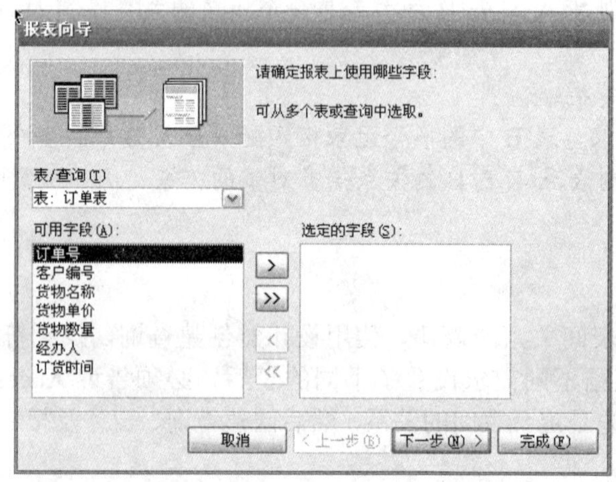

图 2.21　第一个“报表向导”对话框

步骤 2：从“表/查询”下拉列表中选择“表：订单表”，单击“>”按钮将“可用字段”中“订单号”、“客户编号”、“货物名称”、“货物单价”、“货物数量”、“订货时间”逐一添加到右侧的“选定的字段”中；用同样方法再将“客户信息”表中的“公司名称”、“联系人姓名”字段添加过来，如图 2.22 所示。

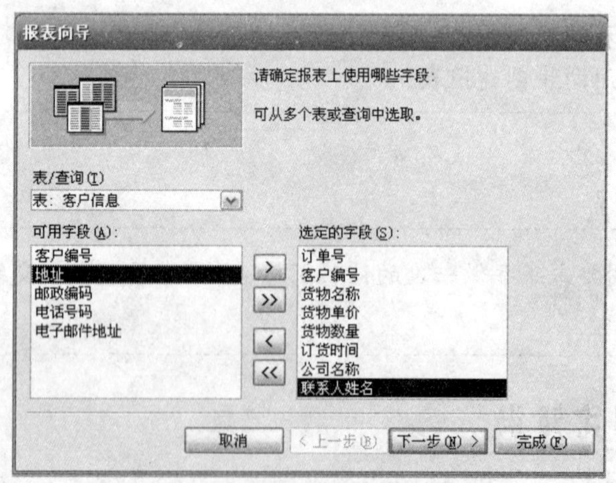

图 2.22　添加字段窗口

步骤 3：单击“下一步”按钮，确定查看数据的方式，这里选择“通过订单表”选项，如图 2.23 所示。

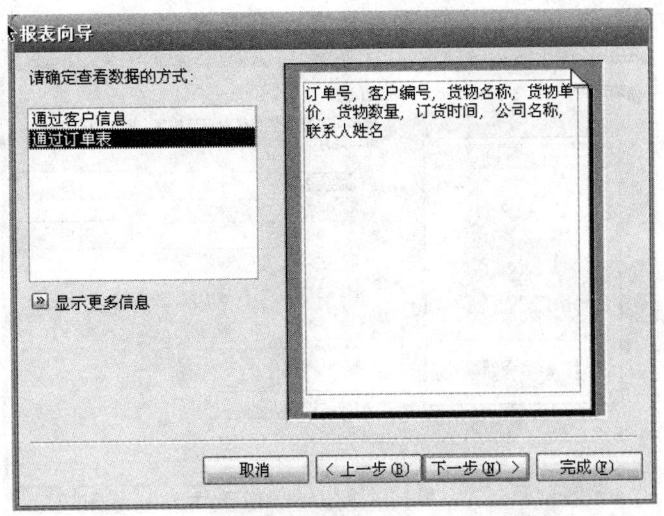

图 2.23　查看数据方式窗口

步骤 4：单击“下一步”按钮，确定是否添加分组级别，这里选择“货物名称”为分组字段，如图 2.24 所示。

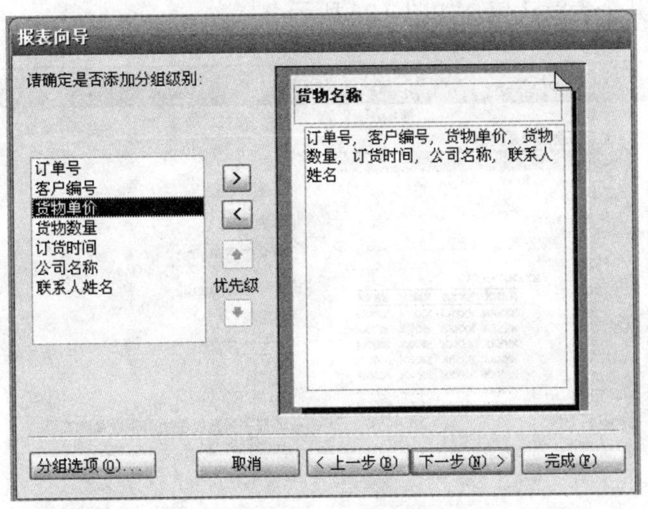

图 2.24　添加分组窗口

步骤 5：单击“下一步”按钮确定记录排序次序，最多可以按照四个字段进行排序。若不想排序，可以跳过这一步。若指定多个字段排序时，首先按第一个字段进行排序，当第一个字段中的值相同时，再按第二个字段排序，依此类推，如图 2.25 所示。这里选择按“订单号”进行升序排序。

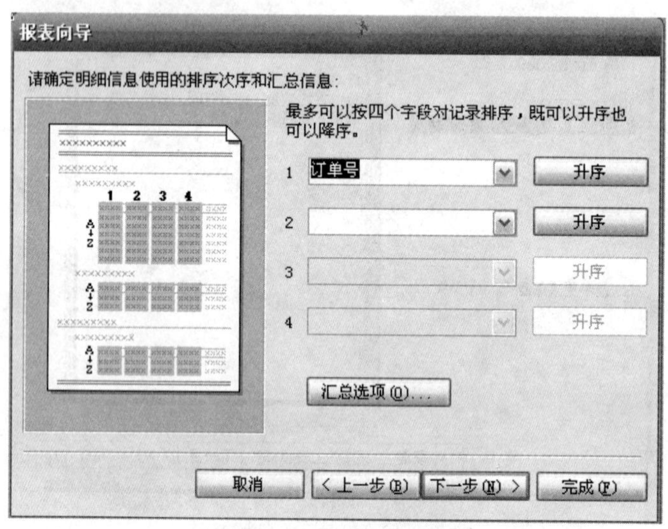

图 2.25　排序汇总窗口

步骤 6：单击“下一步”按钮，弹出选择报表布局方式对话框，在这里选择“分级显示 1”选择，其余为默认值，如图 2.26 所示。

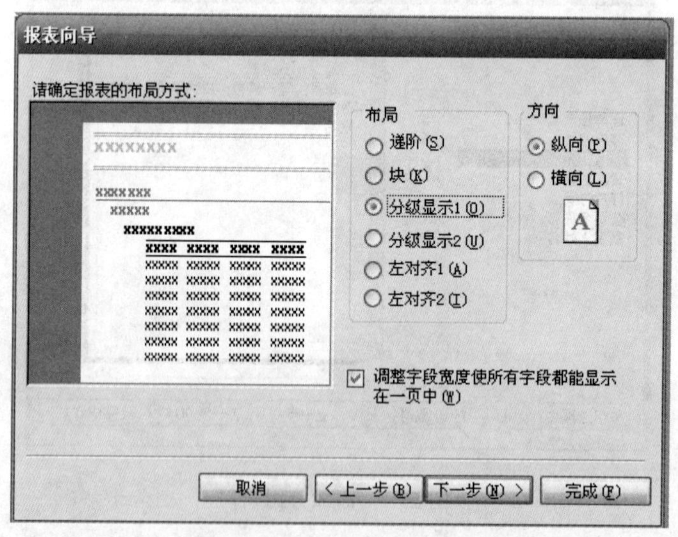

图 2.26　选择布局方式

步骤 7：单击“下一步”按钮，弹出为报表指定样式对话框，这里选择“淡灰”选项，如图 2.27 所示。

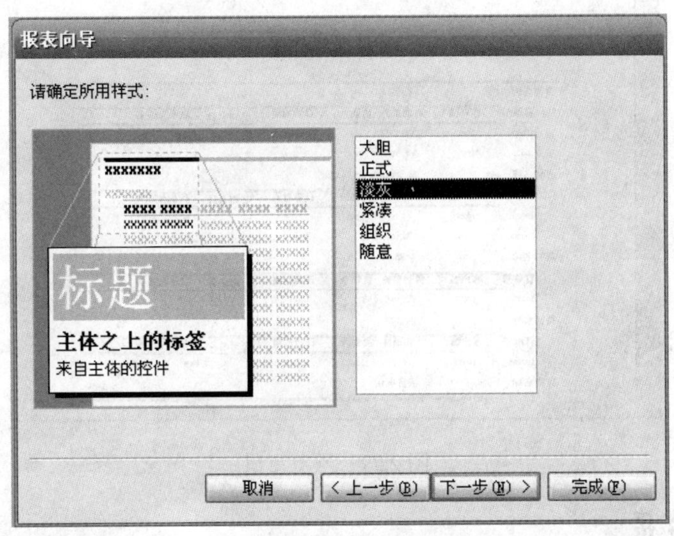

图 2.27　选择样式

步骤 8：单击“下一步”按钮，为报表指定标题为“销售分析表”，并选择“预览报表”单选按钮，如图 2.28 所示。

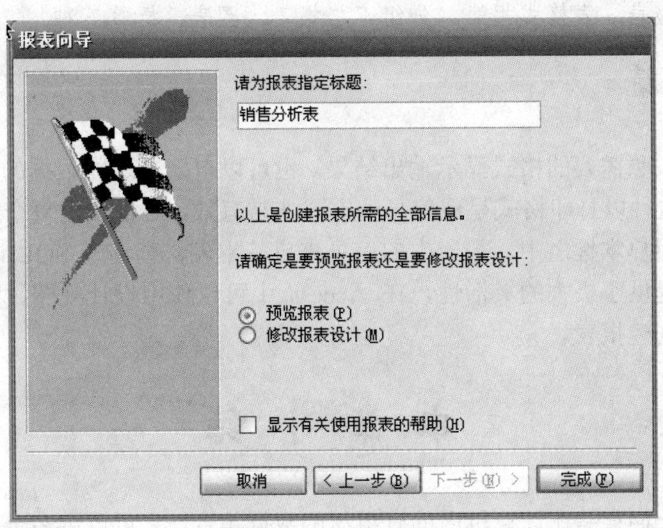

图 2.28　指定标题窗口

步骤 9：最后单击“完成”按钮，打开预览报表窗口查看数据，如图 2.29 所示。

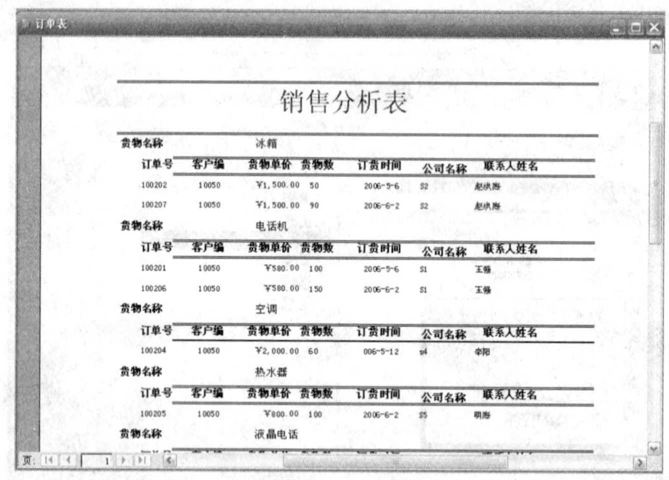

图 2.29　预览窗口

知识链接

（1）报表的组成

报表由主体、报表页眉、报表页脚、页面页眉、页面页脚、组页眉、组页脚构成。

（2）报表的类型

有纵栏式报表、表格式报表、分组汇总报表、图表、标签五种。

小　结

报表可以按照需要的格式显示输出结果，也可以自定义这些数据的呈现方式，以适应个人需要。这种以打印格式呈现信息的方式非常有效，对报表上每个对象的大小和外观的控制尽在用户掌握之中。报表中的信息来自基本表、查询或 SQL 语句，Access 在设计报表方面提供了极大的灵活性，在 Access 中可以使用设计视图、自动报表和报表向导三种方式创建报表。

本 章 小 结

数据库是长期存储在计算机内的有组织的数据集合，它可以供多个用户共享，具有较小冗余和较高的数据独立性。本章主要介绍了数据库的基本概念，关系数据库的基本理论知识，Access 数据库的建立以及在 Access 数据库中如何建立表，查询报表等内容。

Access 数据库可以方便用户快速地建立、维护、查询、存取和处理数据库中的数据。

思考与练习

1．试述数据库、数据管理系统、数据系统的概念及其之间的关系。

2．举例说明关系模型的概念，并结合实例说明以下术语。

① 关系 ② 属性 ③ 元组 ④ 主码 ⑤ 分量

3．简述关系数据库的特点。

4．建立“客户订单数据库”，利用表向导和表设计器分别建立“客户”和“订单表”两个表。注：两个表的数据自己设定。

5．根据“客户信息表”和“订单表”中的数据，查询货物名称为“电视机”的订货物情况。

6．将第4题所查询的内容打印输出。

小组模拟仿真

（要求小组讨论，并将活动成果以小组为单位提交电子作业）

利用 Access 软件实现——仓库管理系统

1．设计内容

将班级分成若干个小组，每组6～8人，每组准备一个仓库管理系统的案例，以PPT的方式在课堂展示，并由组中代表阐述案例并进行评价，组外学生可提出与案例相关的问题由小组代表或组员回答。最后，教师给予总评并依据每个小组的表现打分。

2．分析问题

1）手工操作管理仓库物资的缺点。

2）仓库管理系统的功能。

① 仓库管理各种信息的输入，包括入库、出库、人员信息的输入等。

② 仓库管理各种信息的查询、修改和维护。

③ 仓库管理报表生成，包括入库、出库、各类物资等的报表生成。

3）对仓库管理系统评价。

3．设计步骤

1）每小组利用相关的媒介（例如：网络、书籍、到企业现场调研等）来查找相关的内容。

2）小组代表阐述本小组案例并进行评价。

3）组外同学提出与小组案例相关问题。

4）小组代表或组员回答上述问题。

5）小组代表总结。

6）教师评价打分。

4. 设计要求

以 PPT 的形式展示案例。

5. 注意事项

1）PPT 资料要求图文并茂、内容准确、突出主题。

2）语言表达流畅、吐字清楚、声音洪亮、逻辑性强。

3）设计图尽量合理，符合现实生活的实际情况。

6. 作业展示及点评

考核评分参见下表。

考核评分表

考评小组		被考评小组	
考评地点		考评时间	
考评内容	仓库管理软件系统		
考评标准	内容	分值	实际得分
	语言表达	20	
	案例分析能力	30	
	内容准确无误	20	
	对提问的回答水平	15	
	PPT 的制作效果	15	
合计		100	

注：考评满分为 100 分，60～74 分为及格；75～84 为良好；85 分以上（含 85 分）为优秀。

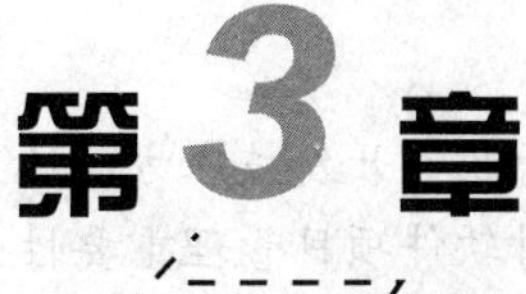

第3章 物流管理信息系统

物流的信息化管理随着物流行业的发展壮大，日益被从业者和管理信息系统提供商所重视。在欧美等发达国家，物流的产值已经占到国民生产总值相当大的一部分，其中物流信息管理系统对此行业的贡献不容忽视。在物流范畴内，建立的信息收集、整理、加工、储存、服务工作系统，称为物流信息系统。

德国海德堡公司是全球印刷行业的老大。除了印刷机外，同时经营配套的印刷耗材。海德堡中国有限公司耗材部的物流信息系统是一个完整的系统，该公司耗材部销售 900 多种印刷耗材，客户分散在全国各地。如果没有一个好的物流信息系统，可以想象，其销售管理将会是一个混乱状况。该物流信息系统采用由 Excel 公司开发的 ASPAS 系统，包括订单子系统、财务结算子系统、物流配送查询子系统，分别安装在海德堡中国有限公司北京、上海、深圳、香港办事处及第三方物流公司——金鹰国际货运公司，负责仓储、配送。

3.1 物流管理信息系统的开发方法

学习目标

1. 理解生命周期法及其特点和使用范围
2. 了解生命周期法的优缺点
3. 大致了解原形法的开发思想、步骤

案例导入

信息系统开发的困境

统计数据表明，大多数软件开发项目的失败，并不是由于软件开发技术方面的原因，而是由于不适当的管理造成的。遗憾的是，尽管人们对软件项目管理重要性的认识有所提高，但在软件管理方面的进步远比在设计方法学和实现方法学上的进步小，至今还提不出一套管理软件开发的通用指导原则。

信息系统对企业来说是一项耗资巨大、技术复杂、管理变化大、经历时间长的工程项目。如果不经过很好的策划，草率上马将会造成很大的浪费，甚至给企业带来混乱。很多现实情况是，许多企业花了巨大代价开发的信息系统，不是失败就是无法达到所预想的效果。导致这些问题的原因往往是没有进行正确的信息系统规划。

常见的有关信息系统规划的误区有如下几点：

① 认为IS战略和规划仅仅是技术方面的问题。

② 脱离企业实际的信息系统基础设施与业务过程的改变。

③ 企业战略的制订没有信息系统人员的参与。

④ 战略和规划缺乏灵活性。

⑤ 压根没有信息系统规划。

人们一般在信息系统规划的问题上，过多地关注于技术，而忽略了信息系统规划中业务、管理和组织的内容。

那么有没有相对较好的信息系统开放方法呢？答案是肯定的。

必备的理论知识

3.1.1 结构化生命周期

所谓“结构化”，就是有组织、有计划和有规律的一种安排，而结构化系统分析方法就是利用系统工程分析和有关概念，采用自上而下划分模块，逐步求精的基本方法。

所谓结构化生命周期法，就是管理信息系统开发的全过程按生命周期分成若干阶段，每个阶段有相对独立的任务，然后逐步完成各个阶段的任务。在每个阶段的开始与结束都规定了严格的标准。前一个阶段的结束标准就是后一个阶段开始的标准，而每个阶段任务相对独立而且比较简单，便于不同人员分工协作，从而降低了整个系统工程开发的困难程度。

在生命周期的每个阶段都采用科学管理和良好的技术方法，而且在每个阶段结束之前都从技术与管理两个角度进行严格审查，合格之后才能开始下一阶段工作。这就使得系统开发全过程以一种有条不紊的方式进行，保证了系统质量，提高了系统的可维护性。

这样不仅可以大大提高系统的成功率，系统开发的生产率也会明显提高。

生命周期法思想：任何系统都会经历一个发生、发展和消亡的过程。按信息系统的生命过程，自上而下，按工作阶段顺序开发系统。每个阶段任务明确，要产生相应的文档，作为下阶段的依据。其阶段特点是早期阶段比较重要，因为后续阶段是以上一个阶段文档为依据，前一个阶段出错，这会导致诸层失真，错误扩大化。

（1）生命周期法开发的各个阶段

任何系统工程、任何事物都有孕育、诞生、成长、成熟、衰亡，直至被淘汰的过程，即生命周期。物流信息系统也不例外，也有生命周期。物流信息系统的生命周期分为五个阶段：系统规划、系统分析、系统设计、系统实施、系统运行和维护，如表3.1所示。

表3.1 生命周期法的主要阶段及各阶段主要任务和主要文档

序号	阶段	基本任务	主要文件
1	系统规划	项目的提出	项目申请书 可行性分析报告
		现行系统的初步调查	
		编写可行性分析报告	
		制定开发计划	
2	系统分析	现行系统的详细调查	系统分析报告
		分析用户环境、需求、流程	
		确定系统目标与功能	
		确定系统逻辑模型	
3	系统设计	建立新系统的物流模型	系统设计报告
		总体设计（模块结构设计）	
		详细设计	
4	系统实施	程序设计与调试	源程序清单 调试测试说明书及 用户操作手册
		系统硬、软件的配置	
		系统的试运行	
		人员及岗位培训	
		新旧系统转换	
5	系统运行与维护	建立规章制度	系统维护记录及 系统评价报告
		系统硬、软件的维护	
		系统评价	

（2）系统开发生命周期各阶段的主要工作

1）系统规划阶段。该阶段的范围涉及整个业务系统，根据用户的系统开发请求，进行初步调查，明确问题，确定系统目标和总体结构，确定分阶段实施进度，然后进行可行性研究。目的是从整个业务的角度出发确定系统的优先级。

2）系统分析阶段。这是整个开发过程的关键环节，主要任务是进行系统综合业务的初步调查和详细调查，然后根据调查中获得的原始资料，对组织内部整体管理状况和信息处理过程进行分析，确定用户的需求，并建立新系统的逻辑模型。系统分析中采用自上向下结构化的方法逐层分解，将业务或数据流程弄清并理顺，然后提出新系统拟采用的方案。把系统分解为简单、易于表达和理解的多个层次，可以有效地控制复杂性，提高生产率。

3）系统的设计阶段。系统设计的目的是设计一个以计算机为基础的技术解决方案以满足用户业务需求。总体设计的主要任务是构造软件的总体结构，详细设计包括人机界面设计、数据库设计和程序设计。它实际是将系统分析阶段所提出的逻辑模型转换为系统的物理模型。

4）系统的实施阶段。系统实施的目的是组装信息系统技术部件，并最终使信息系统投入运行，包括的活动有编程、测试、用户培训、新旧系统之间的切换。

5）系统运行与维护阶段。记录系统的运行情况，评价系统的工作质量和经济效益。同时进行系统的日常运行管理、评价、监理审计三部分工作，直至提出系统更新的要求，从而进入下一个阶段（一个新的生命周期）。

如图 3.1 所示，图中的形状如同一个瀑布，因此该模型理论上被称为瀑布模型。

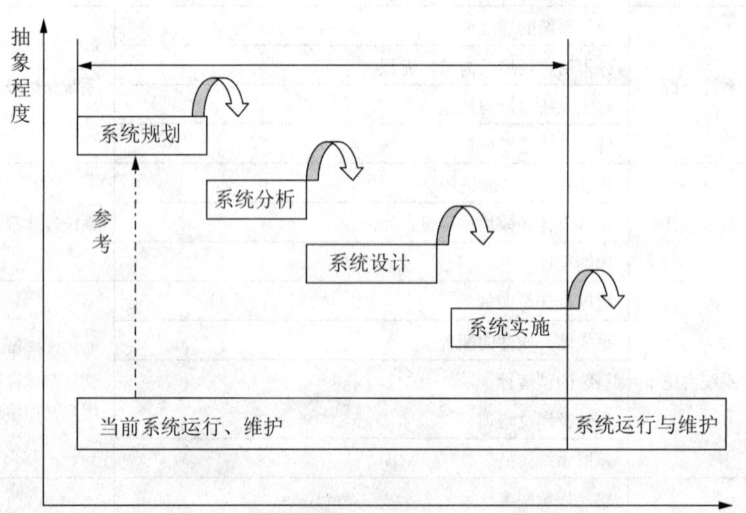

图 3.1　系统开发的生命周期模型（瀑布模型）

（3）结构化系统开发方法的优缺点及适用范围

1）优点：整体思路清楚，能够从全局出发，步步为营，减少返工，有利于提高开发质量；设计工作中阶段性强，每一阶段均有工作成果出现，且是下一阶段工作的依据，工作进度比较容易把握，有利于系统开发的总体管理和控制。该法强调从整体来分析和设计整个系统，在系统分析时可以诊断出原系统中存在的问题和结构上的缺陷。

2）缺点：系统开发周期太长；不大符合人们循序渐进地认识事物的规律性；需要大量的文档和图表，这方面的工作劳动量非常大，有时会造成效率低、成本高的问题。

3）适用范围：主要适用于大系统或系统开发缺乏经验的情况。

3.1.2 原型法

1. 原型法的提出

20 世纪 60 年代末至 70 年代初，出现了“软件危机”。为了对软件开发项目进行有效管理，信息系统开发生命周期法诞生了。由于开发过程规范、层次清晰，系统开发生命周期法得到广泛应用。但这种方法的应用前提是需要在早期就确定用户的需求，而不允许修改，这对于很多应用系统（如商业信息系统）来说是不现实的。用户需求定义方面的错误是信息系统开发中出现的后果最严重的错误。在此背景下，提出了基于循环模型的快速原型法

原型法试图改进结构化生命周期系统开发方法的缺点，由用户与系统分析设计人员合作，在短期内定义用户的基本需求，开发出一个功能不十分完善的、实验性的、简易的应用软件基本框架（我们称之为原型）。先运行这个原型，再不断评价和改进原型，使之逐步完善。其开发是一个分析、设计、编程、运行、评价多次重复，不断演进的过程，旨在改进传统的结构化生命周期法的不足，缩短开发周期，减少开发风险。

原型法的理念是：在获取一组基本需求之后，快速地构造出一个能够反映用户需求的初始系统原型，让用户看到未来系统概貌，以便判断哪些功能是符合要求的，哪些方面还需要改进，不断地对这些需求进行进一步补充、细化和修改，依此类推，反复进行，直到用户满意为止并据此开发出完整的系统。

2. 原型法的开发过程

（1）确定用户的基本需求

在分析者和用户的紧密配合下，快速确定软件系统的基本要求。根据原型所要体现的特性（界面形式、处理功能、总体结构、模拟性能等），描述基本规格说明，以满足开发原型的需要。

（2）开发初始原型系统

在快速分析的基础上，根据基本规格说明，尽快实现一个可运行的系统。为此需要强有力的工具软件的支持。并忽略最终系统在某些细节上的要求，例如安全性、健壮性、异常处理等。主要考虑原型系统应充分反映的待评价的特性，暂时忽略一切次要的内容。

（3）对原型进行评价

这阶段是频繁通信，发现问题，消除误解的重要阶段。其目的是验证原型的正确程度，进而开发新的并修改原有的需求。它必须通过所有相关人员的检查、评价和测试。

（4）修正和改进原型系统

本步骤的目的是修改原型以便纠正那些由用户指出的不需要的或错误的功能，以得到新的系统原型，然后再进行试用和评价，这样经过有限次数的循环往复，逐步提高和完善，直到形成一个用户满意的系统。

原型法的开发过程如图 3.2 所示。

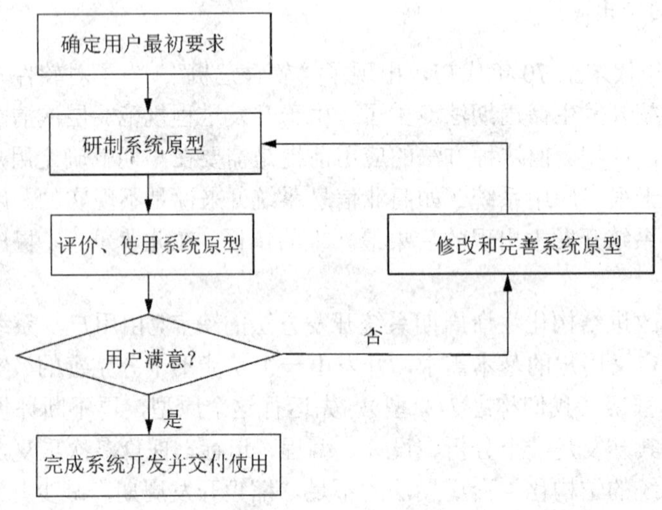

图 3.2　原型法的开发过程

3. 原型法的优缺点及适用范围

1）优点：认识论上的突破；改进了用户和系统设计者的信息交流方式；用户满意程度提高；开发风险降低；减少了用户培训时间，简化了管理；开发成本降低。

2）缺点：开发工具要求高；解决复杂系统和大型系统问题困难；管理水平要求高。

3）适用范围：用户事先难以说明需求的较小的应用系统；决策支持系统；与结构化系统开发方法结合起来使用，即整体上仍使用结构化系统开发方法，而仅对其中功能独立的模块采用原型法。

知识链接

计算机辅助系统开发方法（computer aided software engineering，CASE）是运用计算机软件工具辅助系统开发的一种方法。严格地讲，CASE 方法只是一种开发环境而不是开发方法，具体开发时，仍需与其他方法结合。CASE 方法采用的软件工具有如下几种：

1）查询语言，是指用来从数据库中检索数据的高级语言（如 SQL）。

2）报表生成器。

3）图表软件。

4）决策支持系统生成器。

5）应用软件包等。

小　　结

上述对开发方法的分类并不是严格的分类，因为实际上这些方法之间有不少交叉的内容。例如，用结构化系统开发方法时，可能部分采用原型法，而用 CASE 方法开发时，首先要认真做好结构化的系统分析。

信息系统的开发是个庞大的系统工程，它涉及到组织的内部结构、管理模式、生产加工、经营管理过程、数据的收集与处理过程、计算机软硬件系统的管理与应用、软件系统的开发等各个方面。这就增大了开发一个信息系统的工程规模和难度。这就需要研究出科学的方法和工程化的开发步骤，以保证整个开发工作能够顺利进行，而这正是信息系统开发方法的任务。

3.2　物流管理信息系统的开发过程

学习目标

1. 了解物流管理信息系统开发的基本步骤
2. 了解物流管理信息系统开发的基本原则、思想
3. 基本掌握数据流图、业务流程图的制作
4. 了解系统开发各个阶段的原则内容

案例导入

软件危机和软件工程

1. 软件危机

软件危机指的是在计算机软件的开发和维护过程中所遇到的一系列严重问题。1968 年北大西洋公约组织的计算机科学家在联邦德国召开的国际学术会议上第一次提出了“软件危机”（software crisis）这个名词。概括地说，软件危机包含两方面内容：一是如何开发软件，以满足不断增长的日趋复杂的需求；二是如何维护数量不断膨胀的软件产品。具体地说，软件危机主要有以下表现。

1）对软件开发成本和进度的估计常常不准确。开发成本超出预算，实际进度比预定计划一再拖延的现象并不罕见。

2）用户对“已完成”系统不满意的现象经常发生。

3）软件产品的质量往往不可靠。

4）软件的可维护程度非常低。

5）软件通常没有适当的文档资料。

6）软件的成本不断提高。

7）软件开发生产率的提高赶不上硬件的发展和人们需求的增长。

软件危机的原因，一方面是与软件本身的特点有关；另一方面与软件开发和维护的方法不正确有关。软件开发和维护的方法不正确主要表现为：忽视软件开发前期的需求分析；开发过程没有统一的、规范的方法论的指导，文档资料不齐全，忽视人与人的交流；忽视测试阶段的工作，提交用户的软件质量差；轻视软件的维护。这些大多数都是软件开发过程管理上的原因。

2. 软件工程

1968 年秋季，NATO（北约）的科技委员会召集了近 50 名一流的编程人员、计算机科学家和工业界巨头，讨论和制定摆脱“软件危机”的对策。在那次会议上第一次提出了“软件工程”（software engineering）这个概念。如今软件工程整整走过了近 40 年的历程。在这 40 年的发展中，人们针对软件危机的表现和原因，经过不断的实践和总结，越来越认识到：按照工程化的原则和方法组织软件开发工作，是摆脱软件危机的一个主要出路。今天，尽管“软件危机”并未被彻底解决，但软件工程 40 年来的发展仍可以说是硕果累累。

软件工程的定义：软件工程是一门研究如何运用系统化、规范化、数量化等工程原则和方法去进行软件的开发和维护的学科。软件工程包括两方面内容：软件开发技术和软件项目管理。软件开发技术包括软件开发方法学、软件工具和软件工程环境；软件项目管理包括软件度量、项目估算、进度控制、人员组织、配置管理和项目计划等。

必备的理论知识

1. 系统规划阶段

物流管理信息系统规划是指物流组织根据制定的物流规划，对已选定的开发对象进行有目的、有步骤的实地调查研究和科学性的整体规划。物流管理信息系统规划从属于企业的物流规划，因此需要依据物流规划来确定物流管理信息系统规划。

物流管理信息系统规划需要根据物流企业的需求和现状，确定系统的目标范围、功能结构、开发进度、投资规模、参加人员和组织的资源保障，制定实施方案、评估方案的可行性。系统规划的重点是确定系统目标、总体结构及子系统的划分。为保证系统规划的合理性和科学性，应该组织相关领域的专家进行战略规划认证，然后根据反馈意见对系统规划进行改进和完善，并取得物流企业组织负责人的审查。

（1）物流信息系统规划的内容

1）确定物流信息系统的目标、约束与结构。

2）对现行组织业务流程与现有信息系统的功能、应用环境和应用现状，目前员工状况，经费情况，满足现实要求的情况等多方面进行评价。

3）对影响计划的信息技术发展的预测。

4）确定规划阶段性安排，特别是关于本次规划第一个发展阶段有关项目的实施计划的安排原则的确定和相当具体的安排。主要包括硬件设备的采购时间表、应用项目的开发时间表、软件维护与转换工作时间表、人力资源的需求计划以及人员培训时间安排、资金需求等。

（2）物流信息系统规划的特点

1）系统规划是面向全局、面向长远的关键问题，具有较强的不确定性，结构化程度较低。

2）系统规划是高层次的系统分析，高层管理人员是工作的主体。

3）系统规划不宜过细。

4）系统规划必须采用多种方法相互配合，取长补短。

2. 系统分析

物流管理信息系统分析就是在充分认识原有信息系统的基础上，从系统的观点出发，通过对线性系统的问题识别、可行性分析、详细调查、系统化分析等综合分析，最后完成新系统的逻辑方案设计，或称逻辑模型设计，解决“做什么”的问题，而不涉及“如何做”的问题。系统分析员与用户在一起，充分了解用户的要求，并把双方的理解用系统说明书表达出来。系统说明书审核通过之后，将成为系统设计的依据和验收系统的依据。系统分析是研制信息系统最终重要的阶段，也是最困难的阶段。

3. 系统分析的步骤。

（1）现行系统详细调查

详细调查的任务：详细调查是为了弄清原系统的状况，查明其执行过程，发现薄弱环节，收集数据，为设计新系统提供必要的基础资料。具体的调查内容包括：管理业务状况的调查和分析、数据流程的调查和分析。

详细调查的方法：收集资料，发调查表征求意见，开调查会，访问，直接参加业务实践等。

（2）管理业务的调查

1）系统环境调查。包括现行系统的管理水平，原始数据的精确程度，规章制度是否齐全和切实可行，各级领导对开发新的MIS是否有比较清楚的认识，用户单位能否抽调出比较精通本行业管理业务、对本单位存在的问题有深刻了解而又热心于改革的工作人员。此外，还要调查原系统的设备情况。

2）组织机构和职责的调查。调查中应详细了解各部门人员的业务分工情况和有关人员的姓名、工作职责、决策内容、存在问题和对新系统的要求等。

3）功能体系的调查与分析。系统有一个总的目标，为了达到这个目标，必须完成各子系统的功能，而各子系统功能的完成，又依赖于下面各项更具体的功能来执行。功能结构调查的任务，就是要了解或确定系统的这种功能构造。

4）管理业务流程的调查与分析。管理业务流程的调查与分析就是要弄清管理职能是如何在有关部门具体完成的，以及在完成这些职能时信息处理工作的一些细节情况。管理业务流程分析可以帮助我们了解该业务的具体过程，发现和处理系统调查工作中的错误和疏漏，修改和删除原系统的不合理部分，在新系统基础上优化业务处理流程。恰当的业务流程分析结果将会给后续工作以及系统设计工作带来很多便利。

描述管理业务流程的图表有：管理业务流程图和表格分配图。

（3）管理业务流程图

管理业务流程图是一种表明系统内各单位、人员之间业务关系、作业顺序和管理信息流动的流程图，它可以帮助分析人员找出业务流程中的不合理回路。

管理业务流程图的基本图形符号有四个，如图3.3所示。

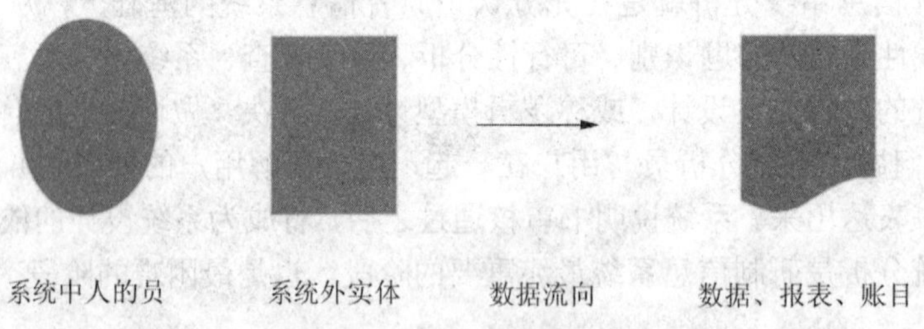

图3.3　管理业务流程图基本图形符号

例如，采购员将入库单交给检验员，检验员将不合格的入库单退回采购员，合格的入库单交保管员并记入库存台账，统计员根据库存台账制定月报表交主管部门审阅。其管理业务流程图，如图3.4所示。

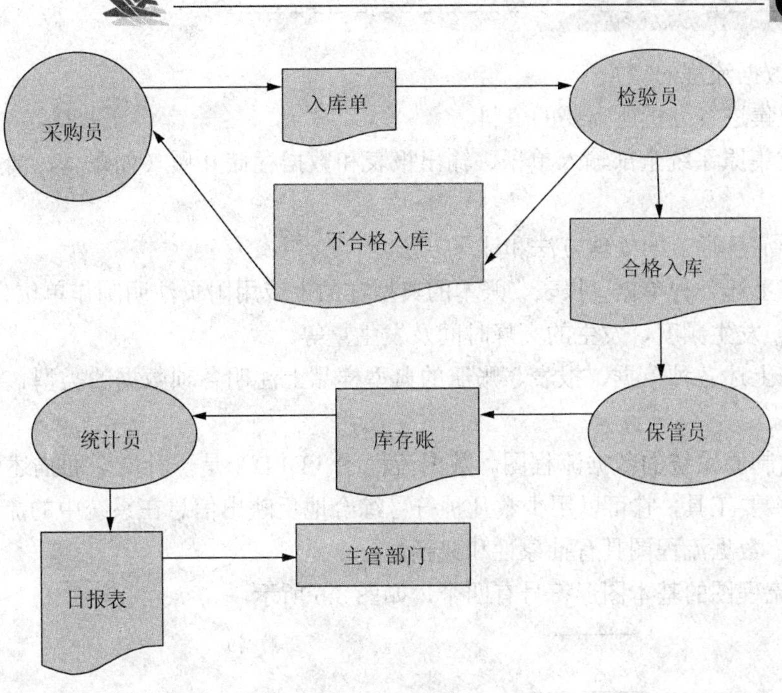

图 3.4 业务流程

（4）表格分配图

为了传递信息，管理部门经常将某种单据或报告复印多份分发到其他多个部门，在这种情况下，可以采用表格分配图来描述有关业务。表格分配图表达清楚，可以帮助系统分析人员描述系统中复制多份的报告或单据的数量以及这些报告或单据都与哪些部门发生业务联系。采购业务表格分配如图 3.5 所示。

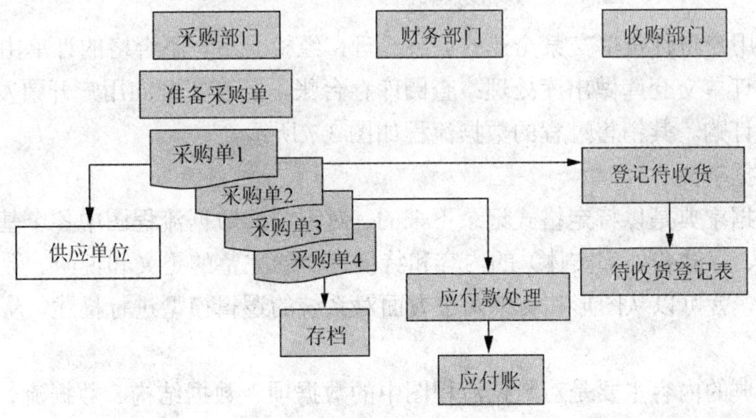

图 3.5 采购业务表格分配

（5）数据流程的调查

1）收集进行分析所需要的资料。

① 收集原系统全部输入单据、输出报表和数据存储介质（如账本、清单）的典型格式。

② 弄清各环节的处理方法和计算方法。

③ 在上述各种单据、报表、账本的典型样品上或用附页注明制作单位、报送单位、存放地点、发生频度、发生的高峰时间及发生量等。

④ 在上述各种单据、报表、账册的典型样品上注明各项数据的类型、长度、取值范围。

2）绘制原系统的数据流程图。数据流程图（DFD）是一种能全面描述信息系统逻辑模型的主要工具，它可以用少数几种符号综合地反映出信息在系统中的流动、处理和存储情况。数据流程图具有抽象性和概括性。

数据流程图的基本图形符号有四个，如图 3.6 所示。

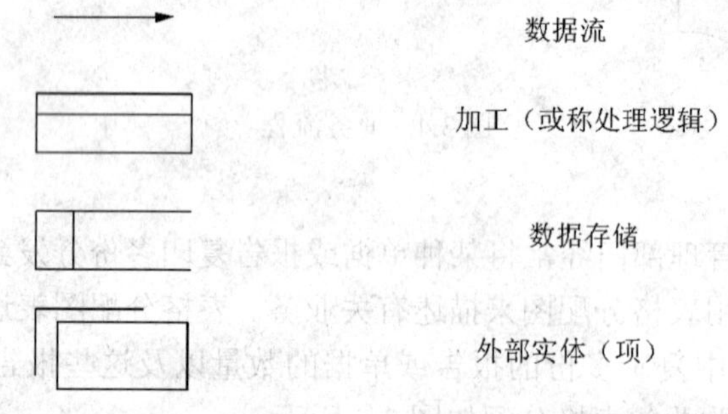

图 3.6　数据流程图的基本图形符号

例如，用户将订货单交某企业的业务经理，经检验后，不合格的订单由用户重新填写，合格的订单交仓库做出库处理：查阅库存台账，若有货则向用户开票发货，否则，通知采购员订购。其销售过程的数据流程如图 3.7 所示。

（6）数据字典

所谓数据字典是以特定格式记录下来的、对系统的数据流程图中各个基本要素（数据流、加工、存储和外部实体）的内容和特征所作的完整的定义和说明。数据流程图配以数据字典，就可以从图形和文字两个方面对系统的逻辑模型进行描述，从而形成一个完整的说明。

数据字典的内容主要是对数据流程图中的数据项、数据结构、数据流、处理逻辑、数据存储和外部实体等六个方面进行具体的定义。

（7）描述处理逻辑的工具

1）决策树。当某个动作的执行不是只依赖于一个条件，而是与若干个条件有关，

如果仍然用结构化语言表达，可能要使用多层判断语句，结构会较复杂，不能一目了然。在这种情况下使用决策树比较合适。决策树又称判断树，是用来表示逻辑判断问题的一种图形工具。它用“树”来表达不同条件下的不同处理，比用语言的方式更为直观。例如，检查发货单的决策树如图 3.8 所示。

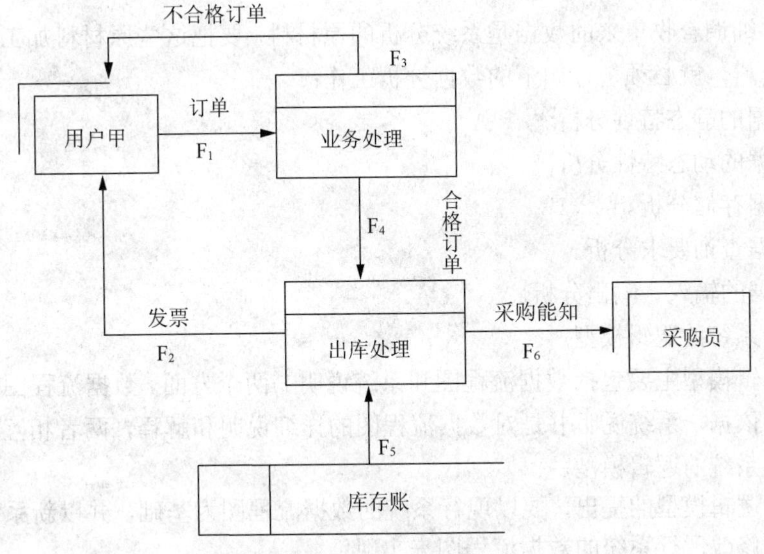

图 3.7 销售过程的数据流程

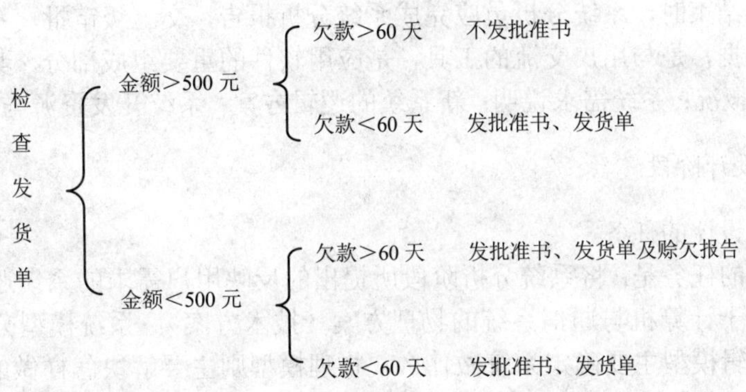

图 3.8 检查发货单的决策树

2）决策表。决策表也称判断表，也是一种表达逻辑判断的工具，它以表格的形式给出各种条件的全部组合以及在各种组合下应采取的行动。当条件的个数较多，每一条件的取值有若干个、相应的动作也很多的情况下，使用决策表比决策树更加有效和清晰，如表 3.2 所示。

表 3.2 决策表的结构

条件	条件状态组合
决策方案	决策规则

（8）数据分析

通过详细调查收集来的数据是系统分析的原材料，要把这些原材料加工成系统设计所需要的资料，就必须进行如下的数据分析工作：

1）数据的静态特性分析。

2）数据的动态特性分析。

3）数据存储分析。

4）数据查询要求分析。

5）数据的输入、输出分析。

（9）新系统的逻辑模型。

系统逻辑模型主要包括数据流程图和系统说明书两个方面。数据流程图是系统说明书的基础和依据，系统说明书是对数据流程图的详细说明和解释，两者相互联系、相互补充，构成系统的逻辑模型。

新系统逻辑模型的提出，要以现行系统的数据流程图为基础，并以新系统的目标为依据，逐层修改现行系统的数据流程图来实现。

（10）系统分析报告

系统分析结束时，系统分析员应完成系统分析报告，交上级审批。系统分析报告是系统设计的依据，是与用户交流的工具，是应用软件的重要组成部分，其内容包括：概述；现行系统概况；系统需求说明；新系统的逻辑方案；系统开发资源与时间进度估计。

4. 系统设计阶段

（1）系统设计的任务

系统设计的任务是：将系统分析阶段所提出的反映用户需求的系统逻辑方案转换成可以实施的基于计算机与通信系统的物理方案（技术方案）。系统模型分为逻辑模型和物理模型。逻辑模型主要确定系统做什么，物理模型则主要解决怎样做的问题。

系统设计是从管理信息系统的总目标出发，在系统分析提出的逻辑模型的基础上，同时考虑经济、技术和运行环境等方面的条件，科学合理地进行物理模型的设计，确定系统的总体结构和系统各组成部分的技术方案，合理选择计算机和通信的软、硬件设备，提出系统的实施计划，确保总体目标的实现。

系统设计包括：划分子系统、代码设计、设计规范制定、信息系统流程图设计、功能结构图设计和系统物理配置方案设计等；具体的物理设计包括数据存储文件设计、输出设计、输入设计、编写程序设计说明书等。

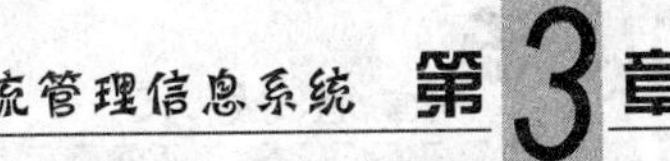

（2）系统设计的原则

系统设计的原则是：系统性、灵活性、可靠性和经济性。

5. 系统实施阶段

（1）系统实施内容

系统实施包括硬件的获取、软件的获取或开发、用户准备、聘用和培训人员、地点和数据的准备、安装、测试、试运行及用户验收。

（2）系统实施的关键问题

系统实施是一项十分复杂的系统工程，许多因素都会影响系统实施的进程和质量。我们可以将这些因素大体分为两类，即管理因素和技术因素。实施管理的第一步就是要建立一个企业主要领导干部挂帅的领导班子。影响系统实施工作的技术因素主要包括3个方面：数据整理与规范化、软硬件及网络环境的建设、开发技术的选择和使用。

（3）程序设计

随着计算机硬件价格越来越便宜，软件费用急剧上升，人们对程序设计的要求发生了变化。过去主要是强调程序的正确和效率，这对小型程序来说无疑是正确的。但对于大型程序，人们则倾向于首先强调程序的可维护性、可靠性和可理解性，然后才强调效率。

（4）系统测试

1）系统测试的内容。根据MIS的开发周期，系统测试可分为五个阶段，包括单元测试、组装测试、确认测试、系统测试和验收测试。

2）系统测试方法。系统测试工作分模块测试（单调）、子系统测试（分调）、系统测试（联调）。模块测试是对单个模块进行的测试，是系统测试的基础。主要有人工测试和机器测试两种。人工测试是采用人工方式检查程序的静态结构，找出编译不能发现的错误。机器测试是运用事先设计好的测试用例，执行被测试程序，对比运行结果与预期结果的差别以发现错误；主要有黑盒测试和白盒测试两种方法。

（5）系统的转换

1）系统转换前的准备工作。在完成系统转换任务之前，必须预先做好大量的准备工作，这样才能保证转换工作的顺利进行。准备工作可以从数据准备、文档准备、用户培训等几个方面进行。

2）系统转换的方式。系统转换（又称系统切换）过程实际上是新旧系统交替过程，旧的系统被淘汰，新的系统投入使用。这种交替过程可以根据实际需要选择不同的方式进行。一般来说可将几种转换方式（直接方式、平行方式、逐步方式）互相配合使用，以达到平稳过渡到新系统的目的。

6. 运行维护和评价阶段

系统运行管理的内容包括：系统运行情况的记录；审计踪迹；审核应急措施的落实；

系统资源的管理（人员管理、软件管理、硬件资源管理和资金管理）。

管理规范的企业，每一项具体的业务都有一套科学的运行制度。信息系统也不例外，同样需要一套管理制度（如各类机房安全运行管理制度和信息系统的其他管理制度），以确保信息系统的正常和安全地运行。

系统维护的内容包括：硬件维护、数据维护和软件维护。

系统维护的类型包括：正确性维护、适应性维护、完善性维护和预防性维护。

系统维护应注意以下问题：

① 建立和健全各类系统开发文档资料。

② 文档资料要标准化、规范化。

③ 开发过程中要严格按照各阶段所规定的开发原则和规范来进行。

④ 维护文档的可追踪性。

⑤ 建立和健全从系统开发到系统运行各阶段的管理制度。

系统评价主要是指系统建成并经一段时间的运行后，要对系统目标与功能的实现情况进行检查，并与系统开发中设立的系统预期目标进行对比，及时写出系统评价报告。

对物流管理信息系统的评价主要是从管理、技术（又包括系统的总体水平、功能与层次及质量，信息资源利用的深度，系统文档的完备性与系统的安全和保密性）与经济三个方面进行。

知识链接

黑盒测试与白盒测试

任何工程产品（注意是任何工程产品）都可以使用以下两种方法之一进行测试：

1）黑盒测试：已知产品的功能设计规格，可以进行测试证明每个实现了的功能是否符合要求。

2）白盒测试：已知产品的内部工作过程，可以通过测试证明每种内部操作是否符合设计规格要求，所有内部成分是否已经过检查。

软件的黑盒测试意味着测试要在软件的接口处进行。这种方法是把测试对象看作一个黑盒子，测试人员完全不考虑程序内部的逻辑结构和内部特性，只依据程序的需求规格说明书，检查程序的功能是否符合它的功能说明，因此黑盒测试又叫功能测试或数据驱动测试。黑盒测试主要是为了发现以下几类错误：

1）是否有不正确或遗漏的功能？

2）在接口上，输入是否能正确地接受？能否输出正确的结果？

3）是否有数据结构错误或外部信息（例如数据文件）访问错误？

4）性能上是否能够满足要求？

5）是否有初始化或终止性错误？

软件的白盒测试是对软件的过程性细节做细致的检查。这种方法是把测试对象看作一个打开的盒子，它允许测试人员利用程序内部的逻辑结构及有关信息，设计或选择测试用例，对程序所有逻辑路径进行测试。通过在不同点检查程序状态，确定实际状态是否与预期的状态一致，因此白盒测试又称为结构测试或逻辑驱动测试。白盒测试主要是对程序模块进行如下检查：

1）对程序模块的所有独立的执行路径至少测试一遍。

2）对所有的逻辑判定，取“真”与取“假”的两种情况都能至少测一遍。

3）在循环的边界和运行的界限内执行循环体。

4）测试内部数据结构的有效性等。

小　结

将信息系统的建设与一般技术工程相比较，我们可以看出，信息系统建设的困难不仅来自技术方面，还来自企业内部环境。影响信息系统成败的因素，有体制、政策、法规、观念、技术等多种因素。技术不是唯一因素，甚至不是主要因素。

3.3　综合物流管理信息系统举例

学习目标

1. 通过案例了解物流信息系统的建设过程及应注意的问题
2. 了解物流信息系统在物流企业经营中的作用

案例导入

通过以下案例，我们来看看物流信息系统是如何提高企业的经营效益和竞争力的。

必备的理论知识

3.3.1　某公司快递信息系统应用剖析

“最理想的状态是不仅我们自己可以方便地查到公司各个城市的业务情况，还可以让客户查看所送出的快递的目前状态。”某快递经理说。

上海某软件有限公司总经理说：“在快递行业中，我公司的快递信息系统知名度很高，因为我们的产品是为快递行业量身打造的。”

快递公司调度员迅速浏览了一遍公司刚接到但还没有分派的快递任务，其中有一份是去光明路拿一份市内件，调度员点击了公司快递信息系统中的“快递员”一栏。在快递员李某的名下正是“光明路”，调度员顺手拿起对讲机找到了李某，将这份市内件的收取和派送工作分派下去，整个过程不到5分钟。

“快递公司做得好不好，关键看能不能把信息理得井井有条。”快递公司的总经理说：“接单、调度、派送、结算各个环节越来越复杂。通过信息系统，我们将这些重要的信息都有效地管起来，使公司的业务有了很大的提升。”快递公司的信息系统是上海软件有限公司研发的快递信息系统，这套系统是快递公司日常信息的“管家”。

1. 跳出“同质化竞争”泥沼

快递公司的办公室是所在的楼面里装修最朴素的，白墙黑地，没有多余的装饰，有的只是穿梭的员工。“很多人都觉得做快递很容易，两三个人，配几辆助动车，找一两家固定客户，不用什么办公室就能开张了。”正如经理所说，由于快递行业门槛低，上海的快递行业现在已经挤进了3000多家公司。然而，要做大却相当困难，在3000多家快递公司中，真正上规模的并不多。1992年成立的这家快递公司已经算是一家“老字号”了。

制约公司规模扩大的很重要因素就是产品的同质化，这也曾是公司经理非常头疼的问题。“与规模较小的快递公司相比，该公司拥有他们所不具备的全国网络资源，每年为了维护这网络我们都有相当数额的成本投入。这部分的成本是小公司所没有的，但他们往往可以挂接到其他公司的全国网络中，这样，每次有单子的时候，他们再支付相应的费用，成本和风险都降低了不少，而他们所能提供的快递服务范围却与其他大公司一样了。”经理对同质化竞争感触颇深。

在小快递公司如雨后春笋般出现时，行业的价格战也拉开了。据介绍，在1996年前，一份从上海送到北京的快递价格是每件50元，而到1996年后，已经跌到了30元，一些老客户还能享受8折的优惠，到1998年，这个价格已经跌到20元了，折扣也到了7.8折。在价格越来越低，而成本不变的情况下，快递公司的利润被压到了底线。面对残酷的市场竞争，公司希望能够找到一个手段跳出“同质化”竞争的泥沼。

而公司选择信息系统作为竞争的武器则来自于一次偶然的发现。由于业务关系，公司快递时常需要跟一家外资快递公司进行沟通，而每当经理刚报出公司名字，对方便知道了公司的地址、电话、联系人、业务编号等一系列资料，好奇之下，经理便问了对方的接线小姐，得知是对方使用了信息系统进行管理。在那时起，经理萌发了引进一个信息管理系统的念头。

而与上海软件有限公司的接触促成了这一“念头”转变为现实。在那次与外资公司的询问后不久，公司接触到上海软件公司自行研发的快递行业信息管理系统，双方一拍即合。

2. “蜜月期”里的磨合

公司和软件公司最初合作的日子既是双方的蜜月期，但同时也是一个“磨合期”。公司在与软件公司合作前并不清楚什么是信息化的需求分析，在最初软件公司需要公司提供系统需求时，公司提供的需求连一张纸都没有写满。

“我们当时并不清楚信息系统可以帮我们做些什么，也不知道可以提些什么要求，在实施后，我们才逐步提出了一些需求，这些后来增加的需求在实施的时候困难就比较大了。”经理坦言。软件公司的技术人员表示，其实许多需求如果在最初就提出并不难设计，但现在系统都建好了再做，无异于将造好的房子进行地基的调整，其难度比建造一座新房子都大。

对于这次的系统建设，经理现在回头看，觉得公司做的最好决定是考虑到了自己的财力承受能力、现有管理基础等因素，在流程改造和软件改造中把握了一个比较好的“度”。

“系统中有些模块要求我们的流程进行改造，当这些改造是对公司未来的发展有利的，我们就欣然采纳。但如果哪些模块是不适合我们的，我们不但不会对自己的流程改造，对于这些模块我们也会舍弃。”经理谈到为了引进系统，公司专门采购了一批电脑，招聘了一批会电脑操作的接单人员。

3. 信息系统助快递公司避开“礁石”

现在对于该快递公司来说，这套系统最大的好处在于把公司里的信息流理顺了。“有了这个系统，以前经常出现的出入库错误就不会再发生了。”在快递行业，出入库错误是个难以绕开的“礁石”，尤其是在全国有众多网点分布的公司，网点越多，如果单凭人工操作，越容易出错。所谓的“出入库”是快递行业的术语。在快递公司看来，每个外地城市为一个库，在人工操作时，经常会出现一件要求送到北京的快递被误打包送到广州的快递包裹中，结果当发现时往往会延误快递时间。在公司规模扩大，工作量大时，这样的错误就非常容易发生。公司在安装信息系统后，由于接单时就输入了送货城市，并写上编号，由电脑统一统配，非常简便地避免了这一问题。“现在，我们的调度只需要在电脑中对快递城市进行归类就可以完成以前的分派，如果有错误操作，电脑会立刻跳出报错框，根本不可能有出入库的错误发生。”一直压在经理心头的一块石头落了地。

信息系统使公司避开的另一个“礁石”就是漏件的困扰。经理说：“漏件其实是许多快递公司都会遭遇的烦人的问题。”漏件尤其容易出现在零散客户中，当这些客户打电话到快递公司，接单人员以往的做法一般是在记录的本子上进行登记，但有时候有些单子在记下后，没有及时通知调度，或者记录的时候不规范，都可能造成调度没有得到消息。客户在等了许久后迟迟不见有人上门收件，即使在后来进行补救但客户还是很容易对快递公司的服务质量产生抱怨，使公司失去客户。

在快递行业竞争日趋激烈的情况下，本来发展新客户就不容易，自然是不希望漏件的发生。但在原先的工作条件下，虽然快递可以通过培训规范接单人员的操作，但由于种种原因这一现象总是无法避免。

这一“顽疾”在信息系统前“不治而愈”。“在使用系统后，每一笔单子在电脑里都有记录。”经理打开系统，在电脑中详细地显示了当天接到的30多个快递电话。每条信息都记录着来电的号码，快递的地址，以及一些详细的备注内容。而且，最为重要的是，在每条信息的左侧都有红色的符号特别标明是否已经分派到各个快递员手中，所有未分配的单子特别醒目。“调度花几秒时间就可以查到哪些任务还没有分配下去。”

服务质量的提高同时还包括给“老客户”们宾至如归的感觉。在系统中，只需要输入老客户信息中的任何一条，所有关于该客户的信息都可以一起调出。“现在，客户只要打电话来报出一条信息，我们的接单人员就可以迅速报出其他信息与他核对，老客户会觉得我们的管理很规范，服务质量也提高了。这套系统还兼有客户关系管理（customer relationship management，CRM）的功能。”

有了系统后，可以储存2个月以来的所有快递记录，这方便了公司内部的管理查询。对于一些月结的老客户，这个记录也非常有用。老客户所有的快递都在系统中有详细的记录，只要输入客户名，客户就可以看到所有快递的清单，对于所支付的费用也就没有什么异议了。

现在，这套系统已经在该公司成功运转了半年多，公司在初尝信息系统的甜头后，计划过段时间把整个系统进行推广，使公司网络中的各个城市办事处都使用这个系统，公司内部组成一个信息沟通的网络。“最理想的状态是不仅我们自己可以方便地查到公司各个城市的业务情况，还可以让客户查看所送出的快递目前的状态。”对于公司目前所运行的信息系统的未来发展，尝到了信息化甜头的经理充满了憧憬。

4. 底子薄的企业怎么做信息化

该快递公司虽然在快递行业已属于中等规模的企业，但在引进系统之前对企业信息化却知之甚少，这次与上海软件有限公司的合作可以说是公司快递的信息化“初体验”，公司的经验对于许多底子薄的企业上信息化有很大的借鉴价值。

该公司此次实施中最大的缺陷是最初对系统的规划太简单。正如公司经理在采访中所谈到的，最初的需求“只有一张纸”。当一个企业无法制定一个明确的企业管理信息化实施规划，只见树木，不见森林，就极其容易造成“信息孤岛”。

不过，值得肯定的是该公司对于系统的二期建设并没有盲目冒进。公司打算稳扎稳打，在第一期所存在的问题得到有效解决，公司内部的各项管理流程规范后再根据公司需要推进。公司在进行管理信息化系统实施时，很重要一点就是要循序渐进，充分考虑管理流程变化和工作量大小，根据企业承受能力分系统实施；对于有多个功能模块的综合性系统，可按功能模块分步实施，确保实施一个，成功一个。

去快递公司采访时，公司的装修非常简单，但却在公司的中心位置布置了 10 多台电脑。据公司介绍，为了使用这套新的系统，公司对接单人员的招聘要求进行了调整，会电脑操作成了一个必要条件。在这 10 多名会电脑操作的员工到位后，公司就及时进行了培训。对人员这一“软件”的重视也是公司此次实施得以成功的最主要原因之一。曾经有一家进行企业 ERP 建设的公司老总曾说过：“企业做 ERP，硬件不行的换硬件，软件不行的换软件”。而其中的软件所指的正是人员，该公司对于人员配合的要求可见一斑。在企业进行信息化时，人才的配合包括两个方面，一方面必须做好培养、引进信息化管理复合型人才工作，提前做好人才储备。要把人才培养作为管理信息化的重要基础工作来抓，大力引进和培养既懂企业的经营管理、又懂信息化的复合型管理人才。对在管理信息化建设中起重要作用的关键人才，要加大分配方面的激励。同时，在另一方面要“全民皆兵”，要加强全员培训，提高全员信息化意识和运用信息化技术的能力。

想一想：

1. 试论述快递公司信息系统成功建立的原因。
2. 试论述快递公司信息系统给本企业带来的效益。
3. 结合案例谈谈信息系统建设前、中、后应注意的问题。
4. 作为一个合格的现代物流从业者，除了基本的专业知识技能外，还应该掌握哪些知识技能？

信息化过程中的事故多发地带很多，但对于底子薄的企业而言，上层把好了规划，中层抓好了关键人才，基层再把“全民动员”工作做好，很多误区就可以绕开了。

3.3.2 某公司物流管理信息系统案例

1. 项目背景

本系统是一个中小物流企业信息化的成功案例。该公司是一家快速成长的第三方物流企业，公司从 2000 年 11 月份开始正式运作，经营 3 年来，业绩每年以翻一番的速度迅速发展，目前已经达到年营业额 2000 多万、运送货物 400 多万件，送达城市 300 多个的规模。公司的快速发展，不仅得益于第三方物流市场需求的发展，更离不开信息系统的支持。

该公司物流对信息系统的需求，经历了从单一到全面、从模糊到清晰的发展过程。该公司物流信息系统的应用从总体上来说分为四个阶段。

1）最初的系统只解决运单的录入和汇总数据的统计查询。

2）逐步涵盖委托、集货、调度、出入库、运输、配送、签收各环节的数据录入和统计查询。

3）达到调度、出入库、运输监控功能的完善和网上功能的实现。

4）进一步进行数据挖掘与系统对接。

2. 该公司物流信息系统结构

本系统分为物流管理子系统、车辆运输管理子系统、出入库管理子系统和企业门户网站四大部分。

（1）物流管理子系统

1）基础委托单信息的录入，支持电话、传真、Internet 等多种形式。

2）客户资料建档，包括客户业务信息、客户信用、客户投诉、客户基础信息、合作状况评价等。

3）业务流转过程中相关数据的录入，包括在库相关信息、在途相关信息、费用信息，分别由不同岗位的责任人完成，便于出现问题时追究责任。

（2）车辆运输管理子系统

1）司机、车辆基础档案的管理。

2）车辆固定成本、可变费用的管理。

3）行车安全管理。

4）行车效率的管理（路单管理）。

（3）出入库管理子系统

1）货物的入库数量、时间、完好情况的记录。

2）货物的出库数量、时间、完好情况的记录。

3）支持仓库网络分布情况下对货物的统计、汇总。

4）支持针对不同权限的客户分库区、分品种的库存货物查询。

5）实现上述各项功能的网上查询服务。

（4）企业门户网站

作为物流公司对外界宣传和同客户沟通的工具，物流企业门户网站主要提供网上查询，网上委托，网上交易。

3. 系统特点

（1）体系

1）采用 B/S+C/S 模式，*n* 层体系结构，全面支持 Internet 和移动通信。

2）模块化设计，可根据不同的客户需求灵活配置各模块。

3）界面友好统一，任何用户稍加培训就可以轻松上手。

4）极高的数据处理能力，完善的数据备份机制，保证数据有效、准确。

5）支持群集技术和离线处理、支持窄带（电话线）条件下的数据传输和实时应用。

6）简单、集中的系统维护，保证系统稳定、安全运行，降低系统维护成本。

（2）应用

源于物流企业的实践，同时结合国内的实际情况，蕴涵成功物流企业先进的管理思想和运作模式完善的物流业务管理能力，支持各种成本核算方法、单品管理、票据全程跟踪和历史动态业务数据查询支持工作流管理和各部门（如生产、销售、服务）之间的全面协同工作，全程无纸化作业，物流服务企业与发货方、供货方之间通过该系统都可以畅顺迅捷地了解到所需的数据信息。开放式接口，易于构建和管理国内外其他应用系统的动态数据交换。

4. 应用体会

1）首先就是要先利用起来。根据该公司物流实际应用情况，如果一开始公司就引进一套很完善的物流系统，那中途夭折的可能性在95%以上。因为信息系统是企业业务的神经系统，它与企业的骨骼和肌肉（即业务和管理水平）是相互适应的，任何一方面的超前和落后都会阻碍企业的发展。该公司信息技术应用事业部为想上信息系统的企业提供了企业诊断和最高限价的咨询服务。根据企业的业务状况、企业规模、管理层认识程度、基层计算机应用程度等，提出一期信息系统应用投资的最高限价，超过这个限价企业就面临着很大的价格风险。事先设定一期投入应用效果评估，在达到一期目标之后，管理层增强了信心总结了经验教训，再考虑二期投入。

2）数据的积累和挖掘是企业提高管理水平的依据。没有准确数据的长期积累，就谈不上科学的管理。有了准确数据的一年以上的积累，就可以进行各个层面的数据挖掘与分析。根据管理水平的不断提高，为自身企业设定一系列考核指标，根据指标随时监控企业的运行状况，做到提前预知事态发展，及时采取措施趋利避害。

3）软件良好的表现形式是系统成功应用的保障。信息系统的应用需要人们改变原来通过纸张进行阅览和传递信息的形式，因此要尽最大的可能去适应操作人员特别是管理人员的习惯，以最简单、最直观形式将各种信息展示出来。

5. 应用效果与效益

由于系统的完善应用，该公司物流在相关岗位的人力投入减少50%以上，差错率降低了80%以上，整个效率提高了46%。另外，系统的统计分析功能使得公司管理层能够及时准确的看到整个业务发生、流量和财务状况，因而为管理层的决策（战略决策和阶段休整决策以及突发事件决策等）提供了重要的数据支持。另外，系统对业务流程的再造和实施起到了重要的导向和保障作用，提高了企业的竞争力。

相关作业

1．该公司物流信息系统结构由哪几部分组成？

2．结合本章知识谈谈现代物流企业建立管理信息系统的必要性。

3．试论述信息系统给企业经营管理带来的好处。

4．对于按照实际需求循序渐进的设计物流管理信息系统的原则，结合案例谈谈你的理解。

知识链接

B/S和C/S网络模式的结构

1. B/S（browser/server）网络模式的结构

B/S网络结构模式是基于Intranet（企业内部的网络）的需求而出现并发展的。Intranet是应用TCPIP协议建立的企事业单位内部专用网络，一方面它采用诸如TCP/IP、HTTP、SMTP和HTML等Internet技术和标准，能为企事业单位内部交换信息提供服务。同时，它具有连接Internet的功能和防止外界入侵的安全措施。另一方面，由于数据库具有强大的数据存储和管理能力，并且能够动态地进行数据输入和输出，如果把数据库应用于Intranet上，不仅可以实现大量信息的网上发布，而且能够为广大用户提供动态的信息查询和数据处理服务，进而加强企事业单位内部部门之间、上级部门与下级部门之间、企事业单位员工之间、企事业单位与客户之间以及企事业单位与企事业单位之间的信息交流，降低企事业单位的日常工作成本，提高企事业单位的经济效益。

2. C/S（client/server）网络模式的结构

C/S模式是一种两层结构的系统：第一层是在客户机系统上结合了表示与业务逻辑；第二层是通过网络结合了数据库服务器。C/S模式主要由客户应用程序、服务器管理程序和中间件三个部分组成。首先，交互性强是C/S固有的一个优点。在C/S中，客户端有一套完整的应用程序，在出错提示、在线帮助等方面都有强大的功能，并且可以在子程序间自由切换。其次，C/S模式提供了更安全的存取模式。由于C/S配备的是一点对点的结构模式，适用于局域网、安全性可以得到可靠的保证。而B/S采用一点对多点、多点对多点这种开放的结构模式，并采用TCP/IP这一类运用于Internet的开放性协议，其安全性只能靠数据服务器上管理密码的数据库来保证。由于C/S在逻辑结构上比B/S少一层，对于相同的任务，C/S完成的速度总比B/S快，使得C/S更利于处理大量数据。由于客户端实现与服务器的直接相连，没有中间环节，因此响应速度快。同时由于开发是针对性的，因此操作界面漂亮，形式多样，可以充分满足客户自身的个性化要求。但由于缺少通用性，对于业务的变更，需要重新设计和开发，增加了维护和管理的难度，进一步的业务拓展困难较多。不过此部分内容对于管理制度成熟的仓库企业而言，困难度并不大。

小　结

本章介绍了建立物流信息系统的基本途径。

为促进物流企业的信息化建设，应从以下几个角度入手，加强物流信息系统的建设：

（1）用标准化的条码技术完成信息数据的录入和采集

物流企业信息化的基础是物流信息资源的采集，必须保证能够获得准确、全面、系统和及时的数据。这些信息包括订货单、村货单、应付账款、交易条款、用户情况等在内的大量内部数据资料，还包括大量外部信息，如政府政策法规、行业资料等。

（2）建立数据库

借助自动识别技术、数据库技术、电子交换技术（EDI）等现代技术手段建立仓储、保管等各类与物流业务管理有关的基本数据库，利用这些数据库存储各种有价值的信息。

（3）利用先进技术实现信息高速传输

应用射频技术（RF）来进行物流跟踪、运载工具和货架识别等。在需要频繁改变数据内容的场合，通过便携式数据终端（PDT）随时通过 RF 技术把客户产品清单、发票、发运标签、所存产品代码和数量等数据传送到计算机管理系统。

（4）利用信息系统加强物流中心活动的管理控制

控制是物流企业管理过程不可缺少的一个重要环节，是保证物流业务能够达到预期的标准的必要手段。例如，应用 GPS、GIS 技术，用于汽车自定位、导航车辆、跟踪调度，从而大大提高物流路网及其运营的透明度，提供更高质量的物流服务。

本章小结

本章系统地阐述了物流管理信息系统的开发、规划、分析、设计和实施方法，并介绍了相关的物流管理信息系统案例。

物流管理信息系统的开发是一项复杂的系统工程，它涉及计算机处理技术、系统理论、组织结构、管理功能、管理认识、认识规律及工程化方法等方面的问题。物流管理信息系统的开发主要有：生命周期法、原形法、面相对象方法、计算机辅助软件工程方法。

通过本章的学习，同学应该体会到物流管理信息系统的成功建立并不只归因于专业的软件开发技术。物流企业的系统资料（如各类业务流程资料、原始单据）；企业提供数据的完整性、系统性、时效性，软件开发人员与物流企业业务人员的互动合作与理解、领导层的支持程度，都对物流管理信息系统的开发过程有着深远的影响。另外，系统分析阶段可以帮助我们了解该物流业务活动的具体处理过程，发现和处理其中的错误和疏漏，修改和删除原系统的不合理部分，在新系统基础上优化业务处理流程，改善物流企业的工作效率，降低运营与损失成本。

思考与练习

1．根据下面业务流程描述画出其业务流程图。

采购员从仓库收到缺货通知单以后，查阅订货合同单，若已订货，向供货单位发出催货请求；否则，填写订货单交供货单位。供货单位发出货物后，立即向采购员发出取货通知。

2．根据下面业务流程描述画出其数据流程图。

由需购置设备的部门填写申购表格，将此表格送交设备科，设备科填写预算表格送财务处，财务处核对后，将资金返回设备科，设备科利用资金购买设备，将购得的设备送需购设备的部门，将收据送财务处。

3．简述利用生命周期法与原型法进行系统开发的步骤及其优缺点。

4．简述管理信息系统的特点。

5，结合本章的学习知识和有关资料谈谈信息系统开发的最大困难是什么，企业应如何解决这些问题？

小组模拟仿真

（要求小组讨论，并将活动成果以小组为单位提交电子作业）

物流管理信息系统案例分析与评价

1. 活动内容

将班级分成若干个小组，每组 6～8 人，每组准备一个有关信息系统建设的案例，以 PPT 的方式在课堂展示，并由组中代表阐述案例并进行评价，组外学生可提出与案例相关的问题由小组代表或组员回答。最后，教师给予总评并依据每个小组的表现打分。

2. 分析问题

1）物流管理信息系统的功能特点。

2）物流管理信息系统对企业经营活动的作用。

3）物流管理信息系统成功与失败的原因及评价。

3. 活动要求

以PPT的形式展示案例。

4. 活动步骤

1）由小组代表阐述案例并进行评价。
2）组外同学提出与小组案例相关问题。
3）小组代表或组员回答上述问题。
4）小组代表总结。
5）教师评价打分。

5. 注意事项

1）PPT资料要求图文并茂、清晰生动、突出主题
2）语言表达流畅、吐字清楚、声音洪亮、逻辑性强

6. 作业展示及点评

考核评分参见下表。

考核评分表

考评小组		被考评小组	
考评地点		考评时间	
考评内容	仓库管理软件系统		
考评标准	内容	分值	实际得分
	语言表达	20	
	案例分析能力	30	
	内容准确无误	20	
	对提问的回答水平	15	
	PPT的制作效果	15	
合　计		100	

注：考评满分为100分，60～74分为及格；75～84为良好；85分以上（含85分）为优秀。

第4章 物流企业网络技术

网络技术是现代物流信息技术中重要内容之一，信息的处理离不开计算机，而传输与交互信息必须依靠计算机网络。通过企业内部的网络（Intranet），可以在企业内部实现无纸化办公；通过企业间的网络（Extranet），可为供应链成员的交易伙伴、合伙对象、相关公司、销售商及主要客户提供受控的外联网络；通过 Internet 可提供电子邮件、电子公告板、网络新闻、文件传输、浏览、检索等功能，通过 Internet 的高速服务可以克服物流在时间与空间上所受的限制，实现传统物流向现代物流的转换。

4.1 物流企业内部网络化

学习目标

1. 了解什么是计算机网络
2. 理解计算机网络的分类
3. 掌握计算机网络的功能
4. 熟练掌握计算机网络的拓扑结构
5. 会简单组网及排除故障

案例导入

某传统物流企业存在各部门报表不一致、单据经常出错、库存数据不准确、信息查询不方便等问题。现想降低单据流传出错率，避免原始数据重复录入，实现各信息流（入库信息、库存信息、出库信息、采购信息等）在企业内部及时准确流通，请为该物流企业设计相应策略。

必备的理论知识

4.1.1 计算机网络

1. 计算机网络的发展

计算机网络诞生于20世纪50年代中期，20世纪60～70年代是广域网从无到有并得到大发展的年代；80年代局域网取得了长足的进步，已日趋成熟；进入90年代，一方面广域网和局域网紧密结合使得企业网络迅速发展；另一方面建造了覆盖全球的信息网络Internet，为在21世纪进入信息社会奠定了基础。

计算机网络的发展经历了一个从简单到复杂、又到简单（指入网容易、使用简单、网络应用大众化）的过程：

（1）第一代计算机网络——面向终端的计算机网络

面向终端的计算机网络是具有通信功能的主机系统，即所谓的联机系统。这是计算机网络发展的第一阶段，被称为第一代计算机网络，如图4.1所示。

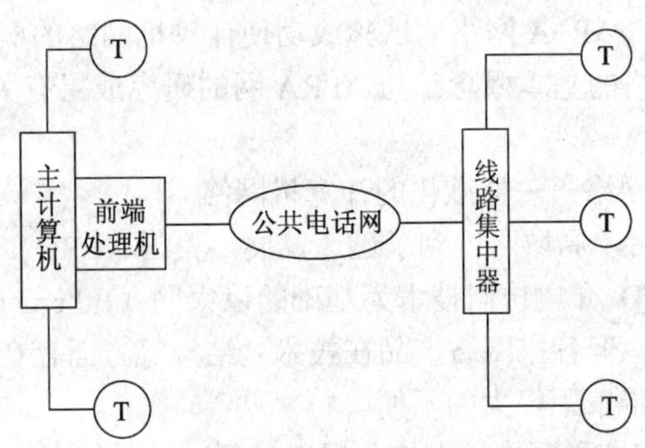

图4.1 第一代计算机网络

1954年，收发器（transceiver）终端出现，实现了将穿孔卡片上的数据从电话线上发送到远地的计算机。用户可在远地的电传打字机上输入自己的程序，计算机计算出来的结果从计算机传送到远地的电传打字机上打印出来。计算机网络的概念也就这样产生了。

20世纪60年代初，美国建成了全国性航空飞机订票系统，用一台中央计算机连接2000多个遍布全国各地的终端，用户通过终端进行操作。这些应用系统的建立，构成了计算机网络的雏形。

在第一代计算机网络中，计算机是网络的中心和控制者，终端围绕中心计算机分布在各处，而计算机的任务是进行成批处理。

面向终端的计算机网络采用了多路复用器（MUX）、线路集中器、前端控制器等通信控制设备连接多个中断，使昂贵的通信线路为若干个分布在同一远程地点的相近用户分时共享使用。

（2）第二代计算机网络——共享资源的计算机网络

多台主机通过通信线路连接起来，相互共享资源。这样就形成了以共享资源为目的的第二代计算机网络，如图 4.2 所示。

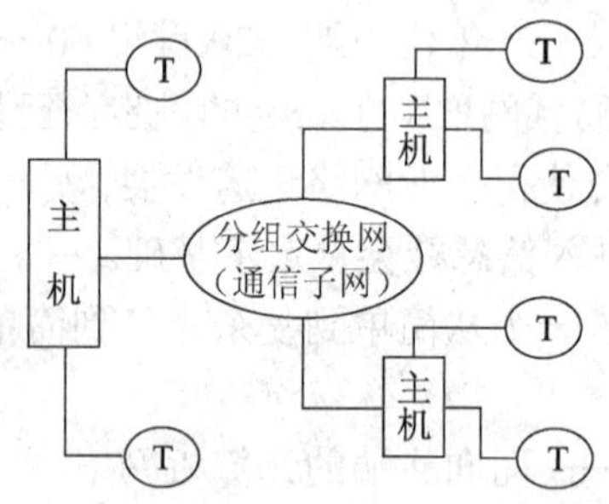

图 4.2　第二代计算机网络

第二代计算机网络的典型代表是 ARPA 网络（ARPAnet）。ARPA 网络的建成标志着现代计算机网络的诞生。ARPA 网络的试验成功使计算机网络的概念发生了根本性的变化，很多有关计算机网络的基本概念都与 APRA 网的研究成果有关，如分组交换、网络协议、资源共享等。

（3）第三代计算机网络——标准化的计算机网络

20 世纪 70 年代以后，局域网得到了迅速发展。美国 XEROX、DEC 和 INTEL 3 大公司推出了以 CSMA/CD 介质访问技术为基础的以太网（Ethernet）产品。其他大公司也纷纷推出自己的产品。但各家网络产品在技术、结构等方面存在着很大差异，没有统一的标准，因而给用户带来了很大的不便。

1974 年 IBM 公司宣布了网络标准按分层方法研制的系统网络体系结构（SNA）。网络体系结构的出现，使得一个公司所生产各种网络产品都能够很容易地互相连成网，而不同公司生产的产品，由于网络体系结构不同，则很难相互连通。

1984 年，国际标准化组织（ISO）正式颁布了一个使各种计算机互连成网的标准框架——开放系统互连参考模型（open system interconnection reference model，OSI/RM 或 OSI）。80 年代中期，ISO 等机构以 OSI 模型为参考，开发制定了一系列协议标准，形成了一个庞大的 OSI 基本协议集。OSI 标准确保了各厂家生产的计算机和网络产品之间的互联，推动了网络技术的应用和发展。这就是所谓的第三代计算机网络。

（4）第四代计算机网络——国际化的计算机网络

20 世纪 90 年代，计算机网络发展成了全球的网络——Internet，计算机网络技术和网络应用得到了迅猛的发展，如图 4.3 所示。

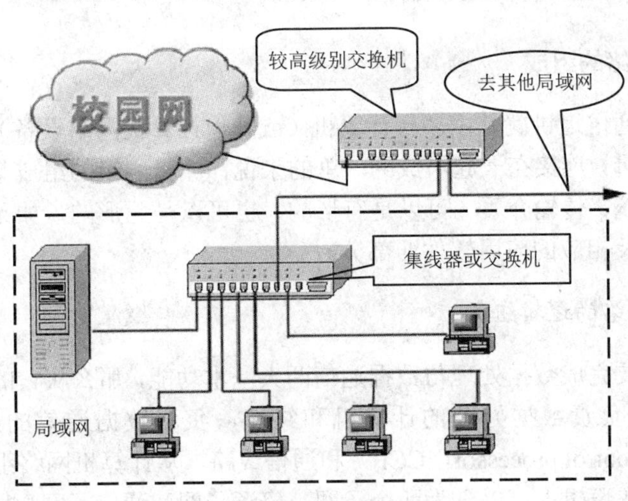

图 4.3 第四代计算机网络

Internet 最初起源于 ARPAnet。由 ARPAnet 研究而产生的一项非常重要的成果就是 TCP/IP 协议。

TCP/IP 协议（transmission control protocol/internet protocol，即传输控制协议/网际协议），使得连接到 Internet 上的所有计算机能够相互交流信息。1986 年建立的美国国家科学基金会网络（NSFNET）是 Internet 发展的一个里程碑。

2. 国际化计算机网络 Internet

目前，计算机网络是一大热门课题，应用需求极为广泛。人们提出了“网络就是计算机”的概念，计算机网络伴随着计算机已成为人们工作、学习、生活中不可缺少的一部分。

计算机网络是为了达到共享硬件、软件和数据资源的目的，在相应的信息协议和网络系统软件的支持下，通过通信设备线路将地理位置不同的具有独立功能的多台计算机连接起来的计算机系统的集合，图 4.4 所示为一个简单的网络。

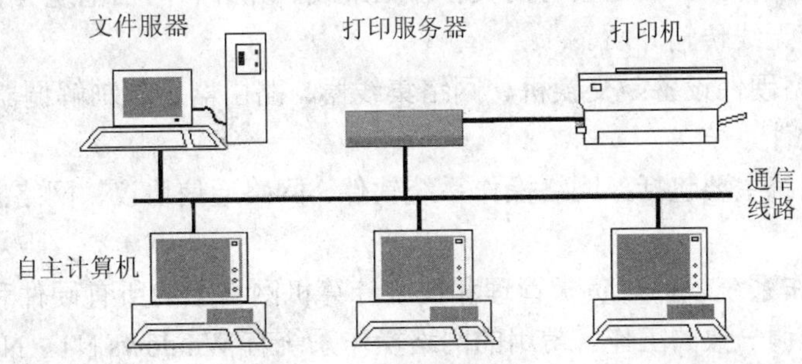

图 4.4 简单网络组成示意

4.1.2 计算机网络的组成

计算机网络通俗地讲就是由多台计算机（或其他计算机网络设备）通过传输介质和软件物理（或逻辑）连接在一起组成的。总的来说计算机网络的组成基本上包括：计算机、网络操作系统、传输介质（可以是有形的，也可以是无形的，如无线网络的传输介质就是空气）以及相应的应用软件四部分。

1. 计算机网络的逻辑组成

计算机网络要完成数据处理与数据通信两大基本功能，那么从它的结构上必然可以分成两个部分：负责数据处理的计算机和终端，负责数据通信的通信控制处理机（communication control processor，CCP）和通信线路。从计算机网络组成角度来分，典型的计算机网络在逻辑上可以分为两个子网：资源子网和通信子网。

2. 计算机网络的物理组成

计算机网络按物理结构可分为网络硬件和网络软件两部分。

（1）网络硬件系统

网络硬件系统主要包括：网络服务器、网络工作站、网络适配器、网络传输介质和其他网络硬件设备等。

1）网络服务器：负责对计算机网络进行管理和提供各种服务；包括有域服务器、数据库服务器、Web 服务器、邮件服务器、FTP 服务器、打印服务器等。

2）网络工作站：一般采用微型计算机。用户通过使用网络工作站来连接计算机网络，使用网络中的资源。

3）网络适配器（网卡）：负责计算机主机与传输介质之间的连接、数据的发送与接收、介质访问控制方法的实现。

4）网络传输介质：负责将各个独立的计算机系统连接在一起，并为它们提供数据通道。现在常用的传输介质主要有两类，即双绞线、光纤、同轴电缆等有线传输介质和红外线、微波等无线传输介质。

5）其他网络硬件设备：交换机、网络集线器、路由器、调制解调器等。

（2）网络软件系统

网络软件系统主要包括：网络操作系统软件、网络通信协议、网络工具软件、网络应用软件等。

1）网络操作系统软件：负责管理和调度计算机网络上的所有硬件和软件资源，使各个部分能够协调一致的工作。常用的网络操作系统有 Windows NT、Netware、UNIX、Linux 等。

2）网络通信协议：在网络通信中，为了能够使通信中的两台或多台计算机之间成功地发送和接收信息，必须制定并遵守互相都能接受的一些规则，这些规则的集合称为通信协议。常用的网络通信协议有 TCP/IP 协议、SPX/IPX 协议、NetBEUI 协议等。

3）网络工具软件：用来扩充网络操作系统功能的软件，如网络浏览器、网络下载软件、网络数据库管理系统等。

4）网络应用软件：基于计算机网络应用而开发出来的用户软件，如民航售票系统、远程物流管理软件、订单管理软件、酒店管理软件等。

计算机网络的组成结构如图 4.5 所示。

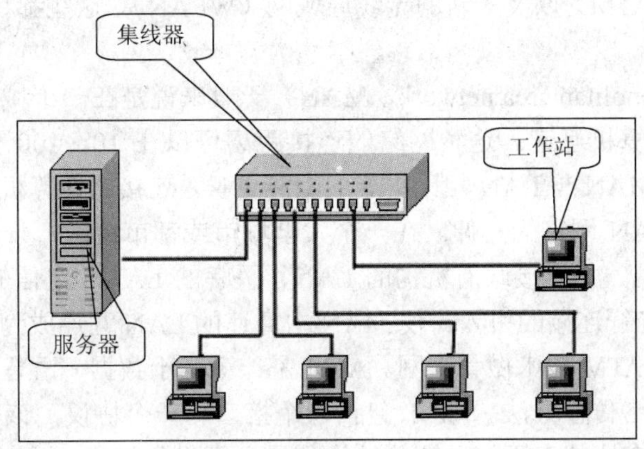

图 4.5 网络组成结构

4.1.3 计算机网络的分类

1. 从地理范围划分

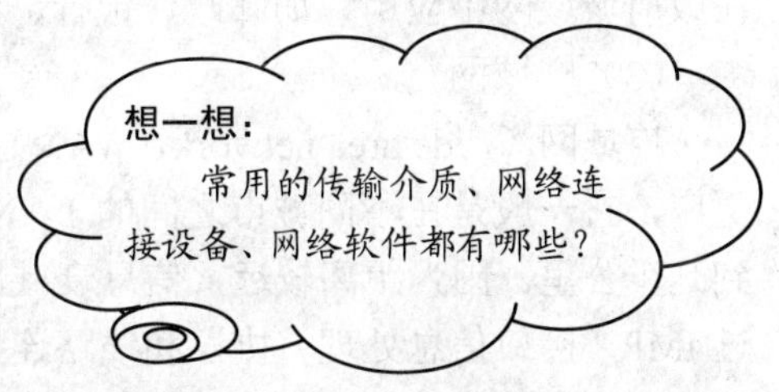

虽然网络类型的划分标准各种各样，但是从地理范围划分是一种大家都认可的通用网络划分标准。按这种标准可以把各种网络类型划分为局域网、城域网、广域网 3 种。局域网一般来说只能是一个较小区域内，城域网是不同地区的网络互联，不过在此要说明的一点就是这里的网络划分并没有严格意义上地理范围的区分，只能是一个定性的概念。下面简要介绍这几种计算机网络。

（1）局域网

局域网（local area network，LAN）是我们最常见、应用最广的一种网络。现在局域网随着整个计算机网络技术的发展和提高得到充分的应用和普及，几乎每个单位都有自己的局域网，有的甚至家庭中都有自己的小型局域网。很明显，所谓局域网，那就是在局部地区范围内的网络，它所覆盖的地区范围较小。局域网在计算机数量配置上没有太多的限制，少的可以只有两台，多的可达几百台。一般来说在企业局域网中，工作站的数量在几十台到两百台左右。在网络所涉及的地理距离上一般来说可以是在几米至10公里以内。局域网一般位于一个建筑物或一个单位内，不存在寻径问题，不包括网络层的应用。

这种网络的特点就是：连接范围窄、用户数少、配置容易、连接速率高。目前局域网最快的速率要算现今的10G以太网了。IEEE的802标准委员会定义了多种主要的LAN网：以太网（Ethernet）、令牌环网（Token Ring）、光纤分布式接口网络（FDDI）、异步传输模式网（ATM）以及最新的无线局域网（WLAN）。这些都将在后面详细介绍。

（2）城域网

城域网（metropolitan area network，MAN）一般来说是在一个城市，但不在同一地理小区范围内的计算机互连。这种网络的连接距离可以在10～100公里，它采用的是IEEE 802.6标准。MAN与LAN相比扩展的距离更长，连接的计算机数量更多，在地理范围上可以说是LAN网络的延伸。在一个大型城市或都市地区，一个MAN网络通常连接着多个LAN网，如连接政府机构的LAN、医院的LAN、电信的LAN、公司企业的LAN等。由于光纤连接的引入，使MAN中高速的LAN互连成为可能。

城域网多采用ATM技术做骨干网。ATM是一个用于数据、语音、视频以及多媒体应用程序的高速网络传输方法。ATM包括一个接口和一个协议，该协议能够在一个常规的传输信道上，在比特率不变及变化的通信量之间进行切换。ATM也包括硬件、软件以及与ATM协议标准一致的介质。ATM提供一个可伸缩的主干基础设施，以便能够适应不同规模、速度以及寻址技术的网络。ATM的最大缺点就是成本太高，所以一般在政府城域网中应用，如邮政、银行、医院等。

（3）广域网

广域网（wide area network，WAN）也称为远程网，所覆盖的范围比城域网（MAN）更广，它一般是在不同城市之间的LAN或者MAN网络互联，地理范围可从几百公里到几千公里。因为距离较远，信息衰减比较严重，所以这种网络一般是要租用专线，通过IMP（接口信息处理）协议和线路连接起来，构成网状结构，解决循径问题。这种城域网因为所连接的用户多，总出口带宽有限，所以用户的终端连接速率一般较低，通常为9.6Kb/s～45Mb/s。如邮电部的CHINANET、CHINAPAC和CHINADDN网。

上面讲了网络的几种分类，其实在现实生活中我们真正用得最多的还要算是局域网，因为它可大可小，无论在单位还是在家庭实现起来都比较容易，也是应用最广泛的一种网络，所以在下面我们有必要对局域网及局域网中的接入设备作一个进一步的认识。

2. 局域网的分类

虽然目前我们所能看到的局域网主要是以双绞线为代表传输介质的以太网，那只不过是我们所看到都基本上是企事业单位的局域网，在网络发展的早期或在各行各业中，因其行业特点所采用的局域网也不一定都是以太网，目前在局域网中常见的有：以太网（Ethernet）、令牌网（Token Ring）、FDDI网、异步传输模式网（ATM）、无线局域网（WLAN）等几类，下面分别作一些简要介绍。

（1）Ethernet

以太网最早是由Xerox（施乐）公司创建的，在1980年由DEC、Intel和Xerox三家公司联合开发为一个标准。以太网是应用最为广泛的局域网，包括标准以太网（10Mb/s）、快速以太网（100Mb/s）、千兆以太网（1000Mb/s）和10Gb/s以太网，它们都符合IEEE 802.3系列标准规范。

（2）Token Ring

令牌环网是IBM公司于20世纪70年代发展的，现在这种网络比较少见。在老式的令牌环网中，数据传输速度为4Mb/s或16Mb/s，新型的快速令牌环网速度可达100Mb/s。令牌环网的传输方法在物理上采用了星形拓扑结构，但逻辑上仍是环形拓扑结构。结点间采用多站访问部件（multistation access unit，MAU）连接。MAU是一种专业化集线器，它是用来围绕工作站计算机的环路进行传输。由于数据包看起来像在环中传输，所以在工作站和MAU中没有终结器。

在这种网络中，有一种专门的帧称为“令牌”，在环路上持续地传输来确定一个结点何时可以发送包。令牌为24位长，有3个8位的域，分别是首定界符（start delimiter，SD）、访问控制（access control，AC）和终定界符（end delimiter，ED）。首定界符是一种与众不同的信号模式，作为一种非数据信号表现出来，用途是防止它被解释成其他东西。这种独特的8位组合只能被识别为帧首标识符（SOF）。由于目前以太网技术发展迅速，令牌网存在固有缺点，令牌网在整个计算机局域网已不多见，原来提供令牌网设备的厂商多数也退出了市场，所以在目前局域网市场中令牌网可以说是“明日黄花”了。

（3）FDDI网

FDDI的英文全称为“fiber distributed data interface”，中文名为“光纤分布式数据接口”，它是于80年代中期发展起来一项局域网技术，它提供的高速数据通信的能力要高于当时的以太网（10Mb/s）和令牌网（4 Mb/s或16Mb/s）的能力。FDDI标准由ANSIX 3T 9.5标准委员会制订，为繁忙网络上的高容量输入输出提供了一种访问方法。

FDDI可以发送两种类型的包：同步的和异步的。同步通信用于要求连续进行且对时间敏感的传输（如音频、视频和多媒体通信）；异步通信用于不要求连续脉冲串的普通的数据传输。在给定的网络中，TTRT等于某结点同步传输需要的总时间加上最大的帧在网络上沿环路进行传输的时间。FDDI使用两条环路，所以当其中一条出现故障时，数据可以从另一条环路上到达目的地。连接到FDDI的结点主要有两类，即A类和B类。A类结点与两个环路都有连接，由网络设备如集线器等组成，并具备重新配置环路结构以在网络崩溃时使用单个环路的能力；B类结点通过A类结点的设备连接在FDDI网络上，B 类结点包括服务器或工作站等。

（4）ATM 网

ATM 的英文全称为“asynchronous transfer mode”，中文名为“异步传输模式”，它的开发始于 20 世纪 70 年代后期。ATM 是一种较新型的单元交换技术，同以太网、令牌环网、FDDI 网络等使用可变长度包技术不同，ATM 使用 53 个字节固定长度的单元进行交换。它是一种交换技术，它没有共享介质或包传递带来的延时，非常适合音频和视频数据的传输。

（5）WLAN

无线局域网（wirtless local area network，WLAN）是目前最新，也是最为热门的一种局域网。无线局域网与传统的局域网主要不同之处就是传输介质不同，传统局域网都是通过有形的传输介质进行连接的，如同轴电缆、双绞线和光纤等，而无线局域网则是采用空气作为传输介质的。正因为它摆脱了有形传输介质的束缚，所以这种局域网的最大特点就是自由。只要在网络的覆盖范围内，可以在任何一个地方与服务器及其他工作站连接，而不需要重新铺设电缆。这一特点非常适合那些移动办公一族，在机场、宾馆、酒店等地（通常把这些地方称为“热点”），只要无线网络能够覆盖到，它都可以随时随地连接上无线网络，甚至 Internet。

无线局域网所采用的是 802.11 系列标准，它也是由 IEEE 802 标准委员会制定的。目前这一繁育列标准主要有四个标准，分别为：802.11b、802.11a、802.11g 和 802.11z，前三个标准都是针对传输速度地热异常进行的改进，最开始推出的是 802.11b，它的传输速度为 11Mb/s，因为它的连接速度比较低，随后推出了 802.11a 标准，它的连接速度可达 54Mb/s。但由于两者不互相兼容，致使一些早已购买 802.11b 标准的无线网络设备在新的 802.11a 网络中不能使用，所以在今年前些时候正式推出了兼容 802.11b 与 802.11a 两种标准的 802.11g，这样原有的 802.11b 和 802.11a 两种标准的设备都可以在同一网络中使用。802.11z 是一种专门为了加强无线局域网安全的标准。因为无线局域网的“无线”特点，致使任何进入此网络覆盖区的用户都可以轻松以临时用户身份进入网络，给网络带来了极大的不安全因素，为此 802.11z 标准专门就无线网络的安全性方面作了明确规定，加强了用户身份认证制度，并对传输的数据进行加密。

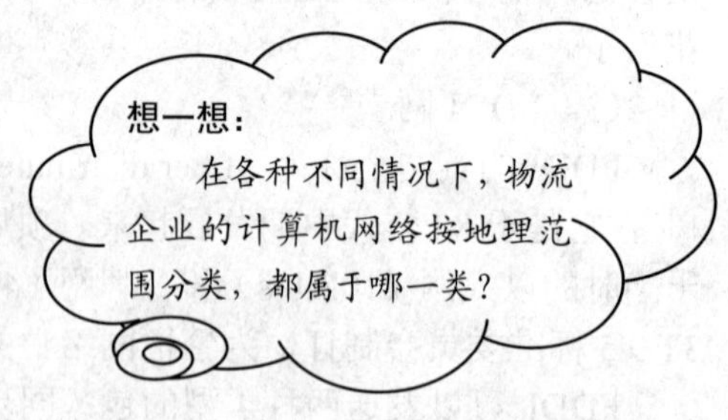

4.1.4 计算机网络的功能

计算机网络的功能主要体现在三个方面：信息交换、资源共享、分布式处理。

1. 信息交换

这是计算机网络最基本的功能，主要完成计算机网络中各个节点之间的系统通信。

用户可以在网上传送电子邮件、发布新闻消息、进行电子购物、电子贸易、远程电子教育等。

2. 资源共享

所谓的资源是指构成系统的所有要素，包括软硬件资源，如：计算处理能力、大容量磁盘、高速打印机、绘图仪、通信线路、数据库、文件和其他计算机上的有关信息。由于受经济和其他因素的制约，这些资源并非（也不可能）由所有用户都独立拥有，所以网络上的计算机不仅可以使用自身的资源，还可以共享网络上的资源。因而增强了网络上计算机的处理能力，提高了计算机软硬件的利用率。

3. 分布式处理

一项复杂的任务可以划分成许多部分，由网络内各计算机分别协作并行完成有关部分，使整个系统的性能大为增强。

4.1.5 计算机网络的拓扑结构

网络拓扑结构就是网络的形状，或者是它在物理上的连通性。常见的拓扑结构有以下几种：

1）星形结构。使用双绞线连接，结构上以集线器（HUB）为中心，呈放射状连接各台电脑。由于 HUB 上有许多指示灯，遇到故障时很容易发现出故障的电脑，而且一台电脑或线路出现问题不影响其他电脑，这样网络系统的可靠性大大增强。另外，如果要增加一台电脑，只需连接到 HUB 上就可以，很方便扩充网络，所以星型结构的网络现在非常流行。

2）环形结构。是由一些中继器和连接到中继器的点到点链路组成的一个闭合环。对环接口要求高，如果一个环接口出现故障，整个网络就会瘫痪，因为某一节点故障会引起整个网络的故障，出现故障时需要对每个节点进行检测。

3）总线结构。是将所有电脑连接在一条线上，使用同轴电缆连接，就像一条线上拴着的几只蚂蚱，只适合使用在电脑不多的局域网上，因为一旦电缆中的某一段出现了问题，其他电脑也无法接通，导致整个网络瘫痪。系统中要使用 BNC 接口网卡、BNC－T 型接头、终结器和同轴细缆。

以上三种拓扑结构示意图如图 4.6 所示。

4）树形结构。这是一种分级结构，在树型结构的网络中，任意两个结点之间不产生回路，每条通路都支持双向传输。这种结构的特点是扩充方便、灵活，成本低，易推广，适合于分主次或分等级的层次型管理系统。

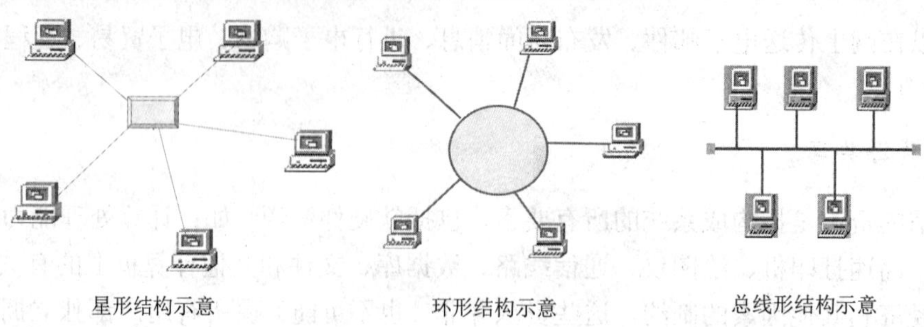

星形结构示意　　环形结构示意　　总线形结构示意

图 4.6　星形、环形、总线形结构示意

5）混合形结构。可以是不规则形的网络，也可以是点-点相连结构的网络。

局域网中常见的结构为总线形或星形结构。

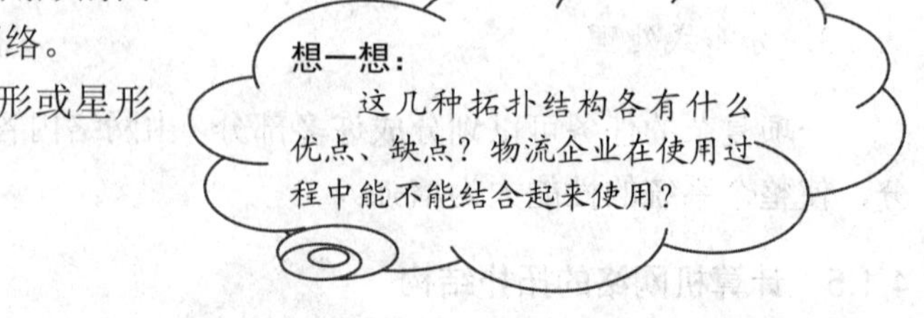

小　　结

网络化过程是对物流经营管理机构、物流业务、物流资源和物流信息等要素的组织，按照网络方式在一定市场内进行规划、设计和实施，以实现物流系统快速反应和总成本最优等要求。对案例中提到的物流企业存在的各种问题可以通过对该物流企业进行网络化来解决。

4.2　物流企业中的 Internet 应用

学习目标

1. 了解什么是 Internet
2. 理解 Internet 的接入方式
3. 掌握 Internet 提供的服务
4. 理解网络安全相关知识
5. 掌握 IP 及域名使用

案例导入

某物流企业在采购与销售上受到空间上的局限，想在互联网上开展业务，同时实现方便、准确、保密功能，若要实现还需要了解哪些技术知识？如何实现呢？

必备的理论知识

4.2.1 Internet 简介

Internet 是指将分布于全球的成千上万台计算机网络连接在一起，实现全球信息资源共享的国际互联网，也称为“网络的网络”，是目前世界上最大的互联网络。

4.2.2 Internet 的接入方式

在接入网中，目前常用的接入方式主要有综合业务数字网（integrated service digital network，ISDN）拨号、DDN（digital data network）专线、面向集团企业、非对称数字用户环路（asymmetrical digital subscriber line，ASDL）个人宽带流行风、LAN、VDSL、Cable-Modem（线缆调制解调器，用于有线网络）、PON（无源光网络，光纤入户）和LMDS（无线通信），它们各有各的优缺点。其中 LAN 技术比较成熟，成本较低。

LAN 方式接入是利用以太网技术，采用“光缆＋双绞线”的方式对社区进行综合布线。具体实施方案是：从社区机房铺设光缆至住户单元楼，楼内布线采用五类双绞线铺设至用户家里，双绞线总长度一般不超过 100 米，用户家里的电脑通过五类跳线接入墙上的五类模块就可以实现上网。社区机房的出口是通过光缆或其他介质接入城域网。

以太网技术成熟、成本低、结构简单、稳定性、可扩充性好，便于网络升级。同时可实现实时监控、智能化物业管理、小区/大楼/家庭保安、家庭自动化（如远程遥控家电、可视门铃等）、远程抄表等，可提供智能化、信息化的办公与家居环境，满足不同层次的人们对信息化的需求。

4.2.3 Internet 网络协议

Internet 上的网络协议统称为 Internet 协议簇，其中包括传输控制协议（transmission control protocol，TCP）、网络协议（internet protocol，IP）、网际控制报文协议（internet control message protocol，ICMP）、数据报文协议（user datagram protocol，UDP）等。因为 TCP 和 IP 是其中最基本也是最主要的两个协议，所以习惯上又称整个 Internet 协议簇为 TCP/IP 协议簇。

TCP/IP 是一组计算机通信协议的集合，其目的是允许互相合作的计算机系统通过网络共享彼此的资源。这里的计算机系统既包括同构的系统，也包括异构的系统。网络可由同构的网络系统组成，也可由异构的网络系统组成。TCP/IP 协议针对的是异构的网络系统，也就是说，它着眼于由异构网络构成的网络，这也就是为什么通常将这种网络称为网际网（Internet）的原因。

TCP/IP 是建立在“无连接”技术上的网络互连协议，信息（包括报文和数据流）以数据报的形式在网络中传输，从而实现用户间的通信。TCP/IP 协议分为 4 层：应用层（application layer）、传输层（transport layer）、网络层（Internet layer）和网络接口层（network interface layer）。

4.2.4 Internet 地址

Internet 上的每个接口必须有一个唯一的 Internet 地址（也称作 IP 地址）。IP 地址是通过一个唯一的号码和一个名字识别机器。

1. 基本地址格式

现在的 IP 网络使用 32 位地址，以点分十进制表示，如 172.16.0.0。基本地址的格式为：IP 地址＝网络地址＋主机地址。

2. IP 地址类型

最初设计互联网络时，为了便于寻址以及层次化构造网络，每个 IP 地址包括两个标识码（ID），即网络 ID 和主机 ID。同一个物理网络上的所有主机都使用同一个网络 ID，网络上的一个主机（包括网络上工作站，服务器和路由器等）有一个主机 ID 与其对应。IP 地址根据网络 ID 的不同分为 5 种类型，A 类地址、B 类地址、C 类地址、D 类地址和 E 类地址。

（1）A 类 IP 地址

一个 A 类 IP 地址由 1 字节的网络地址和 3 字节主机地址组成，网络地址的最高位必须是“0”，地址范围从 1.0.0.0 到 126.0.0.0。可用的 A 类网络有 126 个，每个网络能容纳 1 亿多个主机。

（2）B 类 IP 地址

一个 B 类 IP 地址由 2 个字节的网络地址和 2 个字节的主机地址组成，网络地址的最高位必须是“10”，地址范围从 128.0.0.0 到 191.255.255.255。可用的 B 类网络有 16382 个，每个网络能容纳 6 万多个主机。

（3）C 类 IP 地址

一个 C 类 IP 地址由 3 字节的网络地址和 1 字节的主机地址组成，网络地址的最高位必须是“110”。范围从 192.0.0.0 到 223.255.255.255。C 类网络可达 209 万余个，每个网络能容纳 254 个主机。

（4）D 类地址用于多点广播

D 类 IP 地址第一个字节以“1110”开始，它是一个专门保留的地址。它并不指向特定的网络，目前这一类地址被用在多点广播（multicast）中。多点广播地址用来一次寻址一组计算机，它标识共享同一协议的一组计算机。

（5）E 类 IP 地址

以“11110”开始，为将来使用保留。

全零（“0. 0. 0. 0”）地址对应于当前主机。全“1”的 IP 地址（“255. 255. 255. 255”）是当前子网的广播地址。

在 IP 地址 3 种主要类型里，各保留了三个区域作为私有地址，其地址范围如下：

A 类地址：10.0.0.0～10.255.255.255。

B 类地址：172.16.0.0～172.31.255.255。

C 类地址：192.168.0.0～192.168.255.255，如图 4.7 所示。

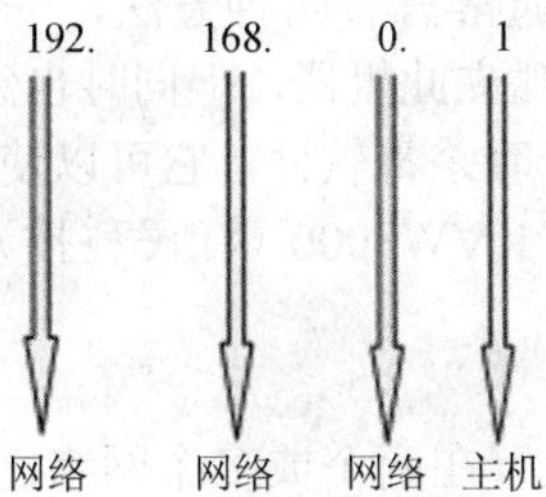

图 4.7　C 类地址

4.2.5　域名系统

在说明域名系统（domain name system，DNS）前，先说明什么叫域名（domain name）。在网络上辨别一台电脑的方式是利用 IP，但是一组 IP 数字很不容易记，且没有什么联想的意义，因此，我们会为网络上的服务器取一个有意义又容易记的名字，这个名字就叫作 domain name。

入网的每台主机都可以有一个类似这样的域名：计算机名.组织机构名.网络名.顶层域名（见图 4.8）。

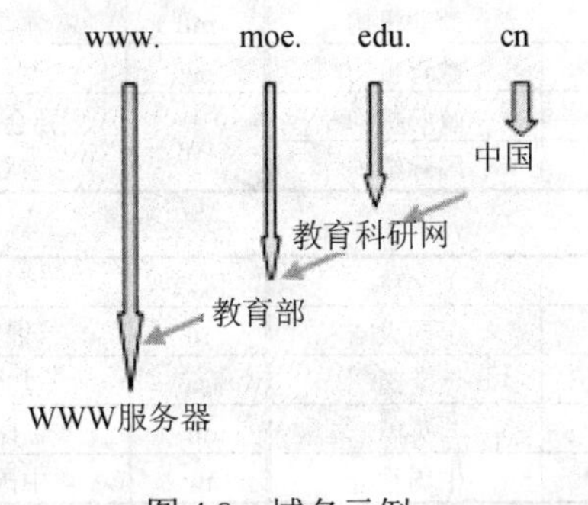

图 4.8　域名示例

4.2.6 网络安全

1. 网络安全面临的形势

网络安全现在主要面临以下问题。

1）系统非常容易被入侵。

2）攻击工具容易获得，也容易使用。

3）被攻击单位不会作出报道。

2. 常见的杀毒软件和病毒监控程序

所有计算机用户最大的担忧就是病毒侵入他们的系统，这些病毒包括20世纪80年代实验室制造出来的早期病毒和最新的恶意代码。

阻止计算机病毒侵入系统通常只有两种方法，一是将计算机放置在一个受保护的“气泡”中，在现实中就意味着孤立此机器，但同时也意味着该台的计算机将接收不到任何信息。第二个选择就是安装一套杀毒软件，它可以使任何计算机免受恶意代码的攻击。

常见的杀毒软件有：瑞星、KVW3000（江民科技）、诺盾、金山毒霸、熊猫卫士等。

3. 防火墙

防火墙（fire wall）是指设置在两个或多个网络之间的安全阻隔，用于保证本地网络资源的安全，通常是包含软件部分和硬件部分的一个系统或多个系统的组合。

原理：监控计算机上的各个端口，只要有人试图经由某个路径来入侵计算机，防火墙就会立刻加以拦截。

知识链接

常用域名的含义

（1）机构名称

区域	机构的类型	区域	机构的类型
com	商业机构	mil	军事部门
edu	教育机构	net	网络中心
gov	政府机构	org	社会组织，专业协会
int	国际组织		

（2）国家或地区

区域	名称	区域	名称
cn	中国大陆	ru	俄罗斯
us	美国	ca	加拿大
uk	英国	in	印度
hk	中国香港	tw	中国台湾

小　结

不管是货主企业还是物流企业要开展物流服务，首先要建立起一个完善的沟通渠道，建立一个能够沟通整个供应链的信息网络，与相关物流企业沟通，与货主沟通。Internet 是神经系统，是钢筋铁骨。但在使用 Internet 的过程中更要注意网络安全问题。

4.3　物流企业计算机网络系统规划与设计实例

学习目标

1. 了解物流企业中计算机网络系统规划与设计需求
2. 理解物流企业中网络规划与设计的基本步骤
3. 理解网络规划与设计的软硬件要求

案例导入

某物流公司由于业务活动比较多，需要通过一个功能全面，效率高的计算机网络来整合物流组织体系，重构仓储配送管理模式，有效地降低运营成本。同时实现物流业务的仓储、运输等全过程实现信息化网络化管理，对物流企业达到动态分配车辆，集成GIS，优化运输配送路线，并且启用条码设备，实行全程单品管理等功能，为客户提供网上查询服务，邮件、手机短信等服务。试讨论如何为该物流企业进行规划和设计。

必备的理论知识

1. 校园网络规划设计

（1）建立近、中和长期发展规划

依据本校建网资金的安排，在听取校内外专家意见的基础上，结合本校教学科研的内容及其发展的需要，制定一个在未来 10 年中的近期、中期及长期的建设规划，以保持网络建设的延续性，并保护先前的投资（含各种硬件、软件及信息资源），能融入不断涌现的新技术和新应用。

（2）IP 地址资源的利用

IP（Internet protocol，互联网协议）地址是在 Internet 上的站点及相关设备的地址，它是由 Internet 指定数字委员会（IAAA）确定的，确保了它在世界上的唯一性。在 IPv4 技术应用于互联网的今天，IP 地址资源到 2010 年将近枯竭，在 Ipv6 技术应用之前，我们要合理使用 IP 地址资源。当申请到一个建网的 IP 地址之后，必须合理地划分子网，每个子网中的 IP 地址要合理使用，既要满足当今的需要，也要预留将来网络扩展时所需，以便有足够的各类服务器连入 Internet。

（3）建立相关机构，有计划地培养网络管理员及培训部门用户学会使用信息制作，发布的工具

建网单位应该设有一个“网络信息化领导小组”，对网络的规划实施起指导和决策作用。按照建网单位的网络规模，按不同时期的需要，配置专业的网络管理员。针对网络技术应用的日新月异，加上校园网络信息资源建设的繁重任务，要加强对师生的应用培训，适应网络新技术的应用及安全控制，保证网络的正常运行和安全。

（4）注重需求分析

网络的规划设计是一个系统建立和优化的过程，建设网络的根本目的是在 Internet 上进行资源共享与通信。要充分发挥投资网络的效益，需求分析成了网络规划设计中的重要内容，它提供了网络设计应到达的目标，并有助于设计者更好地理解网络应该具有的性能；结合学校的办学规模、管理需求和师生对教学科研的需要，确立一个性能较高的网络计算平台。

同时，经过系统的需求分析，网络的设计者还能更好地作出决策，评价现有的网络，提供移植的功能及给所有校内师生更为合适的资源。

（5）组网技术的选择

目前，可用于校园局域网（LAN）的技术有以太网（Ethernet）、快速以太网（fast ethernet）、千兆位以太网（Gigabit Ethernet）、令牌环网（Token-Ring）、光纤分布式数据接口（FDDI）和异步传输模式（ATM）。从网络应用、维护、安全和扩展方面而言，fast ethernet 和 ATM 在实际应用中得到了广泛的采用。同时，gigabit ethernet 技术已成为大型 fast ethernet 的升级目标。虽然 fast ethernet 和 gigabit ethernet 因采用 CSMA/CD 的介质访问控制方式而广泛地存在着“广播风暴”的问题，但可以以更好的传输介质和交换设备予于克服。其突出的优点是可兼容先前的设备投资，师生的网络应用及培训更易进行，网络的可管理性和扩展性也很好。ATM 是一种快速分组交换技术，它在 WAN（广域网）上体现的强大功能和在 LAN 上的成功应用，均以事实说明了它的技术的先进性。在 ATM 中，不同速率的各种数据，如语音、图像、视频都被分成标准的 53 字节的信元，以光纤作为传输通道，避免了以太网中的“广播风暴”，提升了网络的整体性能。但是 ATM 不兼容以往的以太网投资，其管理和操作有异于传统的以太网平台，故不适用于以太网的升级改造。

（6）校园网络的设计模式

一个良好的设计方案除体现出网络的优越性能之外，还体现在应用的实用性、网络的安全性、易于管理性和未来的可扩展性。因此，设计时要考虑以下问题：

1）要适应未来网络的扩展和拓扑结构的变化。

2）要能为特定的师生用户或用户组提供访问路径。

3）要保证网络能不间断地运行。

4）当网络扩大和应用增加时，变化的网络结构要能应付相应的带宽要求。

5）使用频率较高的应用能够支持网上大多数的师生用户。

6）能合理地分配用户对网内、网外的信息流量。

7）能支持较多的网络协议，扩大网络的应用范围。

8）支持 IP 的单点传送和多点广播数据流。

要达到以上这些设计要求，分层的设计功能及星型、树型和交叉型的拓扑结构应给予足够的重视。

（7）网络硬件的选择

除网络上的工作站使用普通的 PC 机外，主机的选择应使用专业的高性能服务器。连接介质的选择分两部分，第一部分为各交换机（switch）之间（楼与楼之间，楼层之间）及网络出口干线选择光纤，第二部分为从访问层的交换机到用户的计算机桌面选择超五类双绞线。如今，交换机的价格已是很低了，应尽可能选择交换机而不用集线器。网络连接的关键设备是路由器（router），无论是 Internet 接入，异地网络连接还是大型网络广播域的划分，都离不开路由器，因此，路由器的性能较为重要，选择 Cisco 公司和 3Com 公司的产品，就能体现出极高的性能。数据存储设备，除可选择大容量硬盘外，还可选磁带机、磁盘阵列、光盘阵列，这些外存设备，均可用于储存海量网络数据，如图书资料、多媒体素材及课件学生学籍和成绩管理等。

（8）ISP 的选择

选择 Internet 服务提供商（Internet service provider，ISP）对不同类型的校园网络至关重要。经过近 10 年的发展，目前在我国形成了以 CSTNet（中科院的科学技术网）、CERNet（国家教育部的教育与科研网）、ChinaNet（中国电信网）和 ChinaGBN（中国金桥网）为主的四大网络体系，伴随着 IT 与通信技术的不断发展和社会的广泛需求，近年来 China UNICOM（中国联通）、CRC（铁通）、CNC（中国网通）、JiTong（吉通）的接入服务也快速地增长。由于中国的互联网服务商以各自网络体系的发展为主，不同种类的大网之间缺乏协调机制，故它们之间的网络带宽问题没能较好地解决。对用户而言，在线某类网络时再链接另一类网络，“瓶颈”问题就突显出来，相信 ChinaNet 的用户在调用 CERNet 的网上资源或 CERNet 用户在调用 ChinaNet 的网上资源时，就出现过这样的问题。作为校园网络，无论师生有哪些需求，都离不开以教学、科研为主的信息资源，90%的教育资源都集中在 CERNet 上，故校园网络在选择 ISP 时，就要重点考虑

CERNet。

（9）带宽的申请和使用分配

校园网络需要多少带宽？别忘了，ISP 是以带宽资源作为经营的主要内容之一。作为网络的“流量”，在网上你随时都可能被“断流”或“欠流，“畅流”的时段不会很多，这是我国大部分地区的基础设施落后的客观原因造成的。然而，不是没有解决问题的办法。合理地申请接入带宽和在网上作好带宽分配会提高数据传输的速度和效率。网络界曾经有一个争议很多的 80/20 规则，就是在一个局域网内有 80%的通信量在网段内传播，剩下 20%沿干线传播。今天，人们对互联网络的需求已大大超过 80/20 规则，而应成为 20/80 规则了。如何申请足够带宽而又不至于浪费呢？因为太大的带宽会意味着要向 ISP 支付更多的费用。计算的依据就是要考虑校园网的规模，在出口链接 Internet 的高峰期约有多少台电脑（一般拥有总量的 60%～70%），以每台机的带宽为 100Kb/s（比 PPP 拨号方式的 56Kb/s 调制解调器快些）计算，总需求在多少 Mb/s，再考虑 20/80 规则，以确定整个校园网的接入带宽，出于数据安全的考虑，一些装有重要而又保密的数据的主机，如财务数据、人事档案数据，只允许在网段内使用，不宜链接 Internet。

（10）网络操作系统的选择

网络操作系统（net operation system）的选择关系到网络的应用、安全和管理。目前常用的网络操作系统有 UNIX、Linux、Netware、Windows 2000，下面进行简单介绍。

1）UNIX 操作系统是一个多用户、多进程的分时操作系统，在互联网发展的初期，它就被融入了许多网络技术和通信协议，它以较好的可移植性及极好的安全性能，被广泛地用于微型机、小型机、超小型机和大型计算机上。今天，它仍然作为 Internet 上各类服务器主选的网络操作系统，并深得金融、电信、保险行业的青睐。

2）Linux 它是近年来流行的一种类 UNIX 操作系统，其功能体系现与 UNIX 有许多共同点，最新发行的版本包含了文件管理、用户账号管理、网络管理等许多工具，对互联网络的应用有很好的支持。

3）Netware 是 Novell 公司开发的网络操作系统，自上世纪 80 年代至今，已发展了十几种版本，新版本体现了高度的开放性和安全性，是目前国际上应用最广泛的一类局域网操作系统。

4）Windows NT 它是一个抢先式多任务的网络操作系统，并具有较高的可靠性和开放性，它具有让企业有多种应用管理的强大功能，如数据库服务、电子邮件，能联合多种网络进行通信。它能支持较多的应用软件，工具，文件共享和网络打印服务，也是一个功能卓越的网络操作系统。

5）Windows 2000 是 Microsoft 公司耗费巨资开发的一个产品，其服务器版有 Windows 2000 Server、Windows 2000 Advanced Server 和 Window 2000 Datacenter Server 等三个版本。它们是由 Windows 98 和 Windows NT 4.0 的优良功能融合而成，它们拥有

全面的Internet应用软件服务、增强的可靠性和可扩展性及强大的端对端管理等性能。

综合以上这些网络操作系统的特点与对网络应用的支持，你就可选择一个或几个适合于校园网内各子网服务器的操作系统，以适合各类应用、安全控制和管理。

2. 某物流中心图书物流管理系统

某物流中心面向社会全方位开展出版社的收货、储存、包装、发运、配送业务。图书物流管理系统整合了全国200多家出版社、60多家物流合作伙伴，对图书物流业务的仓储、运输等全过程实现信息化管理以及对出版社、经销商、书店的数据交换。一家软件公司为该物流中心建立了客户服务中心管理和财务结算管理中心，为客户提供网上查询服务，邮件、手机短信服务。动态分配车辆，集成GIS，优化运输配送路线，并且启用条码设备，实行全程单品管理。通过物流应用系统，客户从货物起运时就可以获得准确的货物到达时间、到达位置等信息。这样收货人与各仓储、运输公司等相关部门就可以提前做好准备，实现货物的快速流动与安全抵达。图书物流管理系统同时可处理图书分拣、退货加工、员工绩效考核等功能，为西南物流中心逐步整合了业务平台，为业务的发展提供了更强大的支持，同时为公司管理人员、业务人员的日常工作提供便利，全面实现工作效率和服务水平的提升。

（1）图书物流管理信息系统主要功能模块

图书物流管理信息系统由系统管理、标准化管理、业务管理、统计查询等功能模块组成。

1）系统管理模块。这一模块主要管理权限的设置以及系统选项设置，由系统管理员根据用户的级别设定访问权限以及留言簿回复的管理。

2）标准化管理。标准化管理模块主要用于应用系统内的基础信息，这些基础信息的建立将会为物流企业或物流部门应用系统的顺利应用、扩展和信息管理提供有力保证。标准化管理主要包括对以下基础信息的管理：部门信息、岗位信息、员工信息、库区信息、仓库信息、库位信息、客户信息、货运公司信息、图书信息、司机信息、车辆信息、到站城市信息、道路信息等。在系统实际应用中，企业应根据实际业务管理需要对基础信息灵活授权相关业务部门。

3）业务管理。一般物流企业应用本系统的业务管理功能包括入库管理、残书处理、在库管理、批销出库管理以及分拣发运管理五个部分。根据企业的业务范围不同，For-LMS解决方案将在基础功能基础上扩充相应子模块。

以配送出库模块为例，其中就包括配送订单管理、仓储出货管理、配送保险单管理、配送派车单管理、监控计划管理、配送装车单管理、配送签收单管理等功能。

4）统计查询。系统的统计查询有两部分：业务查询统计和分拣费用管理。其中业务查询包括发货退书查询、分拣退货查询、工作量查询、财务发票查询等。物流分拣中心负责所有图书货物的发送和运输，由市场部、货运部、分拣部、统计部、客户服务部、综合管理部等八个部门组成，整合公路、铁路、航空、邮政等各种运输方式及中转仓储功能为一体。系统的分拣统计主要是对西南物流分拣中心的费用管理。分拣中心的费用按结算对象的不同有应收（与出版社结算）和应付（与货运公司结算）两种分拣费用，而且对每个结算对象的费用标准也不尽相同。基于以上情况，系统中首先对每个结算对象进行费用单价（即费用标准）的设置，而后在业务进行中将业务单据（委托单和货运单）和费用单价进行捆绑，这样计算出每笔业务的费用发生情况，生成相应的分拣费用单，最后的费用查询统计即以费用单为依据进行。

（2）图书物流管理信息系统运行环境的配置

1）服务器要求。服务器要求如表 4.1 所示。

表 4.1　服务器要求

服务器档次	硬件配置	适用范围
高端配置	数据库服务器 2 台：SunV480，双 CPU，4GB 内存，2×36GB 硬盘 应用服务器 1 台：SunF280R，双 CPU，2GB 内存，2×73GB 硬盘	50 个以上用户
中端配置	数据库服务器 1 台：IBM XSeries346，双 CPU，2GB 内存，2×36GB 硬盘 应用服务器 1 台：IBMXseries306，单 CPU，2GB 内存，2×73GB 硬盘	15～50 个用户
低端配置	数据库服务器与应用服务器共用 1 台：IBM XSeries346，双 CPU，2GB 内存，2×36GB 硬盘	15 个用户

2）服务器系统软件。服务器系统软件要求如表 4.2 所示。

表 4.2　服务器系统软件要求

系统软件档次	软件配置	适用范围
高端配置	操作系统：Solaris 8 数据库：Oracle 9i for Solaris 8 应用服务器：BEA Weblogic 6.1sp2 for Solaris 8 双机热备软件：Legato	50 台计算机以上
中低端配置	操作系统：Linux 数据库：Oracle 9i for Linux 应用服务器：BEA Weblogic 6.1 sp2 for Linux	50 台计算机以下

3）客户端要求。客户端硬件要求为：P-III/赛扬、128MB 内存、20GB 硬盘、1024×768

彩显。客户端软件要求 Windows 2000/Windows XP、IE 6.0。

（3）图书物流管理信息系统应用的拓扑结构

系统应用拓扑图如图 4.9 所示。

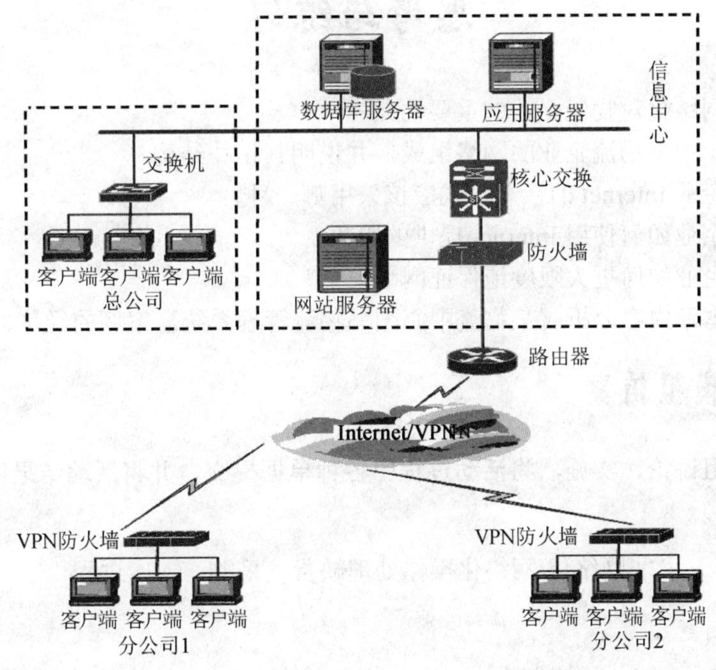

图 4.9　系统应用拓扑图

小　结

网络的规划设计是一项系统工程，不同的规划设计方案可使网络存在较大的性能差异，它不仅体现了网络本身具备的技术特性和应用特点，也体现了不同用户的各种需求，从根本上而言更体现了信息化社会的基础。

物流中心以 For-LMS 综合物流管理信息平台为支撑，整合物流组织体系，重构仓储配送管理模式，有效地降低了运营成本，取得了明显的经济效益，当年业务量提前突破 200 亿。

本 章 小 结

本章主要讲述了企业网络技术的相关内容，物流企业在由传统物流向现代物流转型的过程中，基础网络化和 Internet 应用所应掌握和必备的知识。物流企业网络化目标是对物流经营管理机构、物流业务、物流资源和物流信息等要素的组织按照网络方式在一定市场内进行规划、设计和实施，以实现物流系统快速反应和总成本最优等要求。

思考与练习

1. 简述网络化对物流企业的重要性。
2. 设计一中型物流企业的网络组成，并说明其拓扑结构。
3. 物流企业 Internet 的接入方式应该采用哪一种？
4. 物流企业如何使用 Internet 提供的服务？
5. 物流企业如何更大限度地保证网络安全？
6. 结合本章内容分析《某物流中心图书物流管理系统》案例的经济、实用性。

小组模拟仿真

（要求小组讨论、实施，将活动过程中各种单据提交、并将活动结果以小组为单位提交电子作业）

非网络化/网络化操作处理缺货、采购、入库过程

1. 分析问题

1）结合实际分析问题，提高单据流传率、降低单据流传出错率的方法。
2）网络在物流企业中的作用。
3）物流企业进行网络化的具体步骤。

2. 活动要求

分组讨论完成设计内容，非网络化/网络化各处理一次缺货、采购、入库过程，以PPT 的形式写出差别、说明设计思路及优势，并画出局域网构建示意图。

3. 制作步骤

1）每组选将任务分工，分别查询相关的资料。
2）非网络化处理一次缺货、采购、入库过程。
3）结合实际构建企业局域网，并接入互联网。
4）在网络化环境下处理一次缺货、采购、入库过程。
5）分析非网络环境下与网络环境下处理方式的不同。

4. 注意事项

网络设计尽量合理，网络安全。

5. 作业展示及点评

考核评分参见下表。

考核评分表

考评小组		被考评小组	
考评地点		考评时间	
考评内容	非网络化/网络化操作处理缺货、采购、入库过程		
考评标准	内　　容	分　值	实际得分
	各种单据是否齐全	20	
	所设计企业网络化过程是否合理	50	
	网络化环境下处理效率	30	
合　　计		100	

注：考评满分为100分，60～74分为及格；75～84为良好；85分以上（含85分）为优秀。

第5章 条码技术

条码技术作为一种物流信息技术的应用，在物流中起着举足轻重的作用。一维条码、二维条码和彩色条码的应用越来越普遍，物流条码的应用使得物流工作中的效率得到极大的提高。它不仅应用在物流活动中，而且在日常的生活中得到应用。

5.1 条码技术概述

学习目标

1. 了解条码的概念及构成
2. 了解条码技术的概念和应用
3. 掌握编码的基本方法

案例导入

目前超市内绝大多数商品都印刷有条码，不印刷条码的商品不能进入到超市，已经成为共识。例如，大家都非常熟悉的沃尔玛、家乐福等大型超市对条码的应用已经非常普遍。你观察过不同商品的条码吗？它们都代表什么含义？

必备的理论知识

5.1.1　条码的概念及构成

1. 条码的基本概念

条码（条形码）是利用光电扫描阅读设备识读并实现数据输入计算机的一种特殊代码。它是由一组粗细不同、黑白或彩色相间的条、空及其相应的字符、数字、字母组成的标记，用以表示一定的信息，如图 5.1 所示。

图 5.1　条形码

条码的基本术语有以下几个：

1）条形码元素：用以表示条形码的条和空，简称为元素。

2）条形码字符：用以表示一个数字、字母及特殊符号的一组条形码元素。

3）条：在条形码符号中，反射率较低的元素。

4）空：在条形码符号中，反射率较高的元素。

5）位空：在条形码符号中，位于两个相邻的条形码字符之间，且为代表任何信息的空。

6）条高：在条的二维尺寸中较长的那个尺寸。

7）条宽：在条形码符号中，排除两侧静区的那部分长度。

8）单位元素长度：在条形码符号中，窄元素的标称宽度为单位元素宽度，用 X 表示。

9）两种元素宽条形码：在条形码字符中，如果元素的宽度只有两种，即宽元素和窄元素，则称此种码制为多种元素宽条形码。

10）多种元素宽条形码：在条形码符中，如果元素的宽度有三种或三种以上，则称此种码制为两种元素宽条形码。

11）条形码逻辑值：对于两种元素宽长形码，宽元素的逻辑值为 1、窄元素的逻辑值为 0，对于多种元素的宽条形码，若单位元素宽度上是条，则逻辑值为 1，若单位元素宽度上是空，则逻辑值为 0。

12）连续码型、离散型条形码：在条形码符号中，如果两个相邻条形码字符之间存在位空，则称此种码制为离散型条形码，否则称为连续型条形码。

13）条形码一般分区：静区、起始字符、数据字符、校验字符、终止字符、静区。

14）长度固定、长度可变条形码：在条形码符号中，如果符号所包含和条形字符的个数是固定的，则称此种码制是长度固定条码：否则称为长度可变条形码。

15）自校验条形码：如果一个印刷错误不引起一个字符被译成此码制中另一个字符，则称此种码制为自校验条形码。

16）（n，k）码：具有多种元素宽度的连续型条形码，又叫做（n，k）码。n 指条形码符中所含单元素宽度的个数，k 指一个字符中条或空的个数。

17）条形码符号密度：是指单位长度中所能表示的条形码字符的个数。

18）条形码字符集：条形码字符集是指条形码制中所给定的数据字符的范围。在各种条形码制中所给定的数据字符范围。在各种条形码码制中，字符集主要有两种，一种是数字式字符集，它包含数字 0～9 及一些特殊字符；另一种是字母、数字式字符集，它包含数字 0～9、字母 a～z 及一些特殊字符。

19）污点：空及静区中出现的与条反射率相近的点。

2. 条码的构成

一个完整的条形码符号是由两侧静区、起始字符、数据字符、校验字符（可选）和终止字符组成。

1）静区：没有任何印刷符或条形码信息，它通常是白的，位于条形码符号的两侧。静区的作用是提示阅读器即扫描器准备扫描条形码符号。

2）起始字符：条形码符号的第一位字符是起始字符，它的特殊条、空结构用于识别一个条形码符号的开始。阅读器首先确认此字符的存在，然后处理由扫描器获得的一系列脉冲。

3）数据字符：由条形码字符组成，用于代表一定的原始数据信息。

4）终止字符：条形码符号的最后一位字符是终止字符，它的特殊条、空结构用于识别一个知形码符号的结束。

阅读器识别终止字符，便可知道条形码符号已扫描完毕。若条形码符号的结束。阅读器就向计算机传送数据住处，并向操作者提供“有效读入”的反馈。终止字符的使用，避免了不完整信息的输入。当采用校验字符时，终止字符还指示阅读器对数据字符实施校验计算。起始字符、终止字符的条、空结构通常是不对称的二进制序列。这一非对称二进制序列允许扫描器进行双向扫描。当条形码符号被反向扫描时，阅读器会在进行校验计算和传送信息前把条形码各字符号重新排列成正确的顺序。

5）校验字符：在条形码制中定义了校验字符。有些码制的校验字符是必需的，有些码制的校验字符则是可选的。校验字符是通过对数据字符进行一种算术运算而确定的。当符号中的各字符被解码器将对其进行同一种算术运算，并将结果与校验字符比较。若一致，则说明读入的信息有效。

5.1.2 条码的起源与发展

条码最早出现在20世纪40年代，但是得到实际应用和发展还是在20世纪70年代左右。现在世界上的各个国家和地区都已经普遍使用条形码技术，而且它正在快速地向世界各地推广，其应用领域越来越广泛，并逐步渗透到许多技术领域。早在20世纪40年代，美国乔·伍德兰德（Joe Woodland）和伯尼·西尔沃（Berny Silver）两位工程师就开始研究用代码表示食品项目及相应的自动识别设备，并于1949年获得了美国专利。

图5.2所示为条码雏形，该图案很像微型射箭靶，被叫做“公牛眼”代码。靶式的同心圆是由圆条和空绘成圆环形。在原理上，“公牛眼”代码与后来的条码很相近，遗憾的是当时的工艺和商品经济还没有能力印制出这种码。然而，10年后乔·伍德兰德作为IBM公司的工程师成为北美统一代码UPC码的奠基人。以吉拉德·费伊塞尔（Girard Fessel）为代表的几名发明家，于1959年提请了一项专利，描述了数字0～9中每个数字可由7段平行条组成。但是机器难以识读这种码，人们读起来也不方便。不过这一构想的确促进了后来条码的产生与发展。不久，E.F.布宁克（E.F.Brinker）申请了另一项专利，该专利是将条码标识应用在有轨电车上。60年代后期西尔沃尼亚（Sylvania）发明的一个系统，被北美铁路系统采纳。这两项可以说是条码技术最早期的应用。

图5.2 条码雏形

1970 年美国超级市场 Ad Hoc 委员会制定出通用商品代码 UPC 码，许多团体也提出了各种条形码符号方案，如图 5.2 所示。UPC 码首先在杂货零售业中试用，这为以后条形码的统一和广泛采用奠定了基础。次年布莱西公司研制出布莱西码及相应的自动识别系统，用以库存验算。这是条形码技术第一次在仓库管理系统中的实际应用。1972 年蒙那奇·马金（Monarch Marking）等人研制出库德巴（code bar）码，至此，美国的条形码技术进入新的发展阶段。

1973 年美国统一编码协会（UCC）建立了 UPC 条形码系统，实现了该码制标准化。同年，食品杂货业把 UPC 码作为该行业的通用标准码制，为条形码技术在商业流通销售领域里的广泛应用，起到了积极的推动作用。

1974 年 Intermec 公司的戴维·阿利尔（Davide Allair）博士研制出 39 码，很快被美国国防部所采纳，作为军用条形码码制。39 码是第一个字母、数字式的条形码，后来广泛应用于工业领域。1976 年在美国和加拿大超级市场上，UPC 码的成功应用给人们以很大的鼓舞，尤其是欧洲人对此产生了极大兴趣。次年，欧洲共同体在 UPC-A 码基础上制定出欧洲物品编码 EAN-13 和 EAN-8 码，签署了"欧洲物品编码"协议备忘录，并正式成立了欧洲物品编码协会（EAN）。到了 1981 年由于 EAN 已经发展成为一个国际性组织，故改名为"国际物品编码协会"，简称 IAN。但由于历史原因和习惯，至今仍被称为 EAN。日本从 1974 年开始着手建立 POS 系统，研究标准化以及信息输入方式、印制技术等。并在 EAN 基础上，于 1978 年制定出日本物品编码 JAN。同年加入了国际物品编码协会，开始进行厂家登记注册，并全面转入条形码技术及其系列产品的开发工作，10 年之后成为 EAN 的最大用户。

从 20 世纪 80 年代中期开始，我国一些高等院校、科研部门及一些出口企业，把条形码技术的研究和推广应用逐步提到议事日程。一些行业如图书、邮电、物资管理部门和外贸部门已开始使用条形码技术。

5.1.3 编码方法

条码的编码方法是指条码中条、空的编码规则及二进制的逻辑表示的设置。一般的条码编码方法有两种：模块组合法和宽度调节法。

1. 模块组合法

模块组合法是指条码符号中，条与空分别由若干个模块组合而成。一个模块的条表示二进制的"1"，一个模块的空表示二进制的"0"。

EAN 条码、UPS 条码均属模块式组合型条码。商品条码的标准模块宽度为 0.33mm，每个商品条码字符由两个条和两个空构成，每一个条或空由 1～4 个模块组成，每一个条码字符的总模块数为 7，如图 5.3 所示。

图 5.3　商品条形码

2. 宽度调节法

宽度调节法是指条码中，条（空）的宽窄设置不同，用宽单元表示二进制的“1”，用窄单元表示二进制的“0”，宽窄单元比控制在 2∶3。

39 条码、库德巴条码及常用的 25 条码、交通 25 条码均属宽度调节型条码，如图 5.4 所示。

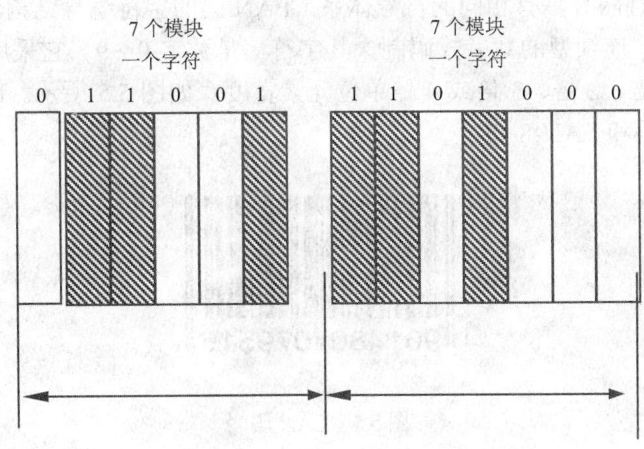

图 5.4　宽度调节

3. 编码容量

每个码制都有一定的编码容量，这是由其编码方法决定的。编码容量限制了条码字符集中所能包含的字符个数的最大值。条码的分类方法有许多种，主要依据条码的编码结构和条码的性质来决定。例如：按条码的长度分，可分为定长和非定长条码；按排列方式分，可分为连续型和非连续型条码；从校验方式分，又可分为自校验和非自校型条码等。

为适应不同领域自动化管理的需要，世界上研制的条码多达几十种。这些条码各具特色、各有所长。目前这些条码基本上可以归纳为两类：一类是具有世界统一编码信息结构的全开放条码；另一类是局部开放性条码。前者是指世界范围内通用的EAN条码、UPC条码、ITF条码及其标准附加码EAN128；后者则是在一定领域内所使用的25条码、交插25条码、39条码、库德巴条码等。

5.1.4 条码的种类

1. 条形码按码制分类

（1）UPC码

1973年，美国率先在国内的商业系统中应用UPC码，之后加拿大也在商业系统中采用UPC码。UPC码是一种长度固定的连续型数字式码制，其字符集为数字0～9。它采用4种元素宽度，每个条或空是1倍、2倍、3倍或4倍单位元素宽度。UPC码有两种类型，即UPC-A码和UPC-E码。

（2）EAN码

1977年，欧洲经济共同体各国按照UPC码的标准制定了欧洲物品编码EAN码，与UPC码兼容，而且两者具有相同的符号体系。EAN码的字符编号结构与UPC码相同，也是长度固定的、连续型的数字式码制，其字符集是数字0～9。它采用4种元素宽度，每个条或空是1倍、2倍、3倍或4倍单位元素宽度，如图5.5所示。EAN码有两种类型，即EAN-13码和EAN-8码。

图5.5　EAN码

（3）交叉25码

交叉25码是一种长度可变的连续型自校验数字式码制，其字符集为数字0～9。采用两种元素宽度，每个条和空是宽或窄元素。编码字符个数为偶数，所有奇数位置上的数据以条编码，偶数位置上的数据以空编码。如果为奇数个数据编码，则在数据前补一位 0，以使数据为偶数个数位，如图 5.6 所示。

图 5.6　交叉 25 码

（4）39 码

39 码是第一个字母数字式码制。1974 年由 Intermec 公司推出。它是长度可比的离散型自校险字母数字式码制。其字符集为数字 0～9，26 个大写字母和七特殊字符（-、。、Space、/、+、%、￥），共 43 个字符。每个字符由九个元素组成，其中有五个条（两个宽条，三个窄条）和四个空（一个宽空，三个窄空），是一种离散码，如图 5.7 所示。

图 5.7　39 码

（5）库德巴码

库德巴码（code bar）出现于 1972 年，是一种长度可变的连续型自校验数字式码制。其字符集为数字 0～9 和六个特殊字符（-、:、/、。、+、￥），共 16 个字符。常用于仓库、血库和航空快递包裹的编码。

（6）128 码

128 码出现于 1981 年，是一种长度可变的连续型自校验数字式码制。它采用 4 种元素宽度，每个字符由 3 个条和 3 个空，共 11 个单元元素宽度，又称（11，3）码。它有 106 个不同条形码字符，每个条形码字符有 3 种含义不同的字符集，分别为 A、B、C。它使用这 3 个交替的字符集可将 128 个 ASCII 码编码，如图 5.8 所示。

（7）93 码

93 码是一种长度可变的连续型字母数字式码制，其字符集为数字 0～9、26 个大写字母和 7 个特殊字符（-、。、空格、/、+、%、¥）以及四个控制字符。每个字符由 3 个条和 3 个空，共 9 个元素宽度。

图 5.8　128 码

（8）49 码

49 码是一种多行的连续型、长度可变的字母数字式码制。出现于 1987 年，主要用于小物品标签上的符号。采用多种元素宽度。其字符集为数字 0～9、26 个大写字母和 7 个特殊字符（-、。、Space、/、+、%、￥）、3 个功能键（F1、F2、F3）和 3 个变换字符，共 49 个字符。

（9）其他码制

除上述码外，还有其他的码制，例如，25 码出现于 1977 年，主要用于电子元器件标签；矩阵 25 码是 11 码的变形；Nixdorf 码已被 EAN 码所取代；Plessey 码出现于 1971 年 5 月，主要用于图书馆等。

2. 按维数分类

（1）普通的一维条码

普通的一维条码自问世以来，很快得到了普及并广泛应用。但是由于一维条码的信息容量很小，如商品上的条码仅能容 13 位的阿拉伯数字，更多的描述商品的信息只能依赖数据库的支持，离开了预先建立的数据库，这种条码就变成了无源之水，无本之木，因而条码的应用范围受到了一定的限制。

（2）二维条码

除具有普通条码的优点外，二维条码还具有信息容量大、可靠性高、保密防伪性强、易于制作、成本低等优点。美国 Symbol 公司于 1991 年正式推出名为 PDF417 的二维条码，简称为 PDF417 条码，即“便携式数据文件”。PDF417 条码是一种高密度、高信息含量的便携式数据文件，是实现证件及卡片等大容量、高可靠性信息自动存储、携带并可用机器自动识读的理想手段。

（3）多维条码

进入 20 世纪 80 年代以来，人们围绕如何提高条形码符号的信息密度，进行了研究工作。多维条形码和集装箱条形码成为研究、发展与应用的方向。信息密度是描述条形码符号的一个重要参数，即单位长度中可能编写的字母个数，通常记作：字母个数/cm。影响信息密度的主要因素是条、空结构和窄元系的宽度。128 码和 93 码就是人们为提高密度而进行的成功的尝试。128 码于 1981 年被推荐应用；而 93 码于 1982 年投入使用。这两种码的符号密度均比 39 码高将近 30%。随着条形码技术的发展和条形码制的种类不断增加，条形码的标准化显得愈来愈重要。为此，曾先后制定了军用标准1189、交叉25码、39码和Coda Bar码、ANSI标准MH10.8M等。同时，一些行业也开始建立行业标准，以适应发展的需要。此后，戴维·阿利尔又研制出49码。这是一种非传统的条形码符号，它比以往的条形码符号具有更高的密度。特德·威廉姆斯（Ted Williams）GFI988推出16K码，该码的结构类似于49码，是一种比较新型的码制，适用于激光系统。

知识链接

有些商品，如鲜肉、水果、蔬菜、乳酪、熟食品等是以随机重量销售的。这些商品的编码任务一般不宜由商品的生产者承担，而是由零售商完成的。零售商进货后，对商品进行包装，用专用设备对商品称重并自动编码和制成条码，然后将条码粘贴或悬挂在商品包装上。这种专用设备取决于编码方法，所以设备制造商必须根据与零售商签订的协议生产设备。零售商编的商品代码，只能用于商店内部的自动化管理系统，因此称为“店内码”。

有些零售商为了实现商店的自动化管理，不得不对本应由制造商编码的商品进行编码，这样的商品代码虽然也可以称为“店内码”，但已超出店内码的原来含义了。这种“店内码”的长度应从常规的商品代码长度中选取，例如13位、8位或12位。表示“店内码”的条码也应按常规的印刷方法印制。

小　　结

条形码是由美国的乔·伍德兰德在1949年首先提出的。随着计算机应用的不断普及，条形码的应用得到了很大的发展。条形码可以标出商品的生产国、制造厂家、商品名称、生产日期、图书分类号、邮件起止地点、类别、日期等信息，因而在商品流通、图书管理、邮电管理、银行系统等许多领域都得到了广泛的应用。

5.2 二维条码

学习目标

1. 了解二维条码的特点
2. 了解二维条码的分类
3. 掌握PDF417码的应用

案例导入

近两年日本和韩国开始使用二维条码的电子门票，占据了电子门票销量85%的份额，由于使用非常方便，有力地推动了移动电子商务的应用。西班牙、意大利等欧洲国家也开始在销售足球赛门票时广泛使用电子票。在此之前，球赛前经常有假票出现，不容易识别，购买球票时总是要排很长的队，门票信息也难实时统计，现在这些问题都解决了。走在东京街头，地铁车站墙上的海报、餐厅的菜单、便利商店架上的食品包装上，都可以看到上面印着一个黑色的神秘图案，翻开日文杂志或是报纸，拇指指甲大小般的神秘图案，也随着广告不断映入眼帘。其实这就是日、韩等手机先进国家正流行的二维条形码应用，看到有兴趣的商品或资讯，只要用手机对准条形码，就能直接连接至相关网站进行资讯浏览、档案下载，甚至是直接购买商品。是不是听来很不可思议？但它确实在应用。

请了解二维条码的案例，并进行小组讨论。

必备的理论知识

5.2.1　二维条码的概念及特点

1. 概念

二维条码是一种由点、空组成的点阵形条码，它不需要数据库的支持就可使用，实际上是一种高密度、高信息量的便携式数据文件，具有信息容量大、编码范围广、纠错能力强、译码可靠性高、防伪能力强等技术特点，可广泛应用于各个领域。

2. 特点

（1）高密度

二维条码通过利用垂直方向的尺寸来提高条码的信息密度。通常情况下，其密度是一维条码的几十倍到几百倍。

这样，我们就可以把产品信息全部存储在一个二维条码中。要查看产品信息，只要用识读设备扫描二维条码即可，因此，不需要先建立数据库，真正实现了用条码对“物品”的描述。

（2）具有纠错功能

二维条码可以表示数以千计字节的数据。通常情况下，其所表示的信息不可能与条码符号一同印刷出来。如果没有纠错功能，当二维条码的某部分损坏时，该条码就变得毫无意义。二维条码引入的这种纠错机制使得二维条码在因穿孔、污损等引起局部损坏时，照样可以正确得到识读。

（3）可表示图像及多种文字信息

大多数二维条码都具有字节，表示模式。具有字节表示模式的二维条码可将语言文字或图像信息转换成字节流，然后再将字节流用二维条码表示，从而实现二维条码的图像及多种语言文字信息的表示。

（4）可引入加密机制

加密机制的引入是二维条码的又一优点。例如，用二维条码表示照片时，可以先用一定的加密算法将图像信息加密，然后再用二维条码表示。在识别二维条码时，再加以一定的解宇航局算法，就可以恢复所表示的照片。这样便可以防止各种证件、卡片的伪造。

5.2.2 二维条码的分类

二维条码可以分为堆叠式二维条码和矩阵式二维条码。堆叠式二维条码形态上是由多行短截的一维条码堆叠而成，矩阵式二维条码以矩阵的形式组成，在矩阵相应元素位置上用点的出现表示二进制“1”，空的出现表示二进制“0”，由点的排列组合确定了代码表示的含义。具有代表性的堆叠式二维条码包括 PDF417、Code 49、Code 16K 等。有代表性的矩阵式二维条码包括 Ccde One、Aztec、Date Matrix、QRCode 等。二维条码可以使用激光或 CCD 阅读器识读。

堆叠式二维条码中包含附加的格式信息，信息容量可以达到 1KB，例如，PDF417 码可用来为运输/收货标签的信息编码，它作为 ANSIMH10.8 标准的一部分为“纸上 EDI”的送货标签内容编码，这种编码方法被许多的工业组织和机构采用。

矩阵式二维条码带有更高的信息密度（如：DataMatrix、Maxicode、Aztec、QR 码），可以作为包装箱的信息表达符号，在电子半导体工业中，将 DataMatrix 用于标识小型零部件。矩阵式二维条码只能被二维的 CCD 图像式阅读器识读，并能以全向的方式扫描。

新的二维条码能够将任何语言（包括汉字）和二进制信息（如签字、照片）编码，并可以由用户选择不同程度的纠错级别以及具有在符号残损的情况下恢复所有信息的能力。

5.2.3 PDF417 码

1. PDF417 码简介

PDF417 码是由留美华人王寅敬（音）博士发明的。PDF 是取英文 Portable Data File 三个单词的首字母的缩写，意为“便携数据文件”。因为组成条码的每一符号字符都是由四个条和四个空构成，如果将组成条码的最窄条或空称为一个模块，则上述的四个条和四个空的总模块数一定为 17，所以称 417 码或 PDF417 码，如图 5.9 所示

图 5.9 PDF417 码

2. PDF417 的特点

1）信息容量大。PDF417 码除可以表示字母、数字、ASCII 字符外，还能表示二进制数。为了使得编码更加紧凑，提高信息密度，PDF417 在编码时有三种格式。

① 扩展的字母数字压缩格式，可容纳 1850 个字符。

② 二进制/ASCII 码格式，可容纳 1108 个字节。

③ 数字压缩格式，可容纳 2710 个数字。

2）错误纠正能力。一维条码通常具有校验功能，以防止错读，一旦条码发生污损将被拒读。而二维条码不仅能防止错误，而且能纠正错误，即使条码部分损坏，也能将正确的信息还原出来。

3）印制要求不高。普通打印设备均可打印，传真件也能阅读。

4）可用多种阅读设备阅读。PDF417 码可用带光栅的激光阅读器，线性及面扫描的图像式阅读器阅读。

5）尺寸可调以适应不同的打印空间。

6）码制公开已形成国际标准，我国也已制定了 417 码的国标。

3. PDF417 的纠错功能

二维条码的纠错功能是通过将部分信息重复表示（冗余）来实现的。比如在 PDF417 码中，某一行除了包含本行的信息外，还有一些反映其他位置上的字符（错误纠正码）的信息。这样，即使当条码的某部分遭到损坏，也可以通过存在于其他位置的错误纠正码将其信息还原出来。

PDF417 的纠错能力依错误纠正码字数的不同分为 0～8 级，共 9 级，级别越高，纠正码字数越多，纠正能力越强，条码也越长。当纠正等级为 8 级时，即使条码被污损 50% 也能被正确读出。

4. PDF417 的几种变形

PDF417 还有几种变形的码制形式。

1）PDF417 截短码。在相对“干净”的环境中，条码损坏的可能性很小，则可将右边的行指示符省略并减少终止符。

2）PDF417 微码，可进一步缩减的 PDF 码。

3）宏 PDF417 码。当文件内容太长，无法用一个 PDF417 码表示时，可用包含多个（1 个～99999 个）条码分块的宏 PDF417 码来表示。

知识链接

想一想：
一维条码与二维条码有什么区别？

一维条形码：一维条码只是在一个方向（一般是水平方向）表达信息，而在垂直方向则不表达任何信息，其一定的高度通常是为了便于阅读器的对准。一维条码的应用可以提高信息录入的速度，减少差错率，可直接显示英文、数字、简单符号等内容；储存数据不多，主要依靠计算机中的关联数据库；保密性能不高；损污后可读性差。

小　结

二维条形码：在水平和垂直方向的二维空间存储信息的条码，称为二维条码（2-dimensional barcode），英文标准名称 417Barcode。可直接显示英文、中文、数字、符号、图形；储存数据量大，可存放 1KB 字符，可用扫描仪直接读取内容，无需连接数据库；保密性高（可加密）；安全级别最高时，损污 50%仍可读取完整信息。

二维条码作为一种新的信息存储和传递技术，从诞生之时就受到了国际社会的广泛关注。经过几年的努力，现以广泛的应用在国防、公共卫生、交通运输、医疗保健、工业、商业、金融、海关及政府管理等领域。二维条码在我国有着广泛的应用前景，二维条码技术在我国的推广应用必将为我国信息产业的发展和现代化的经济建设带来可观的社会效益和经济效益。

5.3 物流条码的标准体系

学习目标

1. 了解物流条码的概念
2. 熟悉各种 ENA 条码

案例导入

商品条形码

在一些商品包装上经常见到不同的条形码，它在商品的运输以及存储和销售中经常用到，它几乎包含了商品的所有信息，应用起来极为方便。你能指出该条形码代表的含义吗？

必备的理论知识

5.3.1 物流条码的概念

物流条码是供应链中用以标识物流领域中具体实物的一种特殊代码，是整个供应链过程，包括生产厂家、配销业、运输业、消费者等环节的共享数据。它贯穿整个贸易过程，并通过物流条码数据的采集、反馈，提高整个物流系统的经济效益。

与商品条码相比较，物流条码有如下特点：

（1）储运单元的唯一标识

商品条码是最终消费品，通常是单个商品的唯一标识，用于零售业现代化的管理；物流条码是储运单元的唯一标识，通常标识多个或多种类商品的集合，用于物流的现代化管理。

（2）服务于供应链全过程

商品条码服务于消费环节，商品一经出售到最终用户手里，商品条码就完成了其存在的价值，商品条码在零售业的 POS 系统中起到了单个商品的自动识别、自动寻址、自动结账等作用，是零售业现代化、信息化管理的基础；物流条码服务于供应链全过程，生产厂家生产出产品，经过包装、运输、仓储、分拣、配送，直到零售商店，中间经过若干环节，物流条码是这些环节中的唯一标识，因此它涉及更广，是多种行业共享的通用数据。

（3）信息多

通常商品条码是一个无含义的 13 位数字条码，物流条码则是一个可变的，可表示多种含义、多种信息的条码。它是无含义的货运包装的唯一标识，可表示货物的体积、重量、生产期、批号等信息，是贸易伙伴根据在贸易过程中共同的需求，经过协商统一制定的。

（4）可变性

商品条码是一个国际化、通用化、标准化的商品的唯一标识，是零售业的国际化。物流条码是随着国际贸易的不断发展，贸易伙伴对各种信息需求的不断增加应运而生

的，其应用在不断扩大，内容也在不断丰富。

（5）维护性

物流条码的相关标准是一个需要经常维护的标准。及时沟通用户需求，传达标准化机构有关条码应用的变更内容，是确保国际贸易中物流现代化、信息化管理的重要保障之一。

5.3.2 EAN通用商品条码

商品条形码是指由一组规则排列的条、空及其对应字符组成的标识，用以表示一定的商品信息的符号。其中条为深色、空为无色，用于条形码识读设备的扫描识读。其对应字符由一组阿拉伯数字组成，供人们直接识读或通过键盘向计算机输入数据使用。这一组条、空和相应的字符所表示的信息是相同的。

条形码技术是随着计算机与信息技术的发展和应用而诞生的，它是集编码、印刷、识别、数据采集和处理于一身的新型技术。

使用条形码扫描是今后市场流通的大趋势。为了使商品能够在全世界自由、广泛地流通，企业无论是设计制作、申请注册还是使用商品条形码，都必须遵循商品条形码管理的有关规定。

目前世界上常用的码制有EAN条形码、UPC条形码、25条形码、交叉25条形码、库德巴条形码、39条形码和128条形码等，而商品上最常使用的就是EAN商品条形码。

EAN商品条形码亦称通用商品条形码，由国际物品编码协会制定，通用于世界各地，是目前国际上使用最广泛的一种商品条形码。我国目前在国内推行使用的也是这种商品条形码。EAN商品条形码分为EAN－13（标准版）和EAN－8（缩短版）两种。

EAN-13通用商品条形码一般由前缀部分、制造厂商代码、商品代码和校验码组成。商品条形码中的前缀码是用来标识国家或地区的代码，赋码权属于国际物品编码协会，如00～09代表美国、加拿大；45～49代表日本；690～692代表中国大陆；471代表中国台湾地区；489代表中国香港特别行政区。制造厂商代码的赋权在各个国家或地区的物品编码组织，我国由国家物品编码中心赋予制造厂商代码。商品代码是用来标识商品的代码，赋码权由产品生产企业自己行使，生产企业按照规定条件决定在何种商品上使用哪些阿拉伯数字为商品条形码。商品条形码最后用1位校验码来校验商品条形码中左起第1～12数字代码的正确性。

商品条形码的编码遵循唯一性原则，以保证商品条形码在全世界范围内不重复，即一个商品项目只能有一个代码，或者说一个代码只能标识一种商品项目。不同规格、不同包装、不同品种、不同价格、不同颜色的商品只能使用不同的商品代码。

商品条形码的标准尺寸是37.29mm×26.26mm，放大倍率是0.8～2.0。当印刷面积允许时，应选择1.0倍率以上的条形码，以满足识读要求。放大倍数越小的条形码，印刷精度要求越高，当印刷精度不能满足要求时，易造成条形码识读困难。

由于条形码的识读是通过条形码的条和空的颜色对比度来实现的，一般情况下，只要能够满足对比度（PCS 值）的要求的颜色即可使用。通常采用浅色作空的颜色，如白色、橙色、黄色等，采用深色作条的颜色，如黑色、暗绿色、深棕色等。最好的颜色搭配是黑条白空。根据条形码检测的实践经验，红色、金色、浅黄色不宜作条的颜色，透明、金色不能作空的颜色。

EAN－8 商品条形码是指用于标识的数字代码为 8 位的商品条形码，由 7 位数字表示的商品项目代码和 1 位数字表示的校验符组成。

商品条形码的诞生极大地方便了商品流通，现代社会已离不开商品条形码。据统计，目前我国已有 50 万种产品使用了国际通用的商品条形码。我国加入世贸组织后，企业在国际舞台上必将赢得更多的活动空间。要与国际惯例接轨，适应国际经贸的需要，企业更不能慢待商品条形码。部分国家和地区成员的条形码前缀码，如表 5.1 所示。

表 5.1　部分国家和地区（EAM）成员的条形码前缀码

美国、加拿大 00～09	以色列 729	丹麦 57	乌拉圭 773
（店内码）20～29	委内瑞拉 759	日本 45～49	智利 780
瑞士 76	西班牙 84	芬兰 64	瑞典 73
比利时/卢森堡 54	玻利维亚 773	地利 90-91	古巴 850
厄瓜多尔 786	新西兰 94	意大利 80-83	德国 400～440
英国 50	荷兰 87	捷克 859	保加利亚 380
澳大利亚 93	韩国 880	中国台湾 471	马来西亚 893
新加坡 888	拉脱维亚 475	克罗地亚 385	爱沙尼亚 474
斯里兰卡 479	越南 977	中国香港 489	立陶宛 477
俄罗斯 460～469	墨西哥 750	塞浦路斯 529	秘鲁 775
哥伦比亚 770	马耳他 535	菲律宾 480	波兰 590
葡萄牙 560	希腊 520	阿根廷 779	冰岛 569
马其顿 531	匈牙利 599	巴西 789	土耳其 869
中国大陆 690～692	印度 890	挪威 70	

小　结

条码技术的标准化是指在条码技术社会实践中，对重复性事物和概念，通过制定、发布和实施标准达到统一，以建立最佳秩序，取得最佳效益。在国际贸易中，物流条码标准体系已基本成熟，并随着世界经济的发展而日趋完善。我国也已经制定出了许多相关标准，可以据此建立物流条码标准体系，但还有待进一步完善。

5.4 物流条码识别技术

学习目标

1. 熟悉各种不同的条码识别设备
2. 了解条码识别技术的原理

案例导入

首场《世界大战》电子票专场将于2005年8月26日在上海新世纪影城上映。本次电子票专场的全新体验，使普通观众也对这种购票方式产生了浓厚的兴趣。

电影首映前夕，消费者只需在专门的票务网站上轻松点击所需购买的电影场次，并通过时下流行的网上支付后，网页上就能返回一张包含龙贝码图片的电子票，消费者在家中自己打印门票就可以到现场使用，无须到现场排队买票。更为独特的是，电子票上的龙贝码图片还能够以短信的形式发送到手机上，消费者只需“手机一挥”，即可入场。龙贝码中储存了包括电影名称、放映时间、座位号和购票人姓名和联系方式等信息，可以保证电子票的唯一性和安全性。

必备的理论知识

1. 条码识别设备

目前，条码识别设备虽然种类繁多，但大体上可分为两大类，即在线式阅读器和便携式阅读器。在线式阅读器按其功能和用途，又可分为多功能阅读器和各类在线阅读器，一般直接由交流电源供电。而便携式阅读器则配有数据存储器，通常由电池供电。常用的条码打印设备如图5.10所示，常用的条码阅读设备如图5.11所示。

根据扫描方式不同，条码扫描器可分为CCD条码扫描器、激光手持式扫描器、全角度激光扫描器等。

1）CCD条码扫描器是利用光电耦合（CCD）原理，对条码印刷图案进行成像，然后再译码。

CCD条码的优势是：无转轴马达，使用寿命长；价格便宜。

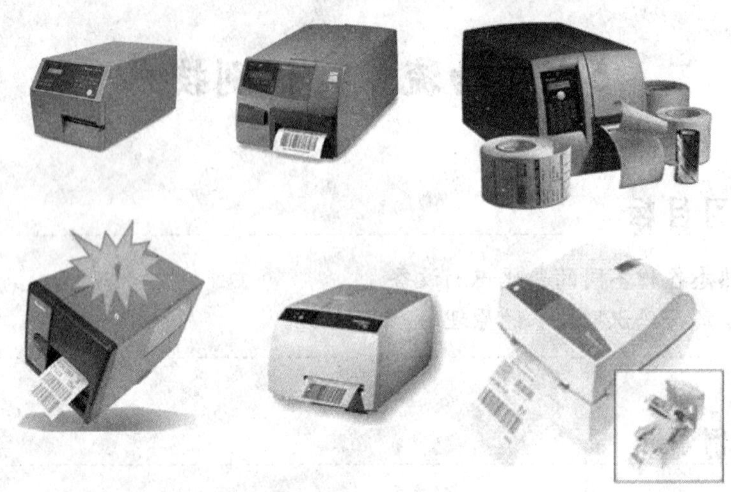

图 5.10　常用的条码打印设备

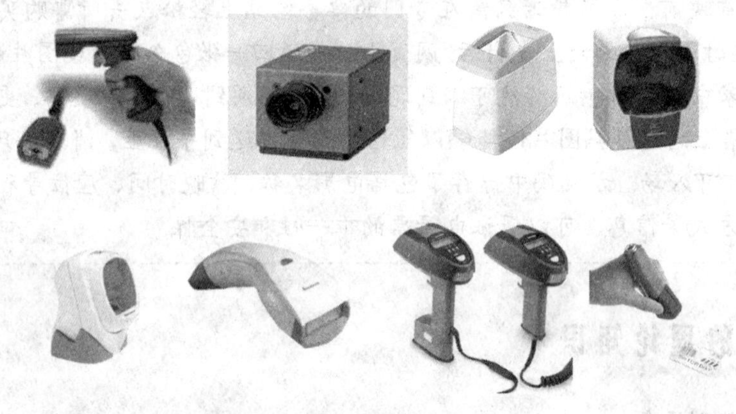

图 5.11　常用的条码阅读设备

选择 CCD 扫描器时应注意，首先由于 CCD 的成像原理类似于照相机，如果要加大景深，则相应地要加大透镜，从而使 CCD 体积过大，不便操作。优秀的 CCD 应无须紧贴条码即可识读，而且体积适中，操作舒适。其次要注意扫描器的分辨率。如果要提高 CCD 分辨率，必须增加成像处光敏元件的单位元素。低价 CCD 一般是 5 像素，对于识读 EAN、UPC 等商业码已经足够，而对于别的码制识读就会困难一些。中档 CCD 以 1024 像为多，有些甚至达到 2048 像，能分辨最窄单位元素为 0.1mm 的条码。

2）激光手持式扫描器是利用激光二极管作为光源的单线式扫描器，它主要有转镜式和颤镜式两种。商业企业在选择激光扫描器时，最重要的是注意扫描速度和分辨率，而景深并不是关键因素。因为当景深加大时，分辨率会大大降低。优秀的手持激光扫描器应当是高扫描速度，固定景深范围内很高的分辨率。

3）全角度扫描器（条码扫描枪）是通过光学系统使激光二极管发出的激光折射或多条扫描线的条码扫描器，主要目的是减轻收款人员录入条码数据时对准条码的劳动，选择时应着重注意其扫描线花斑分布：

① 在一个方向上有多条平行线。

② 在某一点上有多条扫描线通过。

③ 在一定的空间范围内各点的解读机率趋于一致。

知识链接

条码识别系统的组成——条形码识别原理（条码识别原理）

为了阅读出条码所代表的信息，需要一套条码识别系统，它由条码扫描器、放大整形电路、译码接口电路和计算机系统等部分组成。

由于不同颜色的物体，其反射的可见光的波长不同，白色物体能反射各种波长的可见光，黑色物体则吸收各种波长的可见光，所以当条码扫描器光源发出的光经光阑及凸透镜后，照射到黑白相间的条码上时，反射光经凸透镜聚焦后，照射到光电转换器上，于是光电转换器接收到与白条和黑条相应的强弱不同的反射光信号，并转换成相应的电信号输出到放大整形电路。白条、黑条的宽度不同，相应的电信号持续时间长短也不同。但是，由于光电转换器输出的与条码的条和空相应的电信号一般仅 10mV 左右，不能直接使用，因而先要将光电转换器输出的电信号送经放大器放大。放大后的电信号仍然是一个模拟电信号，为了避免由条码中的疵点和污点导致错误信号，在放大电路后需加一条整形电路，把模拟信号转换成数字电信号，以便计算机系统能准确判读。整形电路的脉冲数字信号经译码器译成数字、字符信息。它通过识别起始、终止字符来判别出条码符号的码制及扫描方向，通过测量脉冲数字电信号 0、1 的数目来判别出条和空的数目，通过测量 0、1 信号持续的时间来判别条和空的宽度。这样便得到了被辨读的条码符号的条和空的数目及相应的宽度和所用码制，根据码制所对应的编码规则，便可将条形符号换成相应的数字、字符信息，通过接口电路送给计算机系统进行数据处理与管理，完成条码辨读的全过程。

小　结

物流识别技术在不断的更新，随着条码的应用日益广泛，条码识别技术的要求也越来越高。很多先进的技术应用其中，国内外很多公司也为此付出了努力，推动信息技术和物流业的不断发展。

5.5 物流条码技术的应用

学习目标

1. 掌握条码在物流中的应用方面
2. 通过案例加深对条码技术的认识

案例导入

日本夏普电子公司多年来采用条码化的仓库管理系统。过去以纸为基的作业方式，在发货和入库方面，每月约有200个错误发生，错误发生后，往往需要几个月来跟踪这些差异，以免扩大其影响。现在每一件货物出入库时，操作员马上把货物上的条码用手持式激光数据采集器识读，通过数据采集器把数据及时地送入计算机进行统计和管理。仓库作业数呈两位数字增加，人员数却没有增加，且库存精度达到百分之百。发货和进货作业的差异率降为零，而且一些劳动量大的工作也压缩了。

必备的理论知识

1. 条形码在流通企业中的应用

货物的条形码是建立整个供应链的最基本条件，它是实现仓储自动化的第一步，也是为POS系统快速准确收集销售数据的手段。借助条形码，POS系统可以实现商品从订购、送货、内部配送、销售、盘货等零售业循环的一元化管理，使商业的管理模式实现两个转变：

1）从传统的依靠经验管理转变为依靠精确的数字分析管理。

2）从事后管理（隔一段时间进行结算，盘点）转变为“实时”管理（对每一商品项目，如品种、规格、包装样式等细账的管理）。

这样一来，销售商可随时掌握商品早晚销售情况，以调整进货计划，组织适销货源，从而减少脱销、滞销带来的损失，并可以加速资金周转，有利于货架安排的合理化，提高销售额。

2. 条形码在加工制造业中的应用

加工制造业范围很广，在这里仅以汽车制造业为例来说明。汽车制造是通过流水作业线来完成的。一辆汽车要由成千上万个零件装配而成，根据汽车型号不同，所需要的零部件的品种和数量也不同。有的需要空调，有的需要后备箱，有的需要机械换档变速箱，有的需要液压变速箱等。为了能按订单生产，在先进的工业化国家，不同型号的汽车是要在同一生产线上装配的，为了避免差错，在零部件进入装配线前，要用扫描器识别零部件的条形码，确认它与所要装配的汽车匹配。在汽车装配完毕后还要识别整车上的条形码，一方面，可以对生产完成情况做记录；另一方面，不同型号的车辆要通过不同的试验程序。试验机可以根据整车的条形码信息来自动完成所需要的试验项目。

3. 条形码在物流作业中的应用

条形码的物流应用包括配送中心的订货、进货、存放、拣货、出库。

（1）以便利店订货簿的方式为例，说明订货作业

连锁总部定期将订货簿发给各便利店，订货簿上有商品名称、商品货号、商品条形码、订货点、订货单位、订货量等，工作人员拿着订货簿巡视各商品以确认所剩陈列数，记入订货量。或到办公室后，用条形码扫描器扫描预定商品的条形码并输入订货量，再用调制器传出订货数据。

（2）配送中心的进货验收作业

对整箱进货的商品，其包装箱上有条形码，放在输送带上经过固定式条形码扫描器的自动识别，可接受指令传送到存放位置附近。

对整个托盘进货的商品，叉车驾驶员用手持式条形码扫描器扫描外包装箱上的条形码标签，利用计算机与射频数据通信系统，可将存放指令下载到叉车的终端机上。

（3）补货作业

基于条形码进行补货，可确保补货作业的正确性。有些拣货错误源于前项的补货作业错误。商品进货验收后，移到保管区，需适时、适量的补货到拣货区。避免补货错误，可在储位卡上印上商品条形码与储位码的条形码，当商品移动到位后，以手持式条形码扫描器读取商品条形码和储位码条形码，由计算机核对是否正确，这样就可保证补货作业的正确。

（4）拣货作业

拣货有两种方式：一种是按客户进行拣取的摘取式拣货；另一种是先将所有客户对各商品的订货汇总，一次拣出，再按客户分配各商品量，即整批拣取，二次分拣，成为播种式拣货。

对于摘取式拣货作业，在拣取后用条形码扫描器读取刚拣取商品上的条形码，即可确认拣货的正确性。

对于播种式拣货作业，可使用自动分货机，当商品在输送带上移动时，有固定条形码扫描器判别商品货号，指示移动路线与位置。

（5）交货时的交点作业

交货时的交点作业通常分为两种形式，一种是由配送中心出货前即复点数量，另一

种是交由客户当面或事后确认。

对于配送中心出货前的复点式作业，由于在拣货的同时已经以条形码确认过，就无需进行此复点式作业了。

对于客户的当面或事后确认，由于拣货时已用条形码确认过，无需在交货时双方逐一核对。

（6）仓储配送作业

其实商品的自动辨识方法还可以采用磁卡、IC 卡等其他方式来完成。但对物流仓储配送作业而言，由于大多数的储存货品都具有条形码，所以用条形码作自动识别与资料收集是最便宜、最方便的方式。商品条形码上的资料经条形码读取设备读取后，可迅速、正确、简单地将商品资料自动输入，从而达到自动化登录、控制、传递、沟通的目的。其在储存管理上的优点如下：

1）登录快速，节省人力。

2）提高物流作业效率。

3）减少管理成本。

4）降低错误率，提高作业质量。

5）更精确地控制储位的指派与货品的拣取。

6）可方便有效地盘点货品，准确地掌握库存，控制存货。

7）可做到实时收集数据，实时显示，并经计算机快速处理而达到实施分析与实施控制的目的。

知识链接

日本即将上市的三维条形码

条形码，我们再熟悉不过了。我们到超市里去，发现现在绝大多数商品都有这个东西。我们也许习以为常了。下面介绍的产品绝对会让你耳目一新，日本 Content Idea of Asia 公司研发出一种三维条形码，如图 5.12 所示。

这种条形码实际由 24 层颜色组成，能够承载的信息是 0.6MB ~ 1.8MB。这样的容量足够可以放得下一首 MP3 或者一段小视频。这给我们带来很大的想像空间，假设我们的手机有一个摄像头，将商品上的这个条形码扫描一下，然后用专门的软件将上面的数据释放出来，手机就能获得一段 MP3 或者视频，就可以通过手机来欣赏这个 MP3 或者广告视频。

再比如，某些彩色报纸，或者杂志，刊登的广告下面，附上这么一小片条形码，大家就可以通过手机来欣赏其视频广告了。这对于简单的图片来说，绝对是有感官冲击力的。

图 5.12　三维条码

本章小结

条形码技术已经成为物流现代化的一个重要组成部分。同时，它还有力地促进了物流体系各环节作业的机械化、自动化，对物流各环节的计算机管理起着基础性作用。条形码在现代化物流管理中起着直接、高效的信息媒体作用，它使现代化的管理和现代化的技术互相结合。以条形码技术的应用为基础的信息流将是未来信息技术的重要特征。控制了信息流就控制了物流。信息技术的现代化必然促进物流技术和管理的现代化。我国物流业要在条形码的开发应用上多下工夫，应当学习国外先进的经验，加快条形码的普及应用推动物流现代化的发展。

思考与练习

1．什么是条码与条码技术？
2．编码的方法有哪几种？
3．常有的物流码制有哪几种？
4．目前常用的条码扫描器有哪几种？
5．分析条码技术在物流领域的应用。

小组模拟仿真

（要求小组讨论，并将活动成果以小组为单位提交电子作业）

认识条码技术

1．分析问题

1）分析收集到的条码的种类。

2）观察他们使用的扫码设备。

3）记录商品的具体扫码过程及如何利用条码带来的便利。

2. 活动要求

分组完成任务，必须全面而且真实。制作 PPT。

3. 制作步骤

1）每组将任务分工，分别查询相关的资料。
2）将所搜集的素材整合在一起。
3）设计完整美观的 PPT。
4）由小组代表阐述案例并进行评价。
5）组外同学提出与小组案例相关问题。
6）小组代表或组员回答上述问题。
7）小组代表总结。
8）教师评价打分。

4. 注意事项

1）PPT 资料要求图文并茂、清晰生动、突出主题。
2）语言表达流畅、吐字清楚、声音洪亮、逻辑性强。
3）有条件的小组可以利用数码相机将条码及设备的图片拍摄下来。

5. 作业展示及点评

考核评分参见下表。

考核评分表

考评小组		被考评小组	
考评地点		考评时间	
考评内容	条码技术		
考评标准	内容	分值	实际得分
	内容充实，条理分明	60	
	观点正确，素材运用得当	30	
	有创新点	10	
合　　计		100	

注：考评满分为 100 分，60～74 分为及格；75～84 为良好；85 分以上（包含 85 分）为优秀。

第6章 物流射频识别技术

利用无线射频识别（RFID）技术无需直接接触、无需光学可视、无需人工干预即可完成信息的输入和处理，而且其操作方便快捷，广泛应用于生产、物流、交通、运输、医疗、防伪、跟踪、设备和资产管理等需要收集和处理数据的场合。作为条形码的无线版本，RFID 技术具有条形码所不具备的诸多优点，其应用将给零售、物流等产业带来革命性变化。

6.1 物流射频识别技术概述

学习目标

1. 了解条码的局限性
2. 理解射频的概念
3. 了解射频系统的特点
4. 掌握射频识别系统的应用类型

案例导入

某物流公司管理员小张在检查货物时，发现有一批货的条形码由于种种原因被撕裂、污损或丢失，导致难以识别，从而无法反映产品属于哪一批来货以及在货架上的留存时间，也无法逐个识别产品。即便是要让条形码显示出相关信息，需要人工将读卡机对准产品，或者让产品从一个带有内置读卡机的机器上划过后才能获取信息，且反应比较迟钝。

能否用一个更有效的方法解决这种情况呢？

必备的理论知识

6.1.1 工作环节的定义和地位

射频识别（radio frequency identification，RFID）技术是20世纪90年代开始兴起的一种自动识别技术。与其他自动识别系统一样，射频识别系统也是由信息载体和信息获取装置组成。

射频（radio frequency，RF）技术的基本原理是电磁理论，利用电线电波对记录媒体进行读写。射频系统的优点是不局限于视线，识别距离比光学系统远，射频识别卡（射频标签）具有读写能力，可携带大量数据，具有难以伪造和有智能等特点。

射频识别技术适用的领域：物料跟踪、运载工具和货架识别等要求非接触数据采集和交换的场合，尤为适用要求频繁改变数据内容的场合。

6.1.2 知识储备

1. 工作原理

在射频识别系统中，装载识别信息的载体是射频标签，获取信息的装置称为射频读写器。射频标签与射频读写器之间利用感应、无线电波或微波能量进行非接触双向通信，实现数据交换，从而达到识别的目的。

射频识别系统其工作过程是这样的：射频自动识别装置（读写器）发出微波查询信号时，安装在被识别物体上的电子标签（射频标签）将接收到微波信号，并反射回电子标签读出装置，这些信号经读出装置进行数据处理后，就得到电子标签内储存的识别代码信息，其工作原理，如图6.1所示。

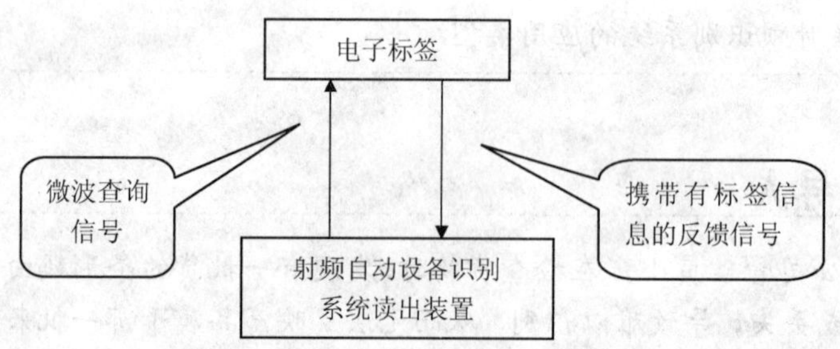

图6.1 射频技术工作原理

射频识别系统的传送距离由许多因素决定，如传送频率、天线设计等。射频识别距离可达几十厘米至几米，且根据读写的方式，可以输入数千字节的信息，同时还具有极高的保密性。

射频识别技术是以无线通信技术和存储技术为核心，伴随着半导体、大规模集成电路技术的发展而逐步形成的，其应用过程涉及无线通信协议、发射功率、占用频率等多方因素，目前尚未形成在开放系统中的统一标准，因此射频识别技术应用主要在一些闭环应用系统中。

2. 射频识别系统的特点

射频标签（射频卡）的几个主要模块集成到一块芯片中完成与读写器通信，芯片上有内存部分用来储存识别号码或其他数据，内存容量从几比特到几十千比特。芯片外围仅需连接天线（和电池）。卡封装可以有不同形式，如常见的信用卡的形式及小圆片的形式等，如图 6.2 所示。与条码、磁卡、IC 卡等同期或早期的识别技术相比，射频卡具有非接触、工作距离长、适于恶劣环境、可识别运动目标等优点。因此完成识别工作时无须人工干预、适于实现自动化且不易损坏，可识别高速运动物体并可同时识别多个射频卡，操作快捷方便。

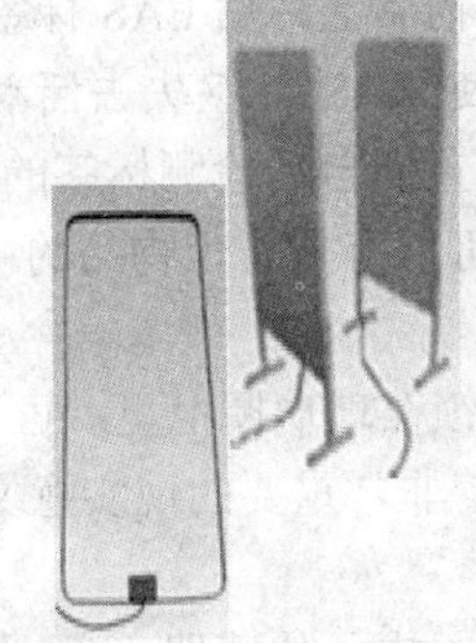

图 6.2　射频标签

射频卡不怕油渍、灰尘污染等恶劣的环境，短距离的射频卡可以在这样的环境中替代条码，长距离的产品多用于交通上，可达几十米。

射频识别系统完全不怕灰尘、潮湿、油污、冷却剂、粉屑、有害气体、高温以及在生产环境中产生的类似影响。玻璃或塑料标签通常能够满足保护的要求，是完全防尘和防水的。即使在尘土特别多或者特别脏的环境条件下，由于扫描器光学镜头很快就污染的原因而无法使用条形码，射频识别系统却可以胜任。

RFID 技术具有如下特点：

1）系统安全：将产品数据从中央计算机中转存到工件上将大大提高系统的安全性。即使发生软件崩溃或中央计算机瘫痪，一个产品和它当前数据之间的关系也能随时建立起来。如果需要的话，还可以将工件从生产过程中取出，而不会丢失数据。日后如果要将此产品再次投入生产过程中，可以毫无问题地对它进行加工。

2）数据安全：通过校验和的方法来保证射频标签中存储的数据，从而确保读出数据的准确，而错误的数据会被发现并且被忽略掉。

3）灵活性：可以更加灵活地控制产品的生产。例如，对于通用可编程的机器人和生产设备的设置数据，可以在预处理阶段写入到随各个工件运行的标签载体中，并且在需要用的地方马上应用这些设置数据。利用这种技术可以生产最小批量为1的产品，而不必通过中央计算机与每个产品进行复杂的通信来交换信息。

3. 射频识别系统的应用分类

根据射频系统完成的功能不同，可以粗略地把射频系统分成四种类型：EAS系统、便携式数据采集系统、网络系统、定位系统。

（1）EAS系统

电子物品防盗（electronic article surveillance，EAS）系统是一种设置在需要控制物品出入的门口的RFID技术。这种技术的典型应用场合是商店、图书馆、数据中心等地方，当未被授权的人从这些地方非法取走物品时，EAS系统会发出警告。

在应用EAS系统时，首先在物品上粘贴EAS标签，当物品被正常购买或者合法移出时，在结算处通过一定的装置使EAS标签失去活动性，物品就可以取走。物品经过装有EAS系统的门口时，EAS装置能自动检测标签的活动性，发现活动性标签EAS系统会发出警告。EAS技术的应用可以有效防止物品的被盗，不管是大件的商品，还是很小的物品。

应用EAS技术，物品不用再锁在玻璃橱柜里，可以让顾客自由地观看、检查商品，这在自选商品日益流行的今天有着非常重要的现实意义。典型的EAS系统一般由三部分组成：

1）附着在商品上的电子标签，电子传感器。

2）电子标签灭活装置，以便授权商品能正常出入。

3）监视器，在出口造成一定区域的监视空间。

EAS系统是一个高科技的电子防盗设备，它以高科技的手段赋予商品一种自卫能力，能有效地保护商品，防止商品失窃。在国外，90%的零售业中采用EAS系统来降低失窃率，在国内，EAS系统也逐渐被广大商家接受并采用。EAS系统是降低失窃、减少损失，最可靠、最经济的高科技管理手段。

（2）便携式数据采集系统

便携式数据采集系统是使用带有RFID阅读器的手持式数据采集器采集RFID标签上的数据。这种系统具有比较大的灵活性，适用于不宜安装固定式RFID系统的应用环境。手持式阅读器（数据输入终端）可以在读取数据的同时，通过无线电波数据传输方式（RFDC）实时地向主计算机系统传输数据，也可以暂时将数据存储在阅读器中，成批地向主计算机系统传输数据。

（3）物流控制系统

在物流控制系统中，RFID 阅读器分散布置在给定的区域，并且阅读器直接与数据管理信息系统相连，信号发射机是移动的，一般安装在移动的物体、人上面。当物体、人流经阅读器时，阅读器会自动扫描标签上的信息并把数据信息输入数据管理信息系统存储、分析、处理，达到控制物流的目的。

（4）定位系统

定位系统用于自动化加工系统中的定位以及对车辆、轮船等进行运行定位支持。阅读器放置在移动的车辆、轮船上或者自动化流水线中移动的物品、半成品、成品上，信号发射机嵌入到操作环境的地表下面。信号发射机上存储有位置识别信息，阅读器一般通过无线的方式或者有线的方式连接到主信息管理系统。

在我国射频技术已被广泛的应用。一些高速公路的收费站口，使用射频技术可以不停车收费，我国铁路系统使用射频技术记录货车车厢编号的试点也已运行了一段时间，一些物流企业也正在准备将射频技术用于物流管理中。

知识链接

电磁理论：变化的电场周围产生磁场，变化磁场周围产生电场，这种现象称为电磁感应现象，它的发现是电磁学领域中最伟大的成就之一。它不仅揭示了电与磁之间的内在联系，而且为电与磁之间的相互转化奠定了实验基础，为人类获取巨大而廉价的电能开辟了道路，在实用上有重大的实用意义。电磁感应现象的发现，标志着一场重大的工业和技术革命的到来。事实证明，电磁感应在电工、电子技术、电气化、自动化方面的广泛应用对推动社会生产力和科学技术的发展发挥了重要的作用。

比特：在计算机中数据的表示、存储、处理、加工都是采用二进制形式，每个二进制数位称为一个比特（bit），它是计算机中数据存储的最小单位。

小　结

无线射频识别（RFID）技术通过射频信号，采用非接触方式，可自动识别目标对象并获取相关数据，无须人工干预。作为条形码的无线版本，RFID 技术具有条形码所不具备的防水、防磁、耐高温、使用寿命长、读取距离大、标签上数据可以加密、存储数据容量较大、存储信息更改自如等优点，其应用将给零售、物流等产业带来革命性变化。

6.2 物流射频识别系统的组成

学习目标

1. 了解射频系统的基本组成
2. 了解常用的射频标签和读写器的类型
3. 理解影响射频系统中数据传输的因素

案例导入

小张所在的这家公司，对射频技术了解之后，也陆续引进了一些射频设备，果然工作效益有很大提高。他的一个朋友在南方某物流公司工作，听说此事之后，也购进一批射频识别系统，但在使用期间发现有时读写器无法采集到数据，这是为什么呢？

必备的理论知识

射频识别系统一般由信号发射机、信号接收机、发射接收天线和相应的软硬件系统几部分组成，如图 6.3 所示。

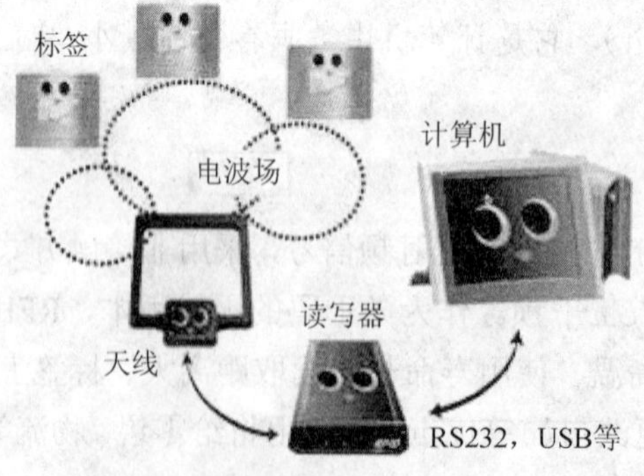

图 6.3 射频系统的组成

由于射频技术是以电磁理论为基础的一种设备技术应用，一般来说，电子产品的正常使用对温度、湿度都有一定的要求，周围环境及天线特性对电磁波的传递也会产一定的影响，甚至影响它的数据采集效果。

1. 射频识别系统组成

(1) 信号发射机（射频标签）

在射频识别系统中，信号发射机为了不同的应用目的，会以不同的形式存在，典型的形式是标签（TAG）。标签相当于条码技术中的条码符号，用来存储需要识别传输的信息，另外，与条码不同的是，标签必须能够自动或在外力的作用下，把存储的信息主动发射出去。标签一般是带有线圈、天线、存储器与控制系统的低电集成电路，如图 6.4 所示。

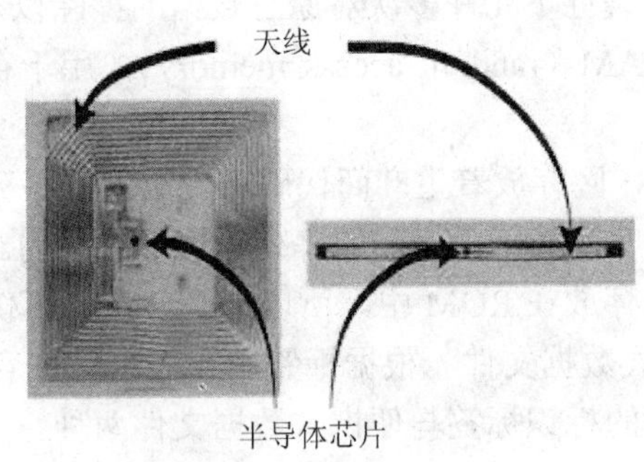

图 6.4 标签的结构

按照不同的分类标准，标签有许多不同的分类。

1）主动式标签与被动式标签。在实际应用中，必须给标签供电它才能工作，虽然它的电能消耗非常低（一般是百万分之一毫瓦级别）。按照标签获取电能的方式不同，可以把标签分成主动式标签与被动式标签。

主动式标签内部自带电池进行供电，它的电能充足，工作可靠性高，信号传送的距离远。另外，主动式标签可以通过设计电池的不同寿命对标签的使用时间或使用次数进行限制，它可以用在需要限制数据传输量或者使用数据有限制的地方，比如一年内，标签只允许读写有限次。主动式标签的缺点主要是标签的使用寿命受到限制，而且随着标签内电池电力的消耗，数据传输的距离会越来越小，影响系统的正常工作。

被动式标签内部不带电池，要靠外界提供能量才能正常工作。被动式标签典型的产生电能的装置是天线与线圈，当标签进入系统的工作区域，天线接收到特定的电磁波，线圈就会产生感应电流，再经过整流电路给标签供电。

被动式标签具有永久的使用期，常常用在标签信息需要每天读写或频繁读写多次的地方，而且被动式标签支持长时间的数据传输和永久性的数据存储。被动式标签的缺点主要是数据传输的距离比主动式标签小。因为被动式标签依靠外部的电磁感应供电，它的电能比较弱，数据传输的距离和信号强度会受到限制，需要敏感性比较高的信号接收器（阅读器）才能可靠识读。

2）只读标签与可读可写标签。根据内部使用存储器类型的不同，标签可以分成只读标签与可读可写标签。

只读标签内部只有只读存储器（read only memory，ROM）。ROM 中存储有标签的标识信息。这些信息可以在标签制造过程中由制造商写入 ROM 中，也可以在标签开始使用时由使用者根据特定的应用目的写入特殊的编码信息。这种信息只能是一次写入，多次读出。

可读可写标签内部的存储器除了 ROM、缓冲存储器之外，还有非活动可编程记忆存储器。这种存储器一般是 EEPROM（电可擦除可编程只读存储器），它除了存储数据功能外，还具有在适当的条件下允许多次对原有数据的擦除以及重新写入数据的功能。可读可写标签还可能有 RAM（random access memory），用于存储标签反应和数据传输过程中临时产生的数据。

一般电子标签的 ROM 区存放着生产商代码和无重复的序列码，每个生产商的代码是固定和不同的，每个生产商的每个产品的序列码也是不同的。所以每个电子标签都有唯一码，这个唯一码又是存放在 ROM 中，所以标签就没有可仿制性，是防伪的基础。

3）标识标签与便携式数据文件。根据标签中存储器数据存储能力的不同，可以把标签分为仅用于标识目的的标识标签与便携式数据文件两种。

对于标识标签来说，一个数字或者多个数字字母字符串存储在标签中，以便于识别或者是进入信息管理系统中数据库的钥匙（KEY）。条码技术中标准码制的号码，如 EAN/UPC 码，或者混合编码，或者标签使用者按照特别的方法编的号码，都可以存储在标识标签中。标识标签中存储的只是标识号码，用于对特定的标识项目，如人、物、地点进行标识，关于被标识项目的详细的特定信息，只能在与系统相连接的数据库中进行查找。顾名思义，便携式数据文件就是说标签中存储的数据非常大，足可以看作是一个数据文件。这种标签一般都是用户可编程的，标签中除了存储标识码外，还存储有大量的与被标识项目相关的其他信息，如包装说明、工艺过程说明等。在实际应用中，关于被标识项目的所有的信息都是存储在标签中的，读标签就可以得到关于被标识项目的所有信息，而不用再连接到数据库进行信息读取。另外，随着标签存储能力的提高，可以提供组织数据的能力，在读标签的过程中，可以根据特定的应用目的控制数据的读出，实现在不同的情况下读出的数据部分不同。

（2）信号接收机

在射频识别系统中，信号接收机一般叫作阅读器，如图 6.5 所示。根据支持的标签类型不同与完成的功能不同，阅读器的复杂程度也不同。阅读器的基本功能就是与标签进行数据传输。另外，阅读器还提供相当复杂的信号状态控制、奇偶错误校验与更正功能等。标签中除了存储需要传输的信息外，还必须含有一定的附加信息，如错误校验信息等。识别数据信息和附加信息按照一定的结构编制在一起，并按照特定的顺序向外发送。阅读器通过接收到的附加信息来控制数据流的发送。一旦到达阅读器的信息被正确的接收和译解后，阅读器通过特定的算法决定是否需要发射机对发送的信号重发一次，或者决定发射器是否停止发射信号，这就是“命令响应协议”。使用这种协议，即便在很短的时间、很小的空间阅读多个标签，也可以有效地防止“欺骗问题”的产生。

图 6.5　阅读器

（3）天线

天线是标签与阅读器之间传输数据的发射、接收装置。在实际应用中，除了系统功率，天线的形状和相对位置也会影响数据的发射和接收，因此需要专业人员对系统的天线进行设计、安装。

2. 射频系统的工作原理

（1）标签和读写器的构成及功能

（2）射频标签的构成及功能，如图 6.6 所示。

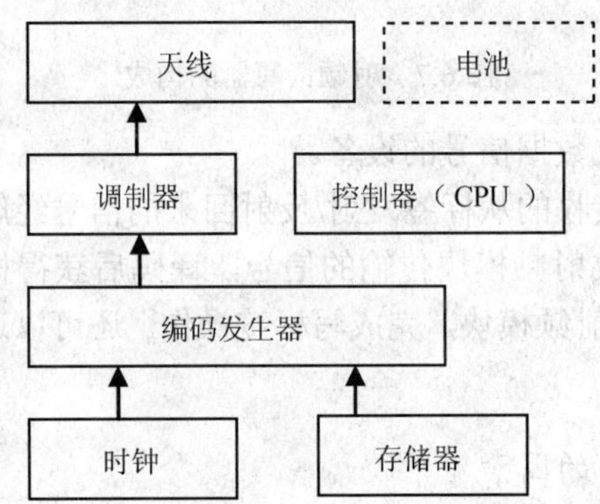

图 6.6　射频标签的构成原理

射频标签一般由天线、调制器、编码发生器、时钟及存储器组成，如图 6.6 所示。把所有的电路功能时序化，以使存储器中的数据在精确的时间内传输至读写器。存储器中的数据是应用系统规定的唯一性编码，在标签安装到识别对象（如集装箱、车辆、货物等）前就已写入。数据读出时，编码发生器把存储器的数据编码，调制器接收由编码发生器编码后的信息，并通过天线电路将此信息发射/反射到读写器。数据写入时，由控制器控制，将天线接收到的信号解码后写入存储器。

1) 通常射频标签具有以下功能：

① 具有一定容量的存储器，用以存储被识别对象的信息。

② 在一定的工作环境及技术条件下标签数据能被读出或写入。

③ 维持对识别对象的识别及相关信息的完整。

④ 数据信息编码后，工作时间可传输给读写器。

⑤ 可编程，且一旦编程后，永久性数据不能再修改。

⑥ 具在确定的使用限期，使用期间内无需维修。

⑦ 对于有源标签，通过读写器能显示出电池后工作状况。

2）射频读写器的构成及功能。射频读写器一般由天线、射频模块、读写模块组成，如图 6.7 所示。

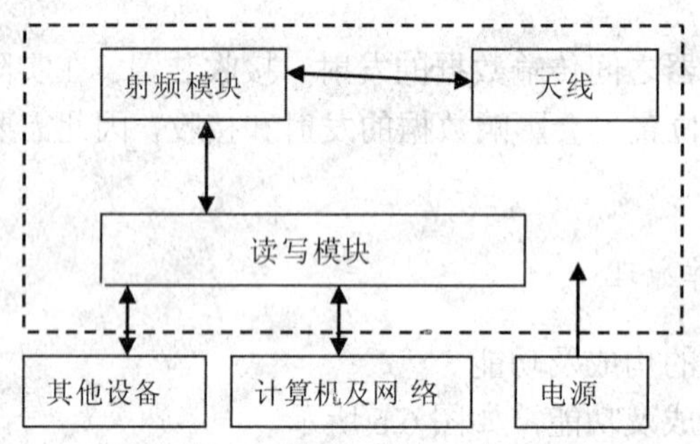

图 6.7　射频读写器的构成

① 天线是发射和接收数据信号的设备。

② 射频模块将天线接收的从标签发射/反射回来的信号经解调后传给读写模块。

③ 读写模块可以接收射频模块传输的信号，译码后获得标签内的信息；或将要写入标签的信息译码后付给射频模块，完成写标签操作。还可以通过标准接口将标签内容和其他信息传给计算机。

3. 影响射频系统使用的因素

（1）环境对 RFID 使用的影响

1）温度的影响。由于 RFID 芯片使用的是硅材料与金属材料，因此对可在-20～70℃有效工作。

2）空气湿度的影响。RFID 采用微波技术，对空气湿度有一定的要求，这主要是由于水能够吸收微波能量，造成能量衰竭使读写距离下降，尤其在雾天与雨雪天影响比较明显，读写距离可下降 50%以上。可将长距离读写器输出功率从 1W 可增加至 1.5W 以减小影响。但在雾天与雨雪天应减少使用，特别是使用移动式读写方式的应用更应减少或者不用，以免受湿度的影响使读写距离下降。

3）金属附着的影响。金属对微波能量的吸收相当高，这样可造成读写距离下降甚至无法识别。目前解决的方式主要通过芯片封装技术解决这一问题，虽然封装技术能解决金属吸收微波能量的问题，但每片芯片的成本将增加80%以上。因此在实际使用中，需长距离读写的尽量避免附着在金属表面。

（2）传输距离的影响因素

数据传输距离远近的首要因素是载波信号与标签中数据信号的强度，载波信号的强度受阅读器功率大小控制，标签中数据信号的强度由标签自带电池功率（主动式标签）或标签可以产生的电能（被动式标签）大小决定。一般来说，阅读器和标签的功率越大，载波信号和数据信号越强，数据能够传输的距离越远。无线电波在空气介质中传播时，随着传播的距离越来越远，信号的强度会越来越弱。从理论上说，无线电波的衰减程度与传输距离的平方成正比。在系统实际应用中应该注意的是，不能为了达到数据传输的距离而无限制的提高阅读器和标签的功率，因为与载波频率的选择一样，无线电波的功率是受到政府的管制的。

知识链接

数据通信：标签与阅读器之间的数据传输是通过空气介质以无线电波的形式进行的。一般地，我们可以用两个参数衡量数据在空气介质中的传播，即数据传输的速度和数据传输的距离。由于标签的体积、电能有限，从标签中发出的无线信号是非常弱的，信号传输的速度与传输的距离就很有限。

为了实现数据高速、远距离的传输，必须把数据信号叠加在一个规则变化的信号比较强的电波上，这个过程叫调制，规则变化的电波叫载波。在RFID系统中，载波电波一般由阅读器或编程器发出。有多种方法可以实现数据在载波上的调制，如用数据信息改变载波的波幅叫调幅；改变载波的频率叫调频；改变载波的相位叫调相等。

小　结

射频技术是利用无线电波对记录媒体进行读写。射频识别的距离可达几十厘米至几米，且根据读写的方式，可以输入数千字节的信息，同时，还具有极高的保密性。射频识别技术适用的领域：物料跟踪、运载工具和货架识别等要求非接触数据采集和交换的场合，要求频繁改变数据内容的场合尤为适用。

6.3 物流射频识别技术的应用

学习目标

1. 了解射频识别技术在日常生活的作用
2. 理解无线作业管理系统
3. 能够利用射频识别技术设计物流管理系统

案例导入

RFID（无线射频系统）自从被誉为21世纪10大关键技术之后，这项新杀手级应用，早已吸引全世界人们的目光。它不但将取代条形码，在物流领域掀起飓风，在供应链追踪货物、医疗与药品保护、智能型购物、机场随身行李等各个领域，都将会看见RFID大规模革命性的运用。RFID为产业提供了独特的方式，来追踪有价值的数据，结合了检测与网络技术后，将真正实现Ubiquitous Networks（网络世界无所不在）。在日本，甚至学者提出“在柏油路面中埋入大量的RFID”的主意呢！RFID的未来真是充满了想像。

必备的理论知识

6.3.1 工作环节的定义和地位

RFID 在商业企业中的应用十分普遍，智能标签就像商品的档案，它可以伴随商品的整个生命周期，记录商品在生命周期中的变化。另外，由于具有唯一性和不可仿造等特性，因此，智能标签可以在对商品的防伪上发挥重要作用。

RFID 在物流业的应用前景广阔，将射频技术引入物流，舍弃了原来的先手工记录再电脑输入的工作方法，带来的是快捷而准确的工作效率。

RFID 的应用领域在不断扩大，其应用已由单一的防伪功能向物流管理、零售业商品供应管理、航空行李管理、高速公路（不停车）自动收费、商品防伪、电子票证、自动化生产线部件管理等方向发展，如图6.8所示。

婴儿识别与防盗

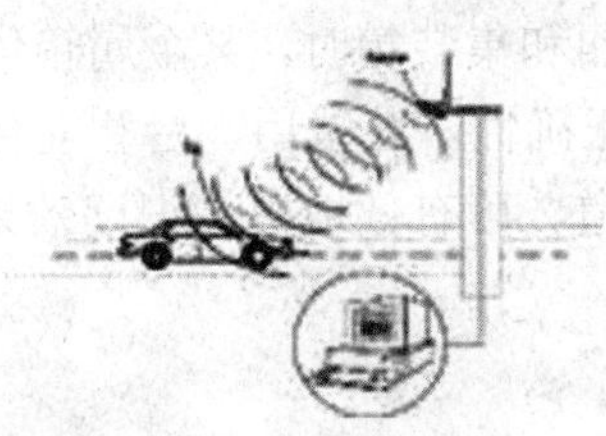
停车管理

生产制造

航空包装

文档管理

图 6.8 RFID 的应用

6.3.2 知识储备

1. 无线作业管理系统介绍

（1）传送带货物分拣

对传送带上的货物进行分拣，需要用多天线构成 RFID 扫描隧道，以提高识读率。同时 RFID 识读器需要接入传送带或其他控制主机。采用可重复使用的 RFID 标签和固定式识读器，可构成经济高效的 RFID 系统，如图 6.9 所示。

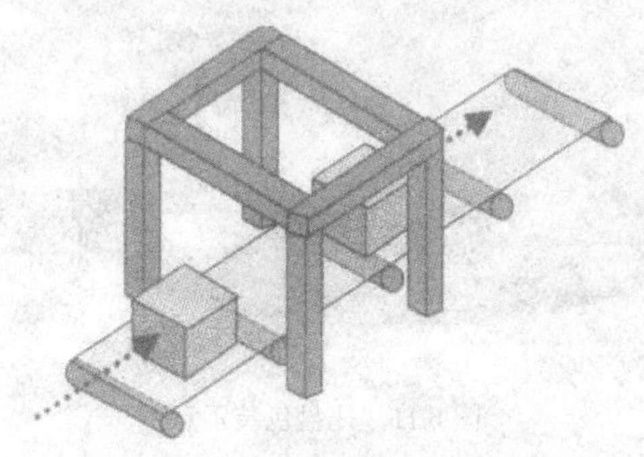

图 6.9 传送带装置示意

（2）仓库收发货

在托盘装卸进出货车车厢和集装箱时，其金属箱体对无线电波有着较强反射，严重影响到 RFID 识读的效果和正确性。若采用一台智能化的 RFID 识读器，并提供多个天线接口可组成灵活的扫描隧道。可有效地提高识读效果和准确性，如图 6.10 所示。

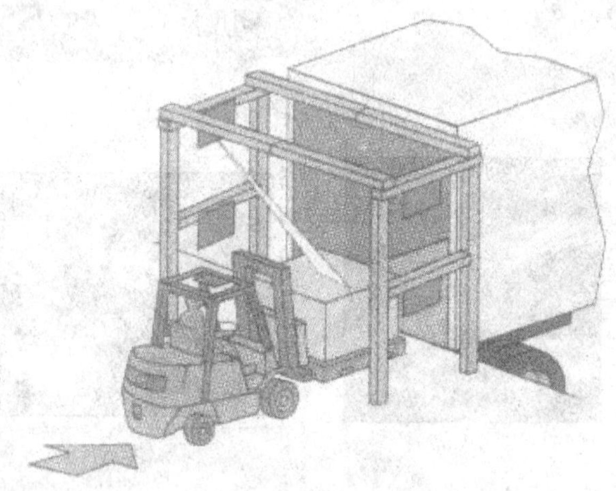

图 6.10　托盘装卸示意

（3）托盘包装工作站

托盘包装工作站上安装的 RFID 识读器，需要及时地识别和分类托盘上的货物，并将其与 RFID 标识的托盘联系起来，如图 6.11 所示。

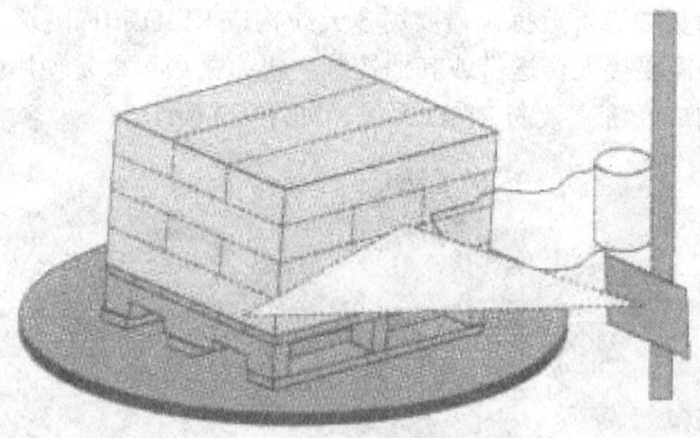

图 6.11　托盘包装示意

（4）过顶识读

通过固定式 RFID 识读器和一组天线组成向下覆盖的扫描网，对贴有朝上的 RFID

标签的大件物品和托盘，可进行高效的数据读写。尤其是叉车作业，更为便利和有效，如图 6.12 所示。

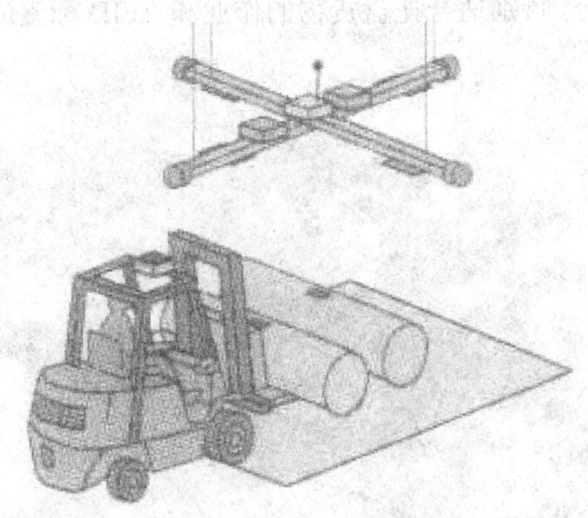

图 6.12　过顶装置示意

（5）人工移动作业

人工移动作业需要指定物品并完成一系列作业。利用移动 RFID 读写器和移动电脑配合组成一套移动作业平台，可同时对 RFID 标签读写和对条码扫描，并进行相应的处理、存储和通信。利用系统的强大功能，可与外设和系统构建成面向不同应用的网络环境中，如图 6.13 所示。

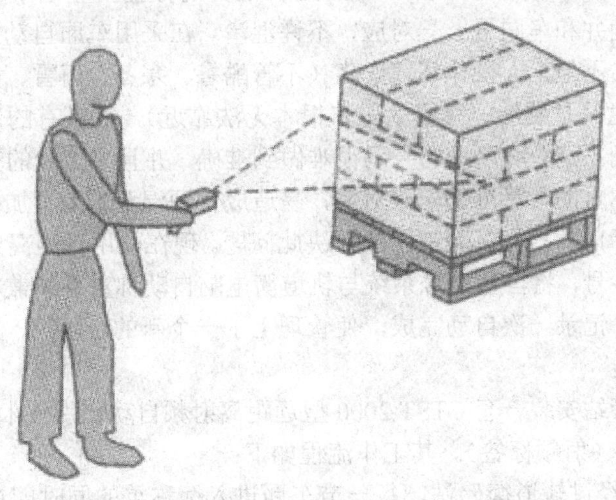

图 6.13　人工移动操作示意

（6）叉车移动作业

叉车移动作业是仓库和物流中心最主要的作业模式。固定式 RFID 读写器和车载电脑构成的移动作业平台，特别适合托盘货物的作业和 RFID 标签的读写，如图 6.14 所示。

图 6.14　叉车操作示意

2. 射频识别技术的应用案例

射频识别技术在铁路矿车（货车）车厢自动抄号、称重管理系统中的应用。

（1）基本情况

某矿区铁路矿车上的每个车厢必须经过轨道自动称重，登记车厢号的生产经营管理。要求称重准确并和车厢号一一对应，不许混淆。在采用车厢自动抄号系统之前，多年来用手工抄号，不但工人操作环境恶劣（不管酷暑、寒冬、雨雪、大风天气都要在铁路边露天作业，尤其是装红热焦炭的矿车根本无法靠近），而且有的车厢号也因泥土覆盖或油漆脱落模糊不清，所以抄的号码很难做到准确，并且人工抄的车厢号不能保证和轨道衡电脑自动称重的数量准确一一对应，易造成管理混乱。为了加强管理，矿区曾选择了几种技术进行自动抄号试验都未能解决此问题。现在采用远距离射频识别技术设备实现了车厢自动抄号，将自动抄号系统与轨道衡电脑自动称重系统兼容，实现了每个车厢的称重、抄号、记录一次自动完成，使管理上了一个新的台阶。

（2）设备安装

每个轨道衡磅站安装一套 CTST 2000 型远距离射频自动识别技术设备，每个车厢安装一个 CT 标识卡（射频标签）。其工作流程如下：

1）一列矿车经过轨道衡磅站，每一节车厢进入衡称重的同时即进入远距离射频自动识别系统的工作区，此时车厢的 CT 标识卡被激活，发射出自身的信息码。

2）CT 标识卡发射出的信息码被系统接收，经系统的阅读器解调解码后将该车的号码送给计算机与轨道衡称的重量一同记入数据库，完成车厢的自动称重与自动抄号全过程，保证两个参数的一一对应，如图6.15所示。

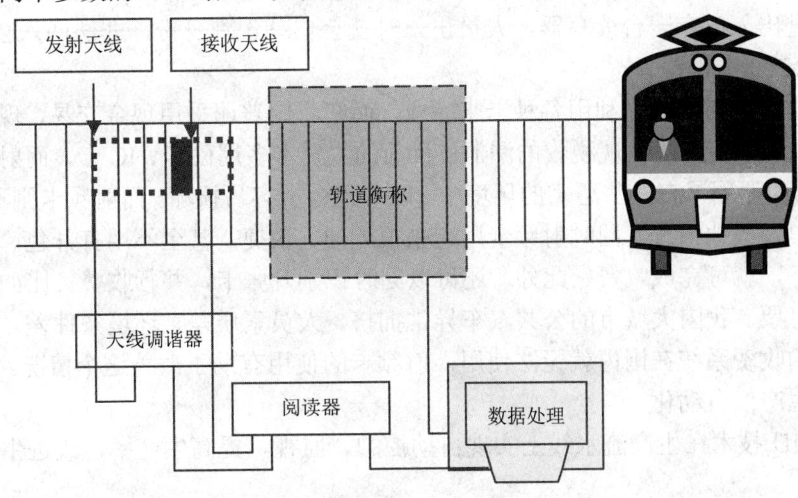

图6.15 铁路矿车自动抄号称重系统

3. 射频识别技术在我国的应用前景

射频自动识别技术大大增加了物流过程的自动化、现代化，是物流过程中重要的支持技术之一。现在，射频识别技术作为一种新兴的自动识别技术，也将在中国很快普及，可以说我国射频识别产品的市场是十分巨大的，国内已有几家公司在引进国外的先进技术，开发自己的射频识别系统。现在，在锦山的一条高速公路上已应用了非接触射频卡自动收费，上海的公共汽车使用了电子月票、北京的机场高速公路上、深圳的皇岗口岸也使用了射频识别系统等。可以毫不夸张地预测，任何一种应用如果成为现实，都将会孕育一个庞大的市场，RFID将是未来一个新的经济增长点。在信息社会，对于各种信息的获取及处理要求快速、准确，在不久的将来RFID技术就将同其他识别技术一样深入我们的生活，改善我们的生活。

（1）高速公路自动收费及交通管理

高速公路自动收费（AVI）系统是RFID技术最成功的应用之一。目前中国的高速公路发展非常快，地区经济发展的先决条件就是有便利的交通条件，而高速公路收费却存在一些问题。一是交通堵塞。收费站口，许多车辆要停车排队，成为交通瓶颈问题；二是少数不法的收费员贪污路费，使国家损失了相当的财政收入。RFID技术应用在高速公路自动收费上能够充分体现它非接触识别的优势。让车辆高速通过收费站的同时自动完成收费，同时可以解决收费员贪污路费及交通拥堵的问题。

（2）门禁保安

将来的门禁保安系统均可应用射频卡，可以一卡多用，比如作工作证、出入证、停车卡、饭店住宿卡甚至旅游护照等，目的都是识别人员身份、安全管理、收费等。好处是简化出入手续、提高工作效率、提供安全保护。只要人员佩戴了封装成 ID 卡大小的射频卡、进出入口有一台读写器，人员出入时就会自动识别身份，非法闯入会有警报。

（3）RFID 卡收费

国外的各种交易大多利用各种卡来完成，而在我国普遍采用现金交易，现金交易不方便也不安全，还容易出现税收的漏洞。目前的收费卡多用磁卡、IC 卡，而射频卡也开始抢占市场，原因是在一些恶劣的环境中。磁卡、IC 卡容易损坏。而射频卡则不易磨损。也不怕静电及其他情况。同时射频卡用起来很方便、快捷。甚至不用打开包、在读写器前摇晃一下，就可完成收费。此外，还可以同时识别几张卡，并行收费。比如公共汽车上的电子月票。我国大城市的公共汽车异常拥挤、人员素质差、环境条件差，一般在国外较有效的收费系统在国内就无法使用，射频卡的使用有助于改善这个情况。

（4）生产线自动化

用 RFID 技术在生产流水线上实现自动控制、监视，提高生产率，改进生产方式、节约成本。

（5）仓储管理

将 RFID 系统用于智能仓库货物管理，完全有效地解决了仓库里与货物流动有关的信息的管理。它不但增加了一天内处理货物的件数，还监视着这些货物的一切信息。射频卡是贴在货物所通过的仓库大门边上，读写器和天线都放在叉车上、每个货物都贴有条码、所有条码信息都被存储在仓库的中心计算机里，该货物的有关信息都能在计算机里查到。当货物被装走运往别地时，由另一读写器识别并告知管理中心它被放在哪个拖车上。这样管理中心可以实时地了解到已经生产了多少产品和发送了多少产品，并可自动识别货物，确定货物的位置。

总之，射频识别技术在中国处于一个刚刚起步的阶段，但是它的发展潜力是巨大的，它的前景非常诱人。

知识链接

超市的购物车

近年来不同类型超市进驻各大城市，由于超市采用一种全新的售货方式，加之价廉物美，每日客流不止。为了增加客源，一些超市经常利用周年店庆等机会搞商品促销活动，但随之而来的商品管理问题日显突出，在收款台等候时间长是一个头痛的问题。在新型的商店中，购物车中的 RFID 标签会告诉商店管理层有多少购物车出入商店，若商店内使用的购物车数量增加，那么就开放更多的款台来满足处理大量顾客的要求，从而解决以上问题。

不停车收费管理系统的主要功能

① 不停车收费通道允许装有月租卡的车辆以50~60km/h的速度通过关卡，根据不同类型的车辆的缴费率完成自动应扣款项。

② 过期卡、失效卡、无卡的违章冲关车辆自动抓拍车辆图像、冲关时间事件记录及报警。

③ 完成各种数据的信息的记录统计、查询、打印等。

设备安装。收费站每条不停车收费车道都安装一套远距离射频识别技术设备、车道控制计算机及摄像机、交通红绿灯、电子显示屏、报警器等。

安装一个CT目标识别卡(射频标签)。控制中心安装系统服务器一台，管理计算机一台。并将车道控制计算机通过局域网实现数据共享，预留银行及其他有关系统接口。

小 结

在信息社会，对于各种信息的获取及处理要求快速、准确，在不久的将来，RFID技术就将同其他识别技术一样深入人们的生活、改善人们的生活。对于这样一个新技术，我们应当加强宣传力度，希望能够尽早普及它、利用它，提高我们的工作效率和经济效益。

本 章 小 结

智能标签技术被称为影响未来的十大 IT 技术之一，它以无线射频方式进行非接触的自动识别和数据传送，将是未来应用前景最广阔的射频识别产品。它改变了企业传统的信息管理方式，其独到之处在于改变企业内部的信息交流方式，把信息服务渗透到了决策和管理的全过程，从而增长了企业对外部市场的竞争能力，发掘了企业内部的业务发展潜力。随着相关制造技术的日益成熟，将进一步降低智能标签技术应用成本，相关应用软件的不断开发也必将更加有效地提高企业的竞争优势和效益，增强企业的核心竞争能力，并在企业信息化中发挥更大的作用，进一步推动企业经营战略发生质的跃变。

思考与练习

1．通过本章的学习你认为射频识别技术在物流管理中与其他技术如条码技术，有哪些优势？

2．射频识别技术正在走进我们的生活，举例说明它在人们工作生活的应用，并说明它的优点。

小组模拟仿真

（要求小组讨论，并将活动成果以小组为单位提交电子作业）

利用PPT设计不停车收费管理系统安装示意图

1. 分析问题

1）结合实际分析问题，在收费路桥口处常出现交通堵塞的原因。
2）不停车收费管理系统实现的功能。
3）设备安装。

2. 活动要求

分组讨论完成设计内容，并以PPT的形式设计出示意图。

3. 制作步骤

1）每组将任务分工，分别查询相关的资料。
2）制作不同的图形代表不同的设备。
3）将所搜集的素材整合在一起。

4. 注意事项

设计图尽量合理，符合现实生活的实际情况。

5. 作业展示及点评

考核评分见下表。

考核评分表

<table>
<tr><td>考评小组</td><td></td><td>被考评小组</td><td></td></tr>
<tr><td>考评地点</td><td></td><td>考评时间</td><td></td></tr>
<tr><td>考评内容</td><td colspan="3">利用PPT设计不停车收费管理系统安装示意图</td></tr>
<tr><td rowspan="4">考评标准</td><td>内容</td><td>分值</td><td>实际得分</td></tr>
<tr><td>功能齐全，设计合理</td><td>60</td><td></td></tr>
<tr><td>标志形象，美观大方</td><td>30</td><td></td></tr>
<tr><td>整体内容连贯，素材运用得当</td><td>10</td><td></td></tr>
<tr><td colspan="2">合　计</td><td>100</td><td></td></tr>
</table>

注：考评满分为100分，60～74分为及格；75～84分为良好；85分以上（含85分）为优秀。

第7章 物流EDI技术

在供应链过程中，每个供应链成员都要与其贸易伙伴进行通信，交换数据，每天都产生大量的纸张文件。处理纸张文件的低速度、低效率、差错多、非自动化等问题，严重地影响着供应链各环节的效率，于是人们设法用一种电子自动化的文件来代替纸张，即按照贸易伙伴间规定的格式，将纸张文件的内容变成电子文件，然后在贸易伙伴的电子计算机系统之间进行数据交换并自动处理，这就是电子数据交换（electronic data interchange，EDI）的雏形。本章介绍物流 EDI（电子数据交换）技术，包括物流 EDI 概述、EDI 系统结构、EDI 与 Internet 以及 EDI 在物流行业中的应用。

7.1 物流EDI概述

学习目标

1. 理解物流 EDI 的定义
2. 了解 EDI 的构成要素，EDI 的特点
3. 了解实现 EDI 的环境和条件
4. 理解 EDI 的工作流程及标准
5. 了解实施 EDI 的注意事项

案例导入

小李是一所中专院校物流专业的毕业生，现和几位朋友共同经营一家物流公司。随着公司的发展，贸易伙伴逐年增加，业务也越来越多，随之也产生了一系列的问题，如业务伙伴之间交换数据的增多产生了大量的纸张文件，从而需要投入更多的人力、物力，但处理纸张文件的低速度、低效率、差错多、非自动化等问题也严重影响了公司的工作效率。如何才能改善这种情况呢？

必备的理论知识

7.1.1 工作环节的定义和地位

EDI（electronic data interchange）的中文意思是“电子数据交换”，是20世纪80年代发展起来的、融现代计算机技术和远程通信技术为一体的产物。国际标准化组织（ISO）于1994年确认了EDI的技术定义：根据商定的交易或电子数据的结构标准实施商业或行政交易，从计算机到计算机的电子数据传输。

所谓物流EDI是指货主、承运业主以及其他相关的单位之间，通过EDI系统进行物流数据交换，并以此为基础实施物流作业活动的方法。物流EDI参与单位有货主（如生产厂家、贸易商、批发商、零售商等）、承运业主（如独立的物流承运企业等）、实际运送货物的交通运输企业（铁路企业、水运企业、航空企业、公路运输企业等）、协助单位（政府有关部门、金融企业等）和其他的物流相关单位（如仓库业者、专业报送业者等）。

从以上的概念可知，EDI是一套报文通信工具，它利用计算机的数据处理和通信功能，将交易双方彼此往来的文档（如询价单或订货单等）转成标准格式，并通过网络传输给对方。

7.1.2 知识储备

EDI用于电子计算机之间商业信息的传递，包括日常咨询、计划、采购、到货通知、询价、付款、财政报告等，还用于安全、行政、贸易伙伴、规格、合同、生产分销等信息交换。近年来，EDI在物流中被广泛应用，被称为物流EDI。

1. EDI的构成要素

数据标准化、EDI软件及硬件、通信网络是构成EDI系统的三要素。

（1）数据标准

EDI标准是由各企业、各地区代表共同讨论、制订的电子数据交换共同标准，可以使各组织之间的不同文件格式，通过共同的标准，获得彼此之间文件交换的目的。

（2）EDI软件和硬件实现EDI，需要配备相应的EDI软件和硬件

EDI软件具有将用户数据库系统中的信息，译成EDI的标准格式，以供传输交换。由于EDI标准具有足够的灵活性，可以适应不同行业的众多需求。然而，每个公司有其自己规定的信息格式。因此，当需要发送EDI电文时，必须用某些方法从公司的专有数据库中提取信息，并把它翻译成EDI标准格式，进行传输，这就需要EDI相关软件的帮助。

EDI所需的硬件设备大致有：计算机、调制解调器（modem）及电话线。

（3）通信网络是实现EDI的手段

EDI通信的系统模型如图7.1所示。

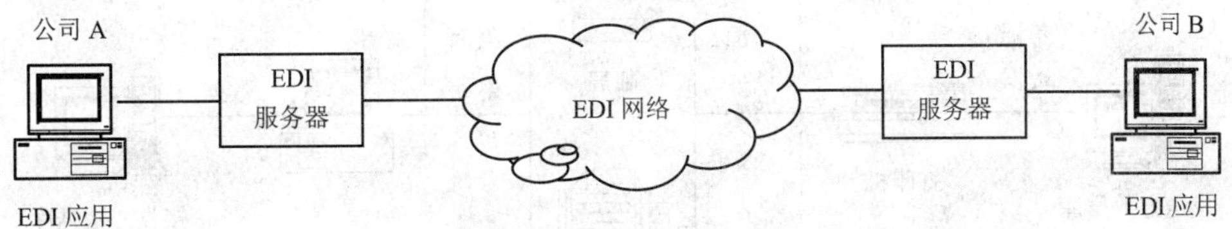

图7.1　EDI系统模型

从图上不难看出，前一种方式只有在贸易伙伴数量较少的情况下使用。但随着贸易伙伴数目的增多，当多家企业直接用电脑通信时，会出现由于计算机厂家不同、通信协议相异以及工作时间不易配合等问题，造成数据交换量很大的困难。为了克服这些问题，许多应用EDI的公司逐渐采用第三方网络与贸易伙伴进行通信，即增值网络（VAN）方式。它类似于邮局，为发送者与接收者维护邮箱，并提供存储转送、记忆保管、通信协议转换、格式转换、安全管制等功能。因此通过增值网络传送EDI文件，可以大幅度降低相互传送资料的复杂度和困难度，大大提高EDI的效率。

2. EDI的特点

1）EDI的使用对象是具有固定格式的业务信息和具有经常性业务联系的单位。

2）EDI所传送的资料是一般业务资料，如发票、订单等，而不是指一般性的通知。

3）采用共同标准化的格式。

4）尽量避免人工的介入操作，由收送双方的计算机系统直接传送、交换资料。

3. 物流EDI的优势

物流信息由有关公司作业的实时数据组成，包括进口物料流程、生产状态、产品库存、顾客装运以及新来的订货等，从外界的角度看，公司需要与卖主或供应商、金融机构、运输承运人和顾客交流有关订货、装运和开单的信息，而内部功能则可用于交换有关生产计划和控制等数据。

如图7.2所示为手工条件下，贸易单证的传递方式。操作人员首先使用打印机将企业MIS的数据库中存放的数据打印出来，形成贸易单证。然后通过邮件或传真的方式发给贸易伙伴。贸易伙伴收到单证后，再由录入人员手工录入到数据库中，以便各个部门共享。

图7.3所示为EDI条件下贸易单证的传递方式，反映的是使用EDI的情况。数据库中的数据通过一个翻译器转换成字符型的标准贸易单证，然后通过网络传递给贸易伙伴的计算机。该计算机再通过翻译器将标准贸易单证转化成本企业内部的数据格式，存入数据库。

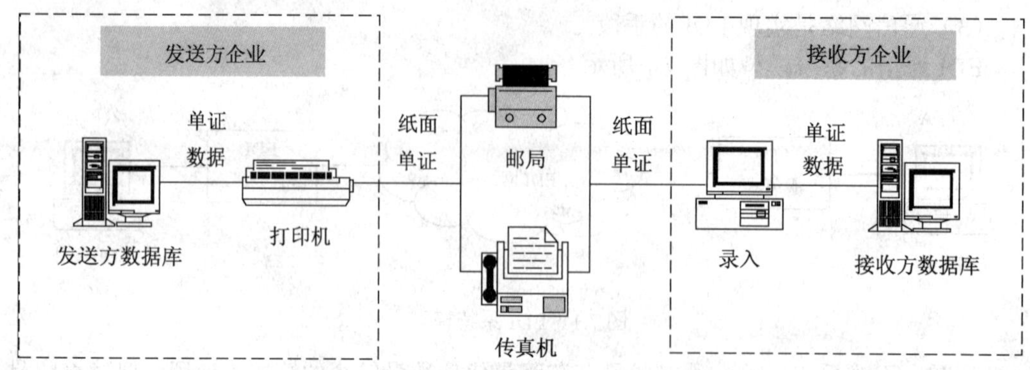

图 7.2　手工条件下贸易单证的传递方式

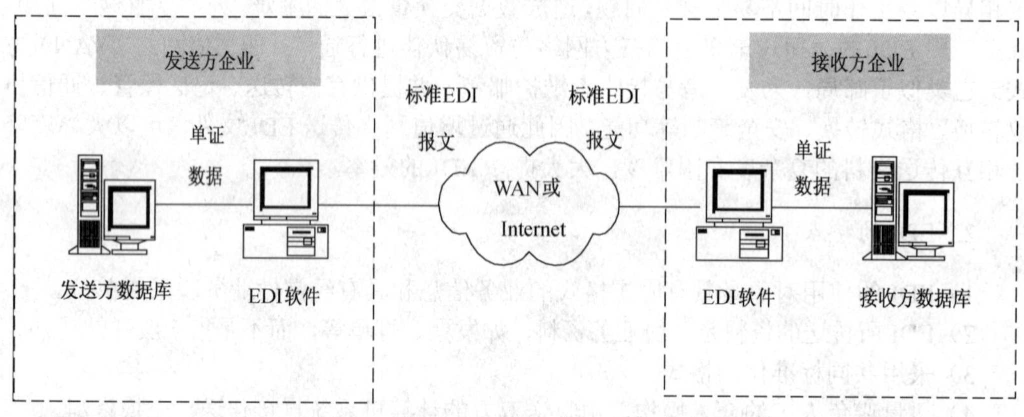

图 7.3　EDI 条件下贸易单证的传递方式

由此不难看出使用 EDI 的好处。总的来说，EDI 效益包括提高客户满意度，提高产品市场竞争力，降低停工待料风险等效益，具体如下：

（1）降低纸张使用成本

使用 EDI 后，直接由计算机与计算机来传送资料，可以大幅度节省文件的纸张、印刷复印、存储及邮寄等费用。据估计，仅此便可以节省成本的 1/4。

（2）提高工作效率

使用 EDI 后，资料传输及处理时间均能大幅度减少，订购及库存成本也可因 EDI 的实效性而获得效益。

（3）节约库存费用

由于缩短了订货时间，可以提早确定订货量，产品的库存量也可以大大降低。根据统计，使用 EDI 后，库存量可以节省 23%。

（4）减少对错误资料的处理工作

未使用 EDI 之前，相同的文件在买卖双方及各部门之间，经常有重复输入工作，易发生人为输入错误。为键入和修改这些错误，需耗费相当多的人力与时间。据统计，使用 EDI 后，对资料错误处理的成本可以减少 30%。

（5）节省人力费用

使用 EDI 后，重复输入文件、装订邮寄单据、填写单据内容及文件检查等人力及人事费用可以减少。另外，公司内部的相关工作流程也可以借此进行业务流程重组。

（6）其他效益

可改善与客户之间的关系，改善买卖双方的关系，提高企业竞争力，可迅速获得正确的资料，这些都可为企业带来效益。

4. 实现 EDI 的环境和条件

（1）数据通信网是实现 EDI 的技术基础

为了传递文件，必须有一个覆盖面广、高效安全的数据通信网作为其技术支撑环境。由于 EDI 传输的是具有标准格式的商业或行政有价文件，因此除了要求通信网具有一般的数据传输和交换功能之外，还必须具有格式校验、确认、跟踪、防篡改、防被窃、电子签名、文件归档等一系列安全保密功能，并且在用户间出现法律纠纷时，能够提供法律证据。

（2）计算机应用是实现 EDI 的内部条件

EDI 不是简单地通过计算机网络传送标准数据文件，它还要求对接收和发送的文件进行自动识别和处理。因此，EDI 的用户必须具有完善的计算机处理系统。

从 EDI 的角度看，一个用户的计算机系统可以划分为两大部分：一部分是与 EDI 密切相关的 EDI 子系统，包括报文处理、通信接口等功能；另一部分则是企业内部的计算机信息处理系统，一般称之为 EDP（electronic data processing）。

（3）标准化是实现 EDI 的关键

EDI 是为了实现商业文件、单证的互通和自动处理，这不同于人－机对话方式的交互式处理，而是计算机之间的自动应答和自动处理。因此文件结构、格式、语法规则等方面的标准化是实现 EDI 的关键。

（4）EDI 立法是保障 EDI 顺利进行的社会环境

EDI 的使用必将引起贸易方式和行政方式的变革，也必将产生一系列的法律问题。例如：电子单证和电子签名的法律效率问题，发生纠纷时的法律证据和仲裁问题等。因此，为了全面推行 EDI，必须制定相关的法律法规。只有如此，才能为 EDI 的全面使用创造良好的社会环境和法律保障。

然而，制定法律常常是一个漫长的过程，在 EDI 法律正式颁布之前如何处理法律纠纷？国外发达国家的一般做法是，在使用 EDI 之前，EDI 贸易伙伴各方共同签订一个协议，以保证 EDI 的使用。

7.1.3 工作流程图

物流 EDI 的工作流程如图 7.4 所示。

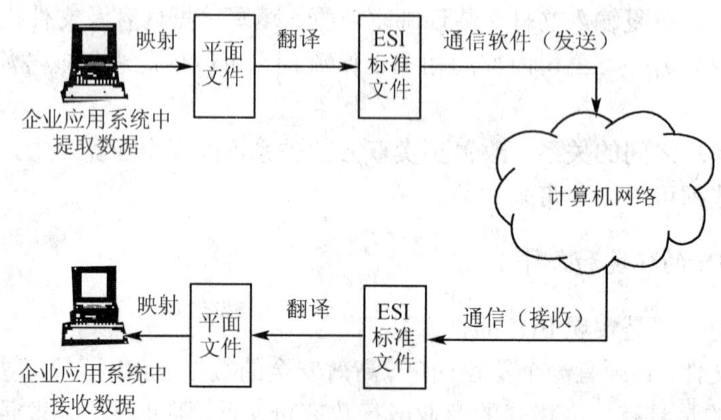

图 7.4 EDI 工作流程

7.1.4 工作步骤和说明

EDI的实现过程就是用户将相关数据从自己的计算机信息系统传送到有关交易方的计算机信息系统的过程，工作步骤如下：

1）发送方将要发送的数据从信息系统数据库提出，转换成平面文件（亦称中间文件）。

2）将平面文件翻译成标准的 EDI 报文，并组成 EDI 信件。

3）将 EDI 信件通过通信网络传送。

4）接收方的 EDI 信箱收取信件。

5）将 EDI 信件拆开并翻译成为平面文件。

6）将平面文件转换并送到接收方信息系统中进行处理。

说明：由于 EDI 服务方式不同，平面转换和 EDI 翻译可在不同位置（用户端、EDI 增值中心或其他网络服务点）进行，但基本步骤相同。

7.1.5 工作标准及要求

1）物流企业和供应商、零售商都拥有 EDI 信息系统。

2）物流企业和供应商、零售商都有计算机化的会议记录。

3）物流企业和供应商、零售商之间建立电子数据交换的伙伴关系。

7.1.6 注意事项

1）EDI 标准是通过专网实现交互的，只适合点对点的交易，适用于在一些固定伙

伴之间进行的高价值、高重复性的交易。

2）在交易过程中，谁对有错误的EDI技术信息负责。

3）在交易过程中，如何留下电子纸痕，以便审计和控制。

4）在交易过程中，如何保证通过EDI技术传递和存储的数据不受一些非法竞争者的剽窃与破坏。

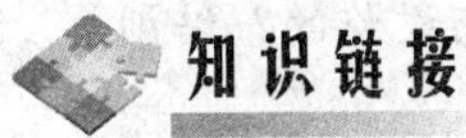

知识链接

EDI与其他通信手段的区别

EDI与其他通信手段（传真、电报、电子邮件等）的区别如下:

1）EDI传输的是格式化的标准文件，并具有格式校验功能，而传真、电报、电子邮件等传送的是自由格式的文件。

2）EDI是实现计算机到计算机的自动传输和自动处理，其对象是计算机系统。而传真、电报和电子邮件等的用户都是人，接收到的报文必须认为干预或人工处理。

3）EDI对传送的文件具有跟踪、确认、防篡改、防冒领、电子签名等一系列安全保密功能。而传真、电报没有这些功能，电子邮件的安全保密功能比EDI的层次低。

4）EDI文本具有法律效力，而传真和电子邮件则没有。

5）传真目前大多为实时通信，EDI和电子邮件都是非实时的，具有存储转发功能。

小　结

EDI是现代计算机技术与网络通信技术相结合的产物。它的主要目标是要以最少的人力介入，实现贸易循环，尤其是重复交换中的文件的自动处理，从而减少事务处理，提高管理效率和昂贵的管理费用。

7.2 EDI系统结构

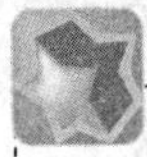

学习目标

1. 掌握EDI系统的构成
2. 理解目前EDI通信网络的几种方式及各种方式的适用范围
3. 了解EDI系统的工作流程
4. 了解物流EDI的基本知识

案例导入

了解到物流EDI的各种好处，小李初步打算在自己的公司引入EDI系统，随之而来，也出现了无数的问题，公司需要引入哪些硬件，哪些软件组成EDI系统，才能满足公司的需要，而又不必耗费大量的资金？EDI系统是如何运作的？培训员工具有哪些技能才能正确的使用EDI系统？

必备的理论知识

7.2.1 工作环节的定义和地位

EDI系统由EDI硬件和软件、通信网络和EDI标准构成。EDI硬件和软件是实现EDI的前提条件，通信网络是EDI实现的基础，EDI标准化是实现EDI的关键。这3个方面相互衔接、相互依存，构成EDI的基础框架。

7.2.2 知识储备

EDI系统的构成

1. EDI硬件和软件

构成EDI系统所需的硬件设备有：计算机应用系统、调制解调器（modem）及电话线。

（1）计算机应用系统

PC机、工作站、小型机、主机都可以作为实施EDI的计算机平台。可以选择以下四种不同方式实施EDI：

1）只使用一台PC机，在PC机上运行所有的EDI软件，使其实现EDI的全部功能。

2）只使用一台主机或小型机，在主机或小型机上运行所有的EDI软件，使其实现全部的EDI功能。

3）将PC机作为主机的前端处理器。发送EDI报文时，先从主机中取出所需的数据，将这些数据传向PC机，再在PC机上将这些数据生成符合EDI标准的格式并发送出去。

4）使用一台中型机平台以及专门化的EDI软件建立专用的EDI系统。专用的EDI软件把EDI活动和用户自己的计算机应用系统一体化。

（2）调制解调器

由于使用EDI来进行电子数据交换，需通过通信网络，目前采用电话网络进行通信是很普遍的方法，因此调制解调器是必备的硬件设备。调制解调器的功能与传输速度，应根据实际需求而选择决定。

（3）电话线

电话线是一般最常见的通信线路，如果对传输时效及资料传输量上有较高要求，可以考虑租用专线（leased line）。

EDI软件是在用户计算机系统上实现EDI功能的计算机应用程序，这些程序具有模块化和层次化的特点，并提供与用户应用程序的接口，方便用户自己开发与EDI相关的应用程序的嵌入和集成，同时也可以与计算机系统中实现其他业务功能的应用程序集成。

EDI软件的主要作用是将用户数据库系统中的信息，翻译成EDI的标准格式以供传输交换。由于不同行业的企业根据自身业务特点来规定数据库的信息格式，因此当需要发送EDI报文时，需要将从企业专业数据库中提取的信息，翻译成EDI的标准格式才能进行传输。

EDI软件主要包括转换软件、翻译软件和通信软件。

① EDI转换软件的作用是帮助用户将原有的计算机系统的文件信息，转换成翻译软件能够理解的平面文件（flat file），或是将从翻译软件接收到的平面文件，转换成用户计算机系统中的文件。

② 翻译软件将平面文件翻译成EDI的标准格式，或将接收到的EDI标准格式翻译成平面文件。翻译软件可以说是EDI软件的核心。

③ 通信软件是将通过翻译软件翻译的标准格式的EDI文件外层加上通信信封（envelope），再传送到EDI系统交换中心的邮箱（mailbox）中，或由EDI交换中心将接收到的EDI格式文件从信箱中取出。

2. EDI标准

在整个EDI发展的进程中，“标准”扮演了非常重要的角色。可以这样说，如果没有EDI的标准，也就没有EDI蓬勃发展的今天。EDI标准的不断发展，又带动着EDI进入更高的应用阶段。

EDI方式交换数据时，是利用现有的计算机及通信网络，按照统一规定的一套通用标准格式，将数据格式化后，以报文为载体，再在报文上加通信信封，通过通信网络在参与方的计算机系统之间传输。

在EDI交换中，报文相当于文章，段如同文章的章节，复合数据元像是词组，数据元和代码则如单字，它们通过语法规则、报文设计指南与规则组合在一起，叙述不同目的的业务内容。

EDI标准体系包括EDI综合标准、EDI管理和规则类标准、EDI单证标准、EDI报文标准、EDI代码标准、EDI相关标准和其他标准等。

3. 通信网络

EDI方式传输的是电子数据，替代纸面单证的邮政投递过程的是电子通信网络。如果是通过电话线路传输信息，需要使用调制解调器对传输时效及资料传输量有较高要求，也可以组建自己的网络并租用电信专线的方式，也可利用互联网方式。

目前EDI的通信方式有以下几种：

（1）点对点方式

点对点的方式适用于贸易量较少、贸易方不多的情况下。双方都通过安装在各自计算机系统上的EDI软件进行EDI文件处理，并以点对点的方式与对方计算机系统传输EDI文件。这种方式具有较强的地理位置灵活性，但不提供信息的缓冲处理，要求双方在通信往来时进行即时数据交换。

（2）一点对多点方式

一点对多点方式适用于较大企业的分支机构与总部联系的结构，在小范围内总部通过计算机系统与各分支机构的计算机系统进行EDI文件处理和传输。数据传输将以总部为中心，进行各分支机构的数据集中处理，从而便于了解各分支机构的状况，使企业即时做出反应。

（3）多点对多点方式

多点对多点方式适用于企业与贸易伙伴间的通信，常与一点对多点方式结合。双向的信息传递增加了信息的反馈。

（4）增值网络方式

随着贸易伙伴的增多，当多家企业直接利用计算机通信时，会出现由于通信协议不同以及工作时间不易配合等问题，造成极大的不协调。为此许多EDI用户逐渐采用第三方网络与贸易伙伴通信，借助于第三方的设备进行不间断的信息传输，这种第三方网络就称为增值网络（value added network，VAN）。

EDI的通信机制是信箱间信息的存储和转发，通信双方申请各自的信箱，双方的通信过程就是把文件传到对方的信箱中，或者从自己的邮箱中取出对方投递过来的文件。增值网络在EDI中，就好像通信双方的一个邮局。增值网络为通信双方提供单独的EDI邮箱，维护发送和安全管制等服务，并为用户提供极大的信息缓冲能力。用户通过增值网络传送EDI文件时，可以大幅度降低企业双方相互传送资料的复杂程度和困难，保证信息的有效存储和可靠传递，大大地提高了EDI的效率，如图7.5所示。

点对点方式

一点对多点

多点对多点

(a) 方式一：直接连接

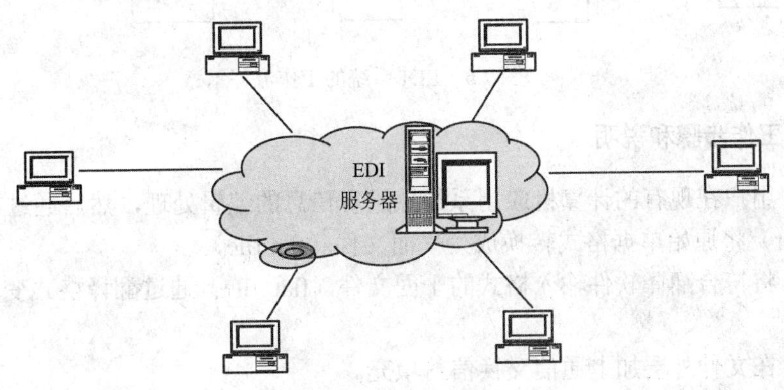

(b) 方式二：增值网络

图 7.5　通信网络

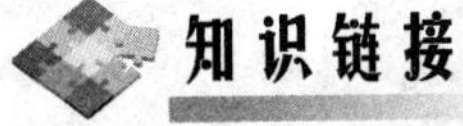

VAN 简介

VAN 不是一种新型的通信网，而是在现有通信网络的基础上，增加 EDI 服务功能计算机网络。VAN 使用的通信网络包括：分组交换数据网、电话交换网、数字数据网、综合业务数字网、卫星数据网和移动数据通信网等。

VAN 是目前普遍采用的 EDI 应用模式，它可以使不同的计算机之间实现数据传输、数据文件转移以及远程数据库的访问等，克服了“点对点”应用方式的弊端。

7.2.3　工作流程图

EDI 系统的工作流程如图 7.6 所示。

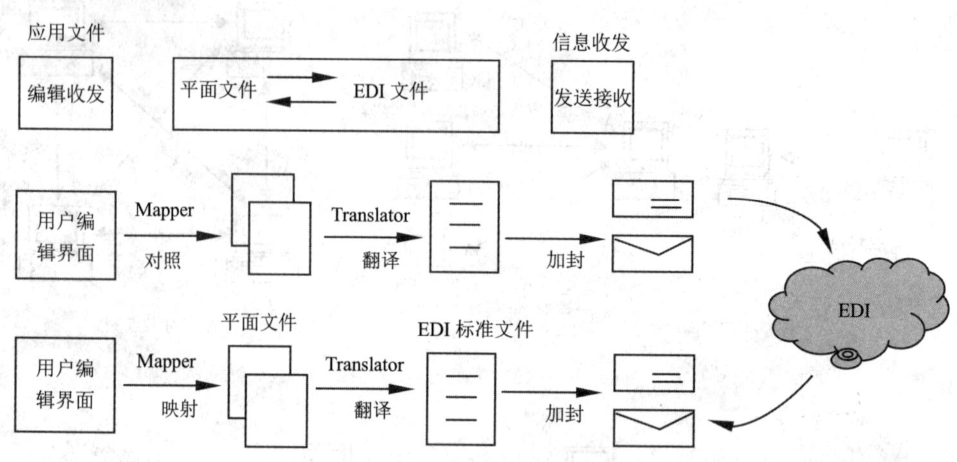

图 7.6　EDI 系统的工作流程示意

7.2.4　工作步骤和说明

1）用户在现有的计算机应用系统上进行信息的编辑处理，然后通过 EDI 转换软件（Mapper）将原始单据格式转换成为平面文件（flat file）。

2）将符合翻译软件输入格式的平面文件（flat file）通过翻译格式变成 EDI 标准格式文件。

3）在文件外层加上通信交换信封填充。

4）通过通信软件送到增值服务网络（VAN）或直接传给对方用户。

5）对方用户进行反向处理，最后转换为用户应用系统能够接受的文件格式，并进行收阅处理。

7.2.5　工作标准及要求

在实际应用中，这些处理过程都由双方的 EDI 系统和双方进行交换的 EDI 中心自动完成，用户可看作是一个“黑匣子”，不需要了解关心过程内的具体操作。

整个过程无需人工介入或以最少的人工介入，以达到无纸化完成数据交换。

小　结

EDI（电子数据交换）技术是计算机、通信和管理相结合的产物，由于使用 EDI 可以减少甚至消除贸易过程中的纸面文件，因此 EDI 又被人们通俗地称为“无纸贸易”。

7.3 EDI与Internet

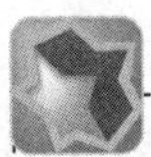

学习目标

1. 了解Internet对EDI的影响
2. 理解基于Internet的EDI的几种方式及其工作流程

案例导入

通过前面内容了解，小李了解了EDI系统的工作流程，但是，无论是建立专有线路，还是租用增值网络，对于小李公司这样的中小型物流公司来说，成本是很大的一个问题，而且，在传输数据方面，这两种通信方式似乎也有诸多的限制，那么，是不是有更好的选择呢？

必备的理论知识

7.3.1 工作环节的定义和地位

VAN是目前普遍采用的EDI应用模式，但这种传统的VAN本身存在很大缺陷。如贸易伙伴可能选择了不同的VAN，但VAN之间可能会因为竞争等原因而不愿意互联。同时传统的VAN本身有一个致命的问题，即它只实现计算机网络的下层，相当于OSI参考模型的下三层，而EDI往往是发生在不同计算机的应用软件之间，EDI软件与VAN的联系相比之下比较松散，效率低。

VAN的中心业务只不过是把信息从一个地方传送到另一个地方，仅能进行数据交换，所以，单纯的EDI是远远不够的，必须制作带有多媒体信息的电子样本，只有这样才能使贸易伙伴获得生动的商品信息。对于VAN来说，进行多媒体信息的传输和处理，无论是从技术方面，还是从成本方面都几乎是不可能的。

Internet的应用模式正好满足了EDI的这种发展趋势，并大有取代VAN之趋势。Internet是世界上最大的计算机网络，它对EDI的影响可概括为如下几点：

1）Internet是全球网络结构，可以大大扩大参与交易的范围。

2）一般地讲，通过私有网络和传统的增值网（VAN）建立全球的EDI系统，只有那些列入“Fortune1000”的大型企业才具备条件。但通过Internet，中小企业也能方便地建立自己的全球 EDI 系统，而费用却很少。

3）Internet 对数据交换提供了许多简单而且易于实现的方法，用户可以使用 Web 页面完成交易。

4）ISP 提供了多种服务方式，这些服务方式过去都必须从传统的 VAN 那里购买，费用很大。

7.3.2 知识储备

基于 Internet 的 EDI 主要有三种基本形式，即使用 E-mail 进行的 EDI、使用 Web 页面进行的 EDI、使用 FTP 进行的 EDI 应用系统，其实现框架，如图 7.7 所示。

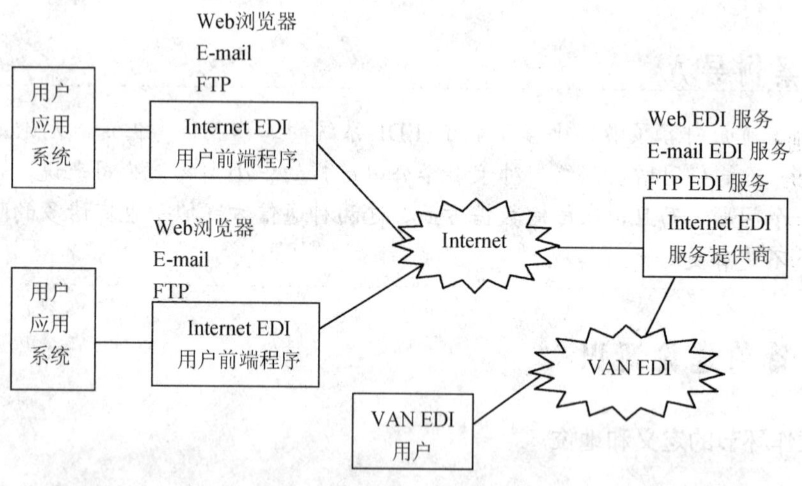

图 7.7　Internet EDI 实施框架

1）Internet Mail 最早把 EDI 带入 Internet，用 ISP（internet service providers）代替了传统 EDI 以来的 VAN，解决了信道的廉价问题。通过使用 Internet 上的 E-mail 功能来实现报文数据交换的最大好处就是不需要与广域网直接挂钩，用户只需要通过电话拨号就可以在网上收发电子邮件。但是这种方式也有其局限性，这是由于简单电子邮件协议（STMP）有如下缺点：

① 保密性：E-mail 在 Internet 上传送明文。

② 不可抵赖性：E-mail 很容易被伪造，并且发送者可以否认自己是 E-mail 的作者。

③ 确认交付：STMP 不能保证正确交付了 E-mail，无法知道是否丢失了。

2）Web EDI 方式被认为是目前 Internet EDI 中最好的方式。Web EDI 的目标是允许中小企业只需通过浏览器和 Internet 连接去执行 EDI 交换。Web 是 EDI 消息的接口，一般情况下，其中一个参与者一般是较大的公司，针对每个 EDI 信息开发或购买相应的 Web 表单，改造成适合自己的数据格式要求，然后把它们放在 Web 站点上，此时，表单就成为 EDI 系统的接口。另一个参与者一般为较小的公司，登录到 Web 站点上，选择他们所感兴趣的表单，然后填写它，将结果提交给 Web 服务器后，通过服务器端程序进行合法性检查，把它变成通常的 EDI 消息，此后消息处理就与传统的 EDI 消息处理一样了。很明显，这种解决方案对中小企业来说是负担得起的，只需一个浏览器和 Internet 连接就可完成，EDI 软件和映射的费用则花在服务器端。Web EDI 方式对现有企业应用系统只需做很小改动，就可以方便快速地扩展成为 EDI 系统应用。

3）使用 FTP 进行 EDI 与使用 E-mail 进行 EDI 的过程相似，只是报文传输采用 FTP 方式进行。

7.3.3 Internet EDI 系统的工作步骤和说明

1）在使用 E-mail 进行 EDI 时，用户通过应用程序接口从其电子数据处理系统（EDP）或管理信息系统（MIS）中获取所要的数据，并经 Internet EDI 用户前端程序处理后形成标准 EDI 格式的报文后，再通过加密处理后交由 E-mail 客户端程序发往提供 Internet E-mail EDI 服务的 EDI 服务商，Internet EDI 服务提供商接收到用户发送的报文后，将它转发给接收方的 E-mail 信箱。

接收报文时，用户从自己的 E-mail 信箱中收取报文，经解密后还原成标准的 EDI 报文，再通过翻译程序将标准 EDI 报文翻译成用户平面文件，并根据用户需求与用户数据库相连接。

2）使用 Web 进行 EDI 的过程如下。

当用户希望发送报文时，利用浏览器直接浏览 Web EDI 服务提供商的 Web 页面，根据 Web 页面的指示选择需要的电子表格，填写表格后提交。Web 提供商的服务器收到提交的内容后，对提交的内容进行检查，看是否符合 EDI 报文的各项规定，若符合则将提交内容转换为标准 EDI 格式的文本，作为电子邮件发送给指定的接受方，同时给提交方反馈正常的提交信息；若不符合规定，则将不符合规定的地方指出，并反馈给提交方修改。

接收时，用户使用浏览器进入 Web EDI 提供商的页面，并提供用户标识和密码，Web EDI 提供商的服务器接收到用户信息后，对用户身份进行检查，看其是否为授权的用户，检查通过后，Web 服务器检查该用户的电子信箱，若有信件，则经翻译后，以 Web 页面的形式返回给用户浏览，并记录用户的使用情况。

7.3.4 Internet EDI 系统的注意事项

应用 Internet EDI 系统应注意以下事项：

1）Internet EDI 系统所要求的安全性问题。

2）Internet EDI 系统所要求的标准化问题。

3）Internet EDI 系统所涉及的法律问题。

小　结

Internet 和 EDI 的联系，为 EDI 发展带来了生机，基于 Internet 的 EDI（Internet EDI）成为新一代的 EDI，前景诱人。虽然有些用户对 Internet 上的安全性有一些疑虑，但已经可以通过加密技术使用户更安全地在公用网络上传输自己的私有数据。因此，将来 Internet EDI 会被广泛使用。

7.4　EDI 在物流行业中的应用

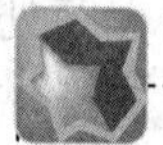

学习目标

1. 了解企业应用 EDI 的不同目的
2. 了解不同类型企业应用 EDI 的工作流程

案例导入

了解了前面的内容，小李似乎有了心中的打算，但是他更想参考一下其他同类公司的经验，那么，EDI 在物流行业中的应用情况如何呢？

必备的理论知识

7.4.1　工作环节的定义和地位

中国加入了世贸组织，国内物资流通企业既面临前所未有的机遇，也面临残酷的市场竞争和挑战。在这样的大环境下，要想更好地与国际市场接轨，增强企业的国内、国际竞争力，实现企业的信息化管理是企业走向大市场、大流通的必由之路。

国内的许多物资流通企业也认识到了这个问题，部分企业已组建或正筹建企业内部的信息系统。还应该考虑的另一个问题是企业的信息系统如何与合作伙伴的信息系统，或者与国内、国际的其他相关企业的信息系统很好地连接，最大限度地增强企业的生存能力。按照国际物流企业发展的规律，应该采用 EDI 技术。

7.4.2　知识储备

企业应用 EDI 有三种不同的目的。目的不同，EDI 的功能、所需的人力、时间与成本也不一样，如表7.1所示。

表7.1 EDI的应用方式

目　　的	数据传输	改善作业	企业再造
功能	维持订单 减少人工输入 降低错误	与业务系统集成 缩短作业时间 及早发现错误 提高传输可靠性	提高竞争力
参与人员	作业人员	业务主管	决策主管
初期成本	小	较小	
引入时间	1个月	2～4个月	一年
条件	计算机	管理信息系统	管理信息系统

7.4.3 工作流程图

物流公司交易流程，如图7.8所示。

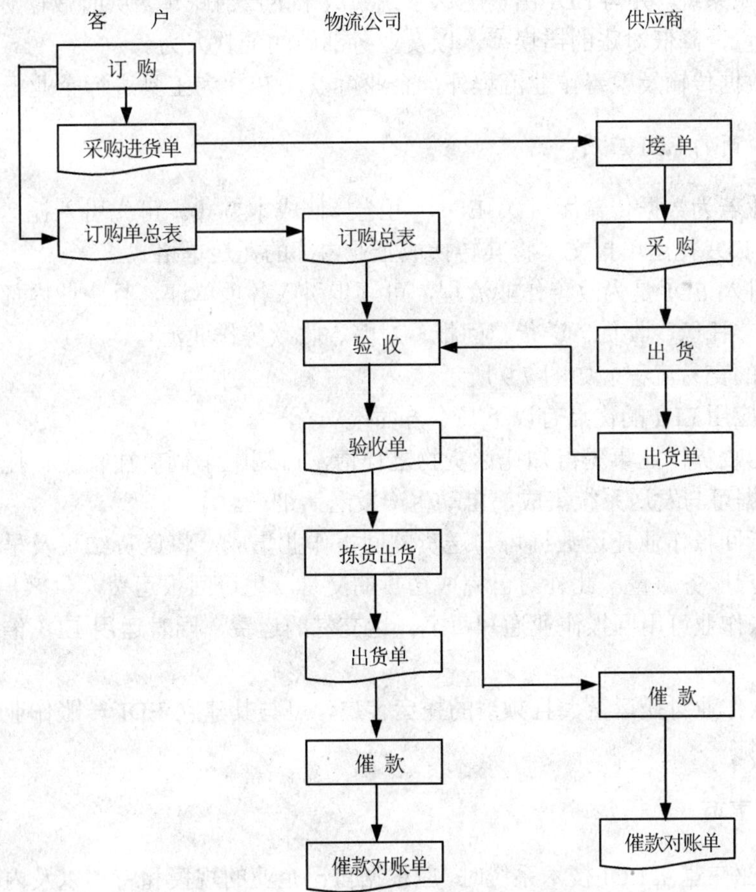

图7.8 物流公司的交易流程

7.4.4 工作步骤和说明

1. 物流公司的EDI应用

1）如果配送中心引入EDI是为了传输数据，则可以低成本引入出货单的接收。

2）如果希望引入EDI改善作业流程，可依次引入各单证，并与企业内部信息系统集成，逐步改善接单、配送、催款的作业流程。

① 引入出货单。对物流公司来说，出货单是客户发出的出货指示。物流公司引入EDI出货单后可与自己的拣货系统集成，生成拣货单，这样就可以加快内部作业速度，缩短配货时间。在出货完成后，可将出货结果用EDI通知客户，使客户及时了解出货情况，也可尽快处理缺货情况。

② 引入催款对账单。对于每月的出货配送业务，物流公司可引入EDI催款对账单，同时开发对账系统，并与EDI出货配送系统集成来生产对账单，从而减轻财务部门每月的对账工作量，降低对账的错误率，以及业务部门的催款人力。

3）除数据传输及改善作业流程外，企业可以以EDI为工具进行企业再造。

2. 运输商的EDI应用

1）企业若为数据传输而引入 EDI，可选择低成本方式。可先引入托运单，接收托运人传来的EDI托运单报文，将其转换成企业内部的托运单格式。

2）若引入EDI是为改善作业流程，可逐步引入各项单证，且企业内部信息系统集成，逐步改善托运、收货、送货、回报、对账、收款等作业流程。

运输商的交易流程，如图7.9所示。

运输商应用EDI的优点有以下几个方面：

① 托运收货作业事先得知托运货物之详情，可调配车辆前往收货。托运人传来的EDI托运数据可与发送系统集成，自动生产发送明细表。

② 送货回报作业托运数据可与送货的回报作业集成，将送货结果及早回报给托运人，提高客户服务质量。此外对已完成送货的交易，也可回报运费，供客户提高核对。

③ 对账作业可用回报作业通知每笔托运交易的运费，同时运用EDI催款对账单向客户催款。

④ 收款作业对托运量大且频繁的托运客户，可与其建立EDI转账作业，通过银行进行EDI转账。

7.4.5 注意事项

物流企业在建立EDI技术系统时，应根据自己企业的规模和特点以及内外部环境来决定采用哪种EDI技术通信方式和如何得到EDI技术软、硬件。

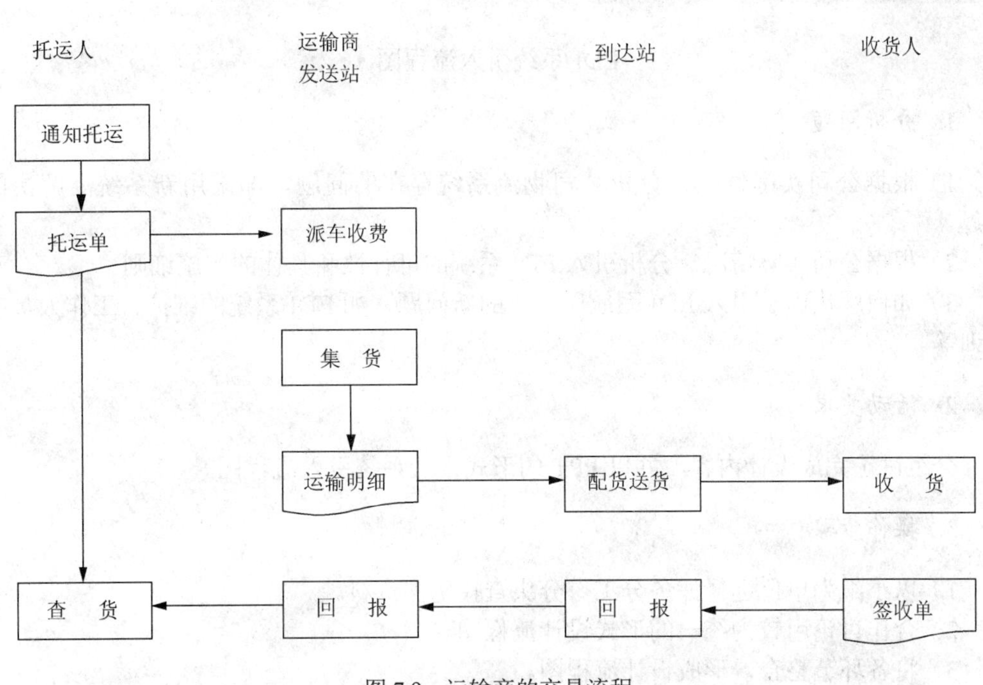

图 7.9　运输商的交易流程

本 章 小 结

物流 EDI 的推广应用是一项极为复杂的系统工程，其中涉及的影响因素非常多，因此，EDI 的推广应用应该立足于系统的、社会的观点，不应仅仅局限于某一影响因素的解决。

思考与练习

1．如果你是本章案例中的小李，你将如何解决企业当前所面临的问题？

2．如果你是一家增值网络（VAN）服务提供商，你是否有信心说服小李采用增值网络（VAN）方式的 EDI 系统？为什么？

3．如果你是小李，在组建 EDI 网络时，会采用哪种通信网络？为什么？

4．假设小李的公司是一家运输企业，请你画出该企业的 EDI 工作流程图。

小组模拟仿真

（要求小组讨论，并将活动成果以小组为单位提交电子作业）

EDI 系统引入流程图

1. 分析问题

1）根据公司实际情况，分析公司物流系统存在的问题，即采用新系统要解决的问题。

2）根据公司实际情况，分析引入 EDI 系统的可行性和具体的实施细则。

3）如何解决由于引入 EDI 系统所产生的新问题，如 EDI 系统的维护、工作人员的培训等。

2. 活动要求

分组讨论完成设计内容，并以 PPT 的形式设计系统引入流程图。

3. 操作步骤

1）以小组为单位选择任务分工，分头查找所需资料。

2）合作讨论用较为统一的形式设计流程图。

3）将各环节整合，形成设计流程图。

4. 注意事项

1）流程图简单易懂。

2）结合公司实际，注重性能价格比。

5. 作业展示及点评

考核评分参见下表。

考核评分表

考评小组		被考评小组	
考评地点		考评时间	
考评内容	公司 EDI 系统引入流程图		
考评标准	内容	分值	实际得分
	分析问题合理	30	
	流程设计合理	60	
	整体内容连贯，素材运用得当	10	
合　　计		100	

注：考评满分为 100 分，60～74 分为及格；75～84 分为良好；85 分以上（含 85 分）为优秀。

第8章 GPS技术

GPS 技术正在物流行业得到普及和应用，对现代物流产生积极的影响，为了更好地应用 GPS，非常有必要对 GPS 的原理、组成、应用等有全面和系统的认识。

8.1 GPS简介

学习目标

1. 了解 GPS 的基本组成
2. 了解 GPS 的基本功能
3. 了解 GPS 的基本应用

案例导入

物流公司的李经理最怕自己开车去北京办事：北京区域太大，二环、三环、四环、五环，还有太多立交桥。尽管有各种各样的交通标志，他还是经常转向迷路。可有一次，李经理搭朋友的车一起去北京，在朋友的轿车里，前面有一小液晶板显示道路提示，而且到了路口，还有悦耳的声音提醒向左拐还是向右拐，原来是轿车里装了 GPS，这东西多好！有了它，去陌生地方，心理就有底，就不用问路了。

GPS 到底是怎么回事的呢?

必备的理论知识

8.1.1 什么是 GPS

GPS 是 global positioning system 的英文缩写，中文意思是“全球定位系统”。GPS

是全方位的卫星导航与定位系统。美国发射的GPS卫星，如图8.1所示。

图8.1 美国发射的GPS卫星

GPS最初是美国为满足军方对海、陆、空设施进行高精度导航和定位需要而建立的，可满足位于全球任何地方或近地空间的军事用户连续精确地确定三维位置、运动及时间的需要，是一个中距离圆形轨道卫星导航系统，可以为地球表面98%的地区提供准确的定位、测速和高精度的时间标准，图8.2所示为GPS的军事应用。

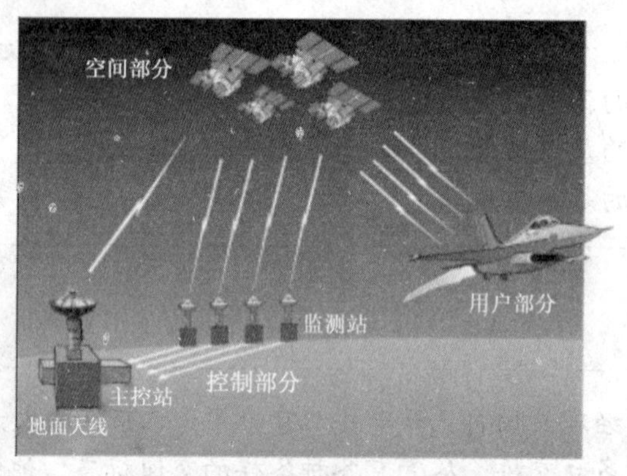

图8.2 GPS的军事应用

GPS从根本上解决了人类导航和定位问题，在军事和工农业等领域得到了广泛的应用，给导航和定位技术带来了巨大的变化。

8.1.2 GPS的基本组成

GPS包括三大部分：空间部分——卫星星座；地面控制部分——监控系统；用户设备部分——GPS信号接收机。

1. GPS卫星星座

GPS卫星及其星座是由分布在两万多公里高空的21颗工作卫星和三颗在轨备用卫

星组成，记作（21+3）GPS 星座，如图 8.3 所示。

24 颗卫星均匀分布在六个轨道平面内，轨道倾角为 55°，各个轨道平面之间相距 60°，如图 8.4 所示。

图 8.3 位于轨道中的 GPS 卫星

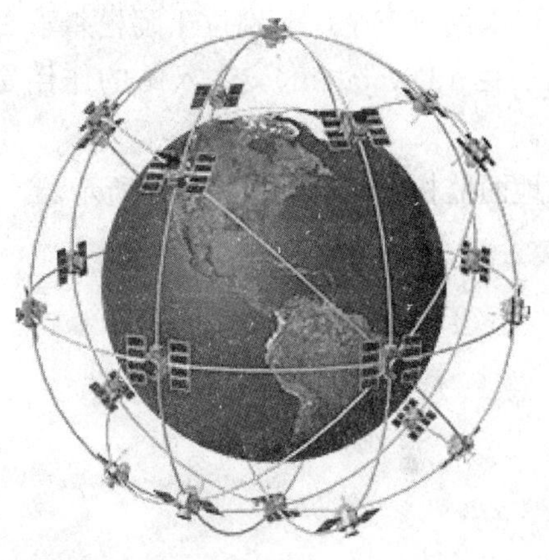

图 8.4 GPS 卫星近景

每颗 GPS 工作卫星都发出用于导航定位的信号，GPS 用户正是利用这些信号来进行工作的。卫星发射两种信号：L1 和 L2。L1 是 1575.42MHz，L2 是 1227.60MHz。

在用 GPS 信号导航定位时，为了计算三维坐标，必须观测最少 4 颗卫星，才能迅速确定用户在地球上所处的位置及海拔高度，这被称为定位星座。这 4 颗卫星在观测过程中的几何位置分布对定位精度有一定的影响。收到的卫星越多，位置就越精确。

GPS 卫星的作用主要有以下几点：

1）不断发送导航定位信号（GPS 信号），并用导航电文报告自己的位置和其他卫星的位置。

2）当 GPS 卫星飞越注入站上空时，接收地面注入站的导航电文和其他相关信号，并通过 GPS 信号，实时地发送给广大用户。

3）接收地面主控站通过注入站发送的调度命令，如实时地改正运行偏差，或者启用备用时钟等。

2. 地面监控系统

GPS 工作卫星的地面监控系统包括一个主控站、三个注入站和五个监测站。

主控站位于美国科罗拉多（Colorado）的法尔孔（Falcon）空军基地。主控站的作用是根据各监控站根据 GPS 的观测数据，计算出卫星的星历和改正卫星时钟的参数等，并将这些数据通过注入站注入到卫星中。同时它还对卫星进行控制，向卫星发布指令，当工作卫星出现故障时调度备用卫星替代失效的工作卫星工作。主控站也具有监控站的功能。

监控站有五个，除主控站外，其他四个分别位于夏威夷、阿松森群岛、迭哥伽西亚、卡瓦加兰。监控站的作用是接收卫星信号、监测卫星的工作状态。

注入站有三个，分别位于阿松森群岛（Ascencion）、迭哥伽西亚（Diego Garcia）、卡瓦加兰（Kwajalein）。注入站的作用是将卫星星历和卫星钟的改正数等注入到卫星中去。

地面监控系统分布如图 8.5 所示。

图 8.5　地面监控系统分布

对于导航定位来说，GPS 卫星是一个动态已知点，卫星的位置是依据卫星发射的星历算得。每颗 GPS 卫星所播发的星历，是由地面监控系统提供。卫星上的各种设备是否正常工作，以及卫星是否一直沿着预定轨道运行，都要由地面设备进行监测和控制。地面监控系统另一重要作用是保持每颗卫星处于同一时间标准——GPS 时间系统。这就需要地面站监测每颗卫星的时间，求出时钟差，然后由地面注入站发给卫星，卫星再由导航电文发给用户设备。

知识链接

星历是 GPS 卫星发射的电磁波中描述卫星运动和轨道的参数。

3. GPS 信号接收机

GPS 的用户部分由 GPS 接收机、数据处理软件及相应的用户设备（如计算机）等组成。GPS 接收机的作用是接收 GPS 卫星所发出的信号，利用这些信号进行导航定位等工作。用户使用 GPS 接收机接受 GPS 卫星信号不需要支付任何费用，GPS 接收机的价格比较低。

GPS 卫星发送两种编码：粗捕获码（C/A 码）和精码（P 码）。前者是民用的，后者只限于美军使用。C/A 码的误差是 29.3m 到 2.93m，一般的 GPS 接收机利用 C/A 码计算定位。P 码的误差为 2.93m 到 0.293m，是 C/A 码的 1/10。P 码上进行了防电子欺骗技术信号处理。

这些码在两种不同的频率上发射：L1 波段以 1575.42MHz 发射 C/A 和 P 码；而 L2 波段只以 1227.6MHz 发射 P 码。

GPS 信号接收机无论何时何地都可以同时接收到最少四颗 GPS 卫星发送的空间轨道信息。接收机通过计算接收到的每颗卫星的定位信息，就可以确定该接收机的位置，从而提供高精度的三维定位导航。

GPS 信号接收机的种类很多，按照信号的用途可分为导航型、测地型和守时型。按照应用场合可分为袖珍型、背负型、车载型、船用型、机载型、弹载型和星载型 7 种。

GPS 接收机的结构分为天线单元和接收单元两大部分。对于测地型接收机来说，两个单元一般分成两个独立的部件，观测时将天线单元安置在测站上，接收单元置于测站附近的适当地方，用电缆线或无线电将两者连接成一个整机。也有的将天线单元和接收单元制作成一个整体，观测时将其安置在测站点上，如图 8.6 所示。

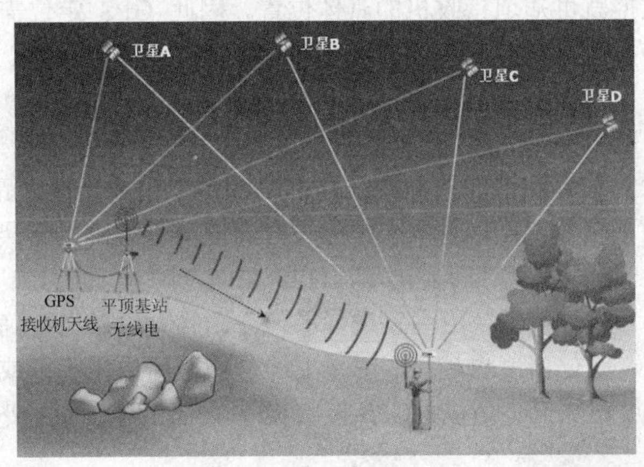

图 8.6　测地

GPS 接收机一般用蓄电池做电源，同时采用内外两种直流电源。设置机内电池的目的在于更换外电池时不中断连续观测。在用机外电池的过程中，机内电池自动充电。关机后，机内电池为 RAM 存储器供电，以防止丢失数据。近几年，国内引进了多种类型的 GPS 测地型接收机。GPS 接收机现在体积越来越小，重量越来越轻，便于野外观测。

常见 GPS 信号接收机，如图 8.7 所示。

图 8.7　常见 GPS 信号接收机

8.1.3　GPS 的基本原理

GPS 导航系统的基本原理是测量出已知位置的卫星到用户接收机之间的距离，然后综合多颗卫星的数据就可知道接收机的具体位置。因此 GPS 定位需要具备两个重要条件：确知卫星的准确位置和准确测定卫星至地球上所在地点的距离。

卫星的位置可以根据星载时钟所记录的时间在卫星星历中查出。GPS 卫星作用之一就是不断地发射导航电文。

知道卫星发射的信号到地面的距离就能准确知道卫星的距离：距离=速度×时间。GPS 接收机计算卫星信号的间隔，乘上电磁波的速度就是准确的距离。但是这其中涉及重要问题：卫星时间和 GPS 时间要同步，GPS 系统在每颗卫星上装有十分精密的原子钟，并由监测站经常进行校准。卫星发送导航信息，同时也发送精确的时间信息。星载时钟的精确度越高，定位精度也越高。卫星上的时钟采用铯原子钟或铷原子钟，计划未来用氢原子钟，精度将更高。所以，GPS 接收机除了能准确定位之外，还可产生精确的时间信息。

当用户接收到导航电文时，取出卫星时间，并与自己的时钟对比就知道卫星与用户的距离，再利用导航电文中的卫星星历算出卫星发射电文时所处位置，便可知道用户在 WGS-84 大地坐标系中的位置、速度等信息。

知识链接

世界大地坐标系 WGS-84 是目前 GPS 所采用的坐标系统，GPS 所发布的星历参数和历书参数等都是基于此坐标系统的。WGS-84 坐标系统的全称是 World Geodical

System-84（世界大地坐标系-84），它是一个地心地固坐标系统。WGS-84 坐标系统由美国国防部制图局建立。

WGS-84 坐标系的坐标原点位于地球的质心，Z 轴指向 BIH 1984.0 定义的协议地球极方向，X 轴指向 BIH 1984.0 的起始子午面和赤道的交点，Y 轴与 X 轴和 Z 轴构成右手系。

8.1.4 GPS 的定位方式

GPS 定位采用空间被动式测量，在监测站上安置 GPS 用户接收系统，以多种方式接收 GPS 卫星发送的各类信号，由计算机求解站星关系和监测站的三维坐标。

GPS 技术按照待测点的状态分为静态定位和动态定位两大类。

静态定位时，GPS 接收机位置固定不变，接收机高精度地测量 GPS 信号的传播时间，利用 GPS 卫星在轨位置，解算出接收机天线所在位置的三维坐标。如 GPS 在大地测量、精密工程测量、地球动力学及地震监测等领域中的应用，如图 8.8 所示。

图 8.8　精密测量

动态定位则是用 GPS 接收机测定一个运动物体的运行轨迹。GPS 信号接收机所在的运动物体称为载体（如航行中的船舰，空中的飞机，行走的车辆等）。载体上的 GPS 接收机天线在跟踪 GPS 卫星的过程中相对地球而运动，接收机用 GPS 信号实时测得运动载体的状态参数（瞬间三维位置和三维速度）。

动态定位多采用差分 GPS 定位。差分技术是为了提高民用的精度而发展的一种技术，称为差分全球定位系统（differential GPS，DGPS），即利用附近的已知参考坐标点来修正 GPS 的误差。再把这个即时（real time）误差值加入本身坐标运算的考虑，便可获得更精确的值。

差分 GPS 定位时，两个测站对一个目标的观测量或一个测站对一个目标的两次观测量之间进行求差。其目的在于消除公共项，包括公共误差和公共参数。

随着 GPS 技术的发展和完善，应用领域的进一步开拓，人们越来越重视差分 GPS 技术。使用一台 GPS 基准接收机和一台用户接收机，利用实时处理技术，就可以使用户测量时消去公共的误差源——电离层和对流层效应，并能将卫星钟误差和星历误差消除，因此发展差分 GPS 技术就显得越来越重要。

差分 GPS 定位原理，如图 8.9 所示。

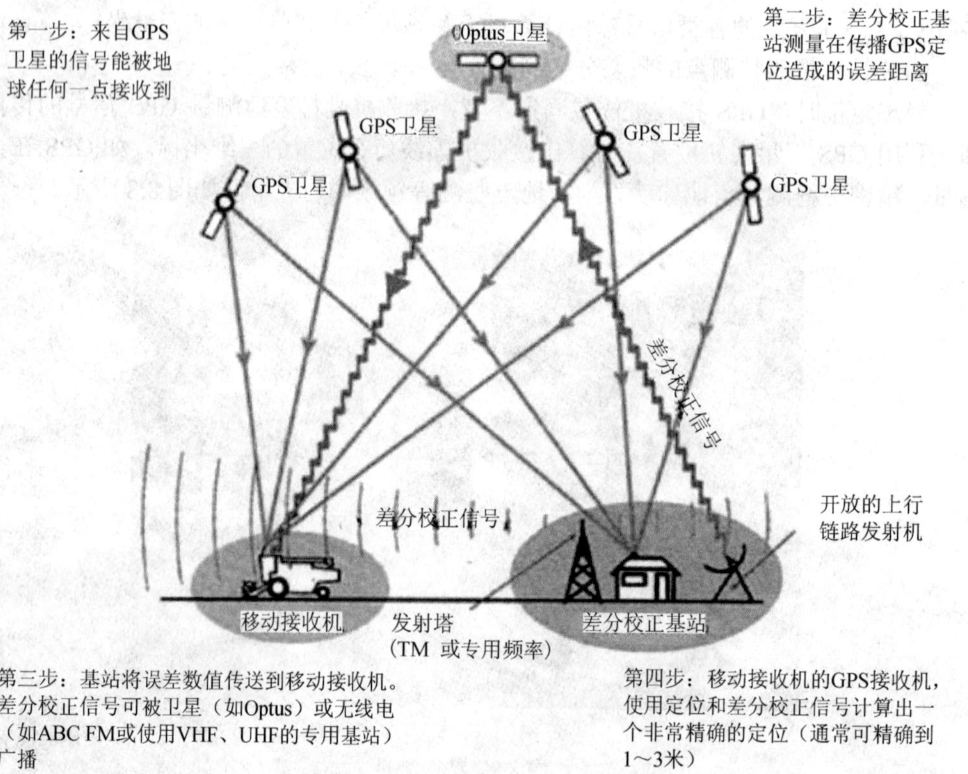

图 8.9　差分 GPS 定位原理

静态定位的精度一般在几厘米范围内，动态定位的精度一般在几米范围内。

对 GPS 信号的处理从时间上划分为实时处理和后处理。实时处理就是一边接收卫星信号一边进行计算，获得目前所处的位置、速度及时间等信息；后处理是指把卫星信号记录在存储介质上，以后进行集中数据处理。

静态定位多采用后处理，动态定位采用实时处理。

8.1.5 GPS的特点

GPS具有以下六大特点：

1）全天候，不受任何天气的影响。

2）全球覆盖（高达98%）。

3）定位精度高，单机定位精度优于10米，差分定位精度可达厘米级和毫米级。

4）快速、省时、高效率。

5）应用广泛、多功能。

6）可移动定位。

8.1.6 GPS的现状与发展趋势

GPS是美国耗费了大量的资金研制开发的，如果仅用于军事领域，其利用价值就显得不足，于是开发了民用信号。民用信号精度不能太高，可精度低了又失去使用价值。GPS毕竟掌握在美国人手中，虽说可以免费使用，可其他国家过分依赖GPS就很不安全了，在美军攻打阿富汗时，美国就把该地区的GPS信号做了处理，降低了定位精度。

GPS不是唯一的定位系统，目前正在运行的全球卫星定位系统除美国的GPS外，还有俄罗斯的全球导航卫星系统（global navigation satellite system，GLONASS）。GLONASS系统是前苏联从20世纪80年代初开始建设的与美国GPS系统相类似的卫星定位系统，也由卫星星座、地面监测控制站和用户设备3部分组成，现由俄罗斯空间局管理。GLONASS系统从理论上有24颗卫星，但由于卫星使用寿命和资金紧张等问题，实际上目前只有8颗，定位精度没有GPS高。

欧盟于1999年初正式推出"伽利略"计划，部署新一代定位卫星。该系统由三个独立的圆形轨道，30颗卫星组成（27颗工作卫星，三颗备用卫星）。在欧洲建立二个控制中心，在全球构建监控网，可以覆盖全球，定位原理与GPS相同，与GPS系统兼容，位置精度达几米，导航定位精度比目前任何系统都高，该计划预计于2008年投入运行。

另外，中国还独立研制了一个区域性的卫星定位系统——北斗导航系统。该系统的覆盖范围限于中国及周边地区，不能在全球范围提供服务，主要用于军事领域。

小 结

GPS是美国研制开发的全球定位系统，GPS系统包括三大部分：空间部分（GPS卫星星座）、地面控制部分（地面监控系统）、用户设备部分（GPS信号接收机）。

GPS最初为军用设计，后来开发了民用信号，现已经在非军事领域得到广泛应用，用户使用GPS是免费的。

8.2 GPS 应用

学习目标

1. 了解 GPS 和 GIS 的关系
2. 了解车载 GPS 的基本组成和功能
3. 了解网络 GPS 监控系统的基本组成

案例导入

物流公司运输部的孙经理近来很苦恼，公司老总命他限期将运输成本降下来，而现在存在的问题很多，主要是车辆空载率高，维修率高，个别司机不自觉，为了多跑公里数，故意绕远道等。如果公司自己建一个监控中心，投资太高，又没有这方面的技术实力，这可怎么办？一天，和同事们聊天，热情正直的老司机王师傅说，别的物流公司有采用 GPS 监控系统的，可以有效地解决这些问题，而且成本低，容易实现。王师傅的这一建议，孙经理仔细听后非常高兴：总算是找到解决问题的办法了！

必备的理论知识

8.2.1 GPS 应用概述

GPS 广泛应用交通运输、水利、农业、铁路、地震监测、通信产业、民用航空、测绘和制图、大气科研、城市规划等许多领域，特别交通运输是当前 GPS 的最大应用领域。

GPS 导航定位具有精度高、全天候、高效率、多功能、操作简便、使用广泛等显著特点，因而在海、陆、空移动物体的导航、导弹制导、大地测量和工程测量的精密定位、时间传递和运动体的速度测量方面都得到了广泛的应用。GPS 的应用已日益普及，有人预言 GPS 将改变人们的生活方式，GPS 的应用已经形成了一个产业。

在实际应用中，GPS 和 GIS（地理信息系统）是紧紧结合在一起、密不可分的。GIS 和 GPS 关系是：通过 GPS 可以获得任意接收点的坐标数据，同时还可以测时、测速。对于 GIS 来说，GPS 提供了一种重要的获取空间数据的方法，这些数据是 GIS 的重要数据源，GPS 大大地拓展了 GIS 的应用领域和应用方式。而对 GPS 来说，GIS 是一种重要的空间数据处理、集成和应用系统。GIS 和 GPS 密不可分，常写成 GIS/GPS，二者共同开创和深化更多的应用。

8.2.2 车载 GPS

随着中国汽车工业的发展，汽车电子市场正逐渐发展成熟，GPS 车辆跟踪系统和导航系统的应用也迅速普及，国内的一些汽车厂家都有在豪华轿车或普通轿车上将 GPS 导航系统作为标准配置的打算或实践，如图 8.10 所示。

图 8.10　轿车中的 GPS

目前的车载 GPS 系统终端通常由 GPS 模块、无线通信模块、报警控制模块、语音控制模块、显示模块和车载 PC 等几个部分组成，如图 8.11 所示。

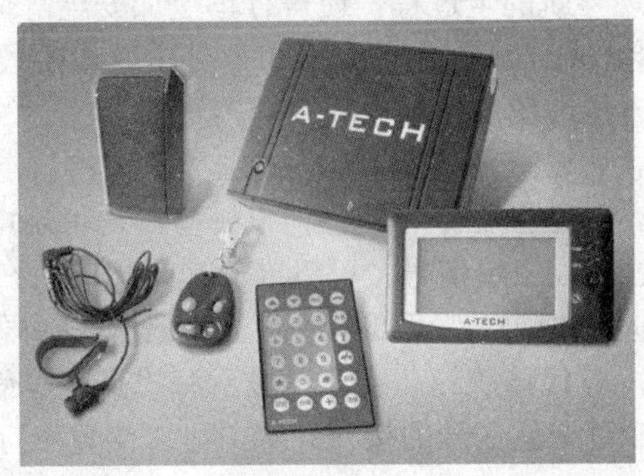

图 8.11　车载 GPS 终端设备

1）GPS 模块：安装到车辆上的小型装置，是 GPS 车载单元的一部分，用来接收卫星所传递的信息。

2）无线通信模块：通常采用车载无线电话、电台或移动数据终端（MDT）以完成信息交互功能。

3）报警控制模块：向监控中心网络发出报警讯号，通报车辆异常信息。

4）语音控制模块：完成声音控制及服务等功能。

5）显示模块：用来显示位置路况等视频图像信息，可选用 LCD、CRT 或 TV 显示。

6）车载 PC：整合处理各功能模块，配合相应的软件，完成指定功能，如进行数据处理，计算出所在位置的经度、纬度、海拔、速度和时间等。由于使用环境的特殊性，作为系统核心的车载 PC 的必须体积小，集成度高，功耗低，处理能力强，操作简单便捷。目前车载 PC 较多的使用嵌入式操作系统，如 Windows CE 和嵌入式 Linux 等。

车载 GPS 应用系统一般分为两大类：车辆跟踪系统和车辆导航系统。它们在功能上截然不同，车辆跟踪系统是用于车辆的防盗，车辆导航系统则是用于车辆的自主导航。

由于“只接受信号，不发射信号”是 GPS 是接收系统的一大特点，所以用于防盗的 GPS 跟踪系统就是要借助通信网络以及配套的 GPS 车载防盗仪,提供收取使用费用的解决方案。而车载导航仪是通过接受卫星信号，配合电子地图数据，适时掌握自己的方位与目的地，不收取任何使用费用，用户可以根据自己的需要有选择地使用电子地图。

GPS 导航系统的功能如下：

1）导航功能：使用者在车载 GPS 导航系统上任意标注两点后，导航系统便会自动根据当前的位置，为车主设计最佳路线。另外，它还有修改功能，假如用户因为不小心错过路口，没有走 GPS 导航系统推荐的最佳线路，车辆位置偏离最佳线路轨迹 200 米以上，车载 GPS 导航系统会根据车辆所处的新位置，重新为用户设计一条路线，或是为用户再设计一条最佳线路。

2）转向语音提示功能：车辆只要遇到前方路口或者转弯，车载 GPS 语音系统提示用户转向等语音提示。这样可以避免车主走弯路。它能够提供全程语音提示，驾车者无需观察显示界面就能实现导航的全过程，使得行车更加安全舒适。

3）增加兴趣点功能：由于我国大部分城市都处于建设阶段，随时随地都有可能出现新的建筑物，由此，电子地图的更新也成为众多消费者关心的问题。因此遇到一些电子地图上没有的目标点，只要感兴趣或者认为有必要，可将该点或者新路线增加到地图上。这些新增的兴趣点，与地图上原有的任何点一样，均可用电子地图查阅。

4）定位：GPS 通过接收卫星信号，可以准确地定出其所在的位置，位置误差小于 10 米。如果 GPS 自带地图的话，就可以在地图上标记出来。同时，GPS 还可以取代传统的指南针，显示方向，取代传统的高度计，显示海拔高度等信息。

5）测速：通过 GPS 对卫星信号的接收计算，可以测算出行驶的具体速度，比一般的里程表准确很多。

6）显示航迹：如果去一个陌生的地方，去的时候有人带路，回来时没人带怎么办？不用担心，GPS 带有航迹记录功能，可以记录用户车辆行驶经过的路线，小于 10 米的精度，甚至能显示两个车道的区别。回来时，用户可以启动它的返程功能，让它领着你顺着来时的路线顺利回家。

8.2.3 GPS在物流中的应用

在物流运输业，作为提供物流运输服务手段运输工具的卡车、火车、船舶、飞机等在处于移动分散状态时，在管理方面会遇到许多困难。据中国仓储协会的调查报告显示，我国车辆运营的空载率约45%左右。重要原因之一就是物流企业无法准确知道运行车辆的具体位置，而且无法与司机随时随地保持联系，不能为其组织货源和灵活配货。同时，司机只能凭个人经验确定路线，有时不能找到最佳路径，不仅延误时机而且增加运行成本，司机的一些个人行为也无法监控。另外，实际客户也不能及时了解货物配送过程的情况，不能和物流企业协调配合。而网络GPS监控系统的应用可以改变这些状况。

物流企业的网络GPS监控系统是将地理信息系统（GIS）、卫星定位系统（GPS）、无线通信（WAP）与互联网技术（Web）集成应用一体。

物流企业通过无线通信、GIS/GPS能够精确实时监控运输车辆的位置，根据道路交通状况向移动目标发出实时调度指令，再辅以车辆路线模型、最短路径模型、网络物流模型、分配集合模型和设施定位模型等，使物流变得实时并且成本最低。再通过Internet让企业内部和客户访问，从而把整个企业的操作业务变得透明，为协同业务打下基础。

1. 网络GPS监控系统结构原理

GPS车辆监控系统由三部分组成，即定位部分、无线通信部分和1个监控中心（可包括几个监控分中心）。

定位部分主要用来确定移动目标的位置，无线通信部分实现通信，传送信息。而监控部分则为用户提供各种监控服务。整个系统的结构，如图8.12所示。

（1）定位部分

车载中GPS接收机接收GPS卫星信号，实行自主定位，如果系统有差分功能，也进行差分修正。经过无线通信网将信息发往监控中心。同时接收由监控中心发出的各种监控信息。

（2）无线通信部分

是中国移动、中国联通等公众无线网络，实现移动目标（车、船等）与监控中心间的信息传输、客户和车主与监控中心间的手机短信联系等。

（3）监控中心

包括各类功能服务器、应用终端和软件、监控设备、报警装置、数据库等。监控中心接收各个移动目标（车、船等）发出的全部信息，同时将收到的各个移动目标发来的信息送往电子地图或数据库存储。监控中心有地理信息系统（GIS）服务器，电子地图可以准确地显示所需的车辆实时位置。地图本身可以任意放大、缩小、还原、切换、打开多个窗口分别跟踪不同的车辆。对车辆的位置、速度、方位、状态进行监控，为用户提供位置查询、电子地图服务、车辆管理、信息提供等多种服务。

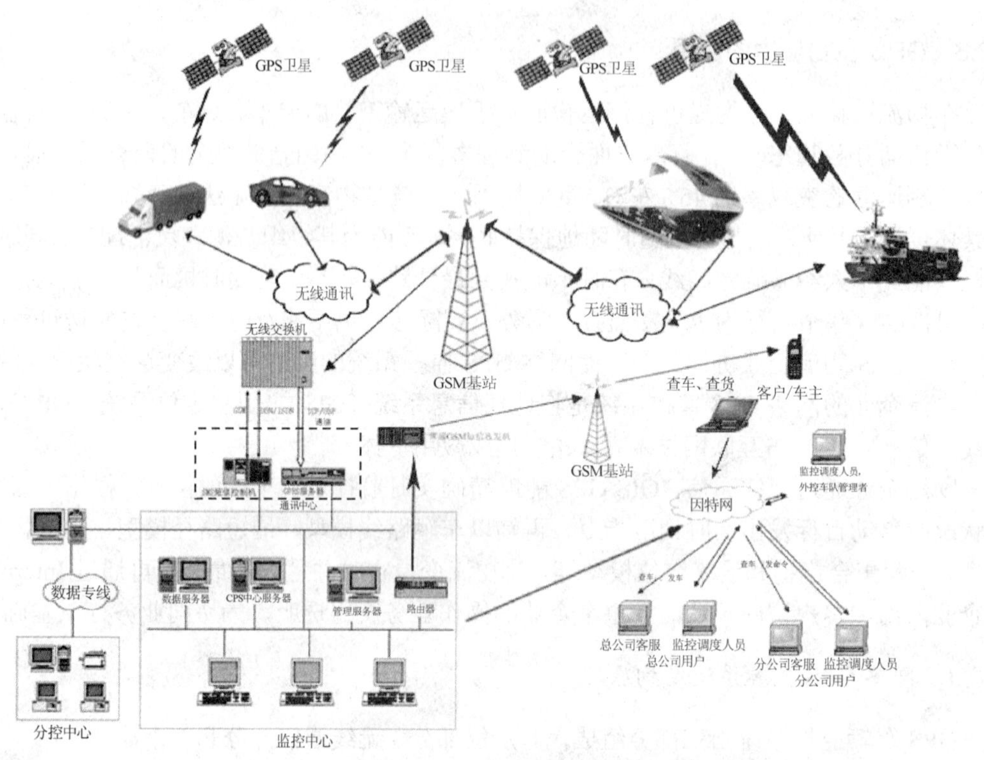

图 8.12　GPS 车辆监控系统拓扑结构

监控中心可下设分控中心，分控中心是为了实行分级管理而建立的，同样可以根据总监控中心的授权对不同类型的车辆实行管理和数据处理。

在整个系统中，监控部分是最主要的。网络 GPS 监控中心是基于 Internet 的、B/S 结构的、开放的 GPS 监控平台，由专业信息公司负责建设和拥有，物流企业不必独立建设自己的 GPS 监控中心，这样，可以大大降低成本。物流企业交纳一定的费用后得到一个用户 ID，成为用户。在物流企业的网页上，输入用户 ID 和密码，登录到监控中心的服务器上，就可以实现对本企业车辆的监控和管理。客户和车主可以通过 Internet 上网查货、查车，也可以通过无线通信网的手机短信服务在手机上获得货物和车辆情况。

2. 网络 GPS 监控系统功能

（1）实时查询车辆的位置和行驶数据

对于所查询车辆的选择可以按单车、部分（分组）或全部车辆进行，选中车辆的实时位置和行驶数据将向管理中心报告。位置信息包含经纬度值，行驶状态包括时间、速度、方向、设备故障信息等。这样，货物的销售单位随时掌握货物的运程状况，从而保障货物能够及时、安全地到达购货单位的手中。柳州汽车销售公司引进了网络 GPS 监控系统后，能够随时掌握承运单位运输过程的状况，以便及时通知购货单位货物到达的时间，从而提高了柳州销售公司的信誉。有了网络 GPS 监控系统，购货单位也能够及时准确地掌握货物到达的时间，从而保证了货物的进一步的销售或使用，防止了由于货物到达时间的延误而造成不必要的经济损失。

（2）定时方式监控车辆位置

管理中心可按单车、部分（分组）或全部车辆选择，要求车载终端按照定时方式连续上报车辆的实时位置，实现在途车辆连续实时监控功能。

利用网络 GPS 监控系统不仅可以传输车辆的位置，同时还可以传输其他指令和消息，这样可以降低货物销售单位的管理费用（无需再打长途电话），也可以降低货物承运单位的管理费。

网络 GPS 监控软件界面，如图 8.13 所示。

图 8.13　网络 GPS 监控软件界面

（3）轨迹上传及回放

车载终端存储的轨迹记录可以由管理中心通过无线方式按照时间段提取后存储于监控中心，轨迹点可以在监控中心电子地图上回放，以重现车辆的行驶过程。

（4）报警功能

车载终端设备可配置紧急报警开关（手动或脚踏），在紧急情况下，如遇劫、求助等发生时，当驾驶员按下按钮后，车载终端会马上执行向监控中心的报警动作。监控中心接到报警后，立即以声音提示并结合文字提示信息通知值班人员，配合电子地图上的位置为值班人员提供及时完整的报警和处理流程。这样，运输公司管理层能够防止司机舞弊行为或帮助司机处理意外情况，从而保障人和货物的安全。

（5）语音监听

在一些特殊情况，如劫警发生后，可由车载终端主动向指定号码的固定或移动电话上拨号，使得监控中心可以监听车内情况。

（6）遥控断油/断电

车载终端对于配备断油/断电装置，管理中心在确认警情发生或其他特殊情况下，可以向车载终端发送断油/断电指令，车载终端在接收到指令后，将执行断油/断电的动作。

（7）配合信息显示的文字信息交换

车载终端配合外接的中文液晶显示屏可与监控中心之间实现车辆电招、调度、文字信息收发等功能。

（8）越界/超速报警

由监控中心发速度的上限值到车载终端，并由车载终端保存该设置，在行驶过程中若实际行驶速度超出速度上限值，立即执行向监控中心上报超速报警。监控中心亦可发送活动区域的属性数据到车载终端，并由车载终端保存该设置，在行驶过程中若不在活动区域内，则立即执行向监控中心上报越界报警。管理中心系统记录报警信息，并立即以声音提示并结合文字提示信息通知值班人员，配合电子地图上位置为值班人员提供及时完整的报警和处理流程。

（9）车载电话

车载终端配备有通话手柄和免提通话装置，使用者可以通过手动拨号和接听方式使用电话功能，亦可通过免提方式自动接听来电，免提通话方式为驾驶员在驾驶过程中通话提供便利。

（10）车载黑匣子

车载终端设备可按要求的间隔存储车辆的位置及状态信息，存储的间隔可以由监控中心通过无线方式动态设定。所存储的信息可通过无线方式传输到监控中心。

（11）营运数据实时回传

车载单元可以与计价器接口，在针对出租或长途车应用中实时采集营运数据，营运数据可以通过无线方式传输至监控中心，监控中心存储营运数据

（12）出租车电招

车载终端根据车辆的营运信息及时报告车辆的载客或空运情况，当有电招需求时，监控中心根据电招发生的区域，结合电子地图查找区域内的空车，并向所有车辆发送电招需求信息，车载中文显示屏将显示电招需求信息，由驾驶员通过中文显示屏上的特定按钮以抢答方式发送电招确认信息。监控中心将对接收到的抢答信息按照时间先后顺序排序，指定最早发送电招确认的车辆到招车地点。

（13）监控中心提供对车辆、驾驶员等信息的录入、查询、编辑功能

可按单车或分类查询方式进行查询，也可以组合查询条件进行查询。

（14）监控中心提供对营运数据的查询功能

可按单车或分类查询方式，结合时间、时间段、车队、车型等查询条件进行查询。

（15）统计报表功能

可按照实际业务需求对驾驶员、车队或所有车辆按天、周、月、年进行车辆营运生成统计报表；对驾驶员、车队或所有车辆按天、周、月、年生成超速统计报表；按天、周、年生成营运分析报表和营运状况分析图表。提高货物承运单位的管理水平，从而提高承运商的市场竞争能力。深圳市货运中心配载总部引进了网络 GPS 监控系统后，在货物承运的招标中屡屡得手，目前已成为深圳华为、中信通信，长城电脑等货运大户的主承运商。

随着人们的重视和技术的进步，地理信息系统（GIS）、全球卫星定位系统（GPS）、无线通信（WAP）与互联网技术集成一体，应用于物流信息技术，在国内正逐渐走向成熟。这样才能够创建透明的物流企业，减少物流黑洞，增强国内物流企业竞争力，在物流市场上立于不败之地。

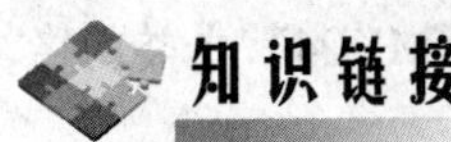

GPS设备的使用

1. GPS设备的基本使用

GPS拿到手，首先要弄清使用GPS时常碰到的一些术语和基本设置，具体如下。

（1）坐标

坐标（coordinate）有二维、三维两种坐标。当 GPS 收到 4 颗以上卫星的信号时，可计算出本地的三维坐标，即经度、纬度和高度；若只能收到 3 颗卫星的信号，则只能计算出二维坐标，即精度和纬度，这时它可能还会显示高度数据，但高度数据是无效的。

大部分 GPS 不仅能以经/纬度（Lat/Long）的方式显示坐标，而且还可以用 UTM（universal transverse mercator）等坐标系显示坐标，但我们一般还是使用 LAT/LONG 系统，这主要由用户所使用地图的坐标系决定。根据 GPS 的指示，显示你已经到达，那么向四周看看，应该在大约一个足球场大小的面积内可以发现你的目标。

GPS 精度能达到 15 米左右。高度的精确性要差些。经纬度的显示方式一般都可以根据自己的爱好选择，一般有如下几种方式：

1）ddd.ddddd，度.度的十进制小数部分（5 位）。

2）ddd.mm.mmm，度.分.分的十进制小数部分（3 位）。

3）ddd.mm.ss，度.分.秒。

地球子午线长 39940.67 公里，纬度改变一度约 110.94 公里，一分约 1.849 公里，一秒

约 30.8 米，赤道圈是 40075.36 公里。如北京地区在北纬 40° 左右，纬度圈长为 40075 × sin（90 ~ 40），经度一度约 276 公里，一分约 1.42 公里，一秒约 23.69 米。你可以选定某个显示方式，并记住各位数字改变对应地面移动多少米，这样能在经纬度和实际里程间建立大概的对应关系。大部分 GPS 都有计算两点距离的功能，可给出两个坐标间的精确距离。

高度的显示会有英制和公制两种。进入 GPS 的 SETUP 页面，设置成公制，则速度、距离的显示也都成公制了。

地图基准一般用 WGS84。

参考方位：可选择磁北（CB）和真北（ZBY）。指南针指的北就是磁北，北斗星指的北是真北。两者在不同地区相差的角度不一样，地图上的北是真北。

数据格式：GPS 可以输出实时定位数据。现在，所有的 GPS 接收机都遵循美国国家海洋电子协会（National Marine Electronics Association，NMEA）所指定的标准规格，这一标准是所有航海电子仪器间的通信标准。

（2）路标

GPS 内存中保存的一个点的坐标值。在有 GPS 信号时，按一下“MARK”键，就会把当前点记成一个路标（landmark or waypoint），它有个默认如“LMK04”之类的名字，你可以修改成一个易认的名字，还可以给它选定一个图标。

路标是 GPS 数据核心，是构成“路线”的基础。标记路标是 GPS 主要功能之一。但是你也可以从地图上读出一个地点的坐标，手工或通过计算机接口输入 GPS，成为一个路标。一个路标可为将来的 GOTO 功能提供一个支点。一般 GPS 能记录 500 个以上的路标。

（3）路线

路线（route）是 GPS 内存中的一组数据，包括一个起点和一个终点的坐标，还可以包括若干中间点的坐标，两个坐标点间的线段叫一条“腿”（leg）。常见的 GPS 能存储 20 条线路，每条线路有 30 条“腿”。各坐标点可以从现有路标中选择，或是通过手工/计算机输入数值，输入路点的同时作为一个路标（waypoint/landmark）保存。实际上一条路线的所有点都是对某个路标的引用，比如你在路标菜单下改变一个路标的名字或坐标，如果某条路线使用了它，你会发现这条线路也发生了同样的变化。可以有一条路线是“活跃”（Activity）的。“活跃”路线的路点是导向功能的目标。

（4）前进方向

GPS 没有指北针的功能，静止时是不知道方向的。但是发生移动后，就知道自己的运动方向。GPS 每隔一秒更新一次当前的地点信息，用每一点的坐标和上一点的坐标相比较，就可以知道前进的方向（heading）。

（5）导向

导向（bearing）功能在以下条件下起作用：

1）设定“走向”（GOTO）目标。“走向”目标的设定可以按“GOTO”键，然后从列表中选择一个路标。以后“导向”功能将导向此路标。

2）活跃路线（activity route）。活跃路线一般在“设置”→“路线”菜单下设定。如果目前有活动路线，那么“导向”点是路线中第一个路点，每到达一个路点后，自动指到下一个路点。在“导向”页面上部都标有当前导向路点名称（“route”里的点也是有名称的）。它是根据当前位置，计算出导向目标对你的方向角，以与“前进方向”相同的角度值显示。同时显示离目标的距离等。读出导向方向，按此方向前进即可走到目的地。有些GPS把前进方向和导向功能结合起来，只要用GPS的头指向前进方向，就会有一个指针箭头指向前进方向和目标方向的偏角，跟着这个箭头就能找到目标。

（6）日出日落时间

大多数GPS能够显示当地的日出、日落时间（sun raise/set time），这在计划从出发到宿营的时间时经常用到。这个时间是GPS根据当地经度和日期计算得到的，是指平原地区的日出、日落时间，在山区因为有山脊遮挡，日照时间根据情况要早、晚各少半小时以上。GPS时间是从卫星信号得到的格林尼治时间，在“设置”菜单里可以设置本地的时间偏移，中国是东八区，所以应设+8小时。

（7）足迹线

GPS每秒更新一次坐标信息，所以可以记载自己的运动轨迹。一般GPS能记录1024多个足迹点，在专用页面上，以可调比例尺显示移动轨迹。足迹点的采样有自动和定时两种方式。自动采样由GPS自动决定足迹点的采样方式，一般是只记录方向转折点，长距离直线行走时不记点。定时采样可以规定采样时间间隔，比如30秒、1分钟、5分钟或其他时间，每隔这么长时间记一个足迹点。在足迹线（plot trail）页面上可以清楚地看到自己足迹的水平投影。你可以开始记录、停止记录、设置方式或清空足迹线。“足迹”线上的点都没有名字，不能单独引用，查看其坐标，主要用来画路线图和“回溯”功能。很多GPS有一种叫做“回溯”（trace back）的功能，使用此功能时，会把足迹线转化为一条“路线”（route），路点的选择是由GPS内部程序完成的，一般是足迹线大的转折点。同时，把此路线激活为活动路线，用户即可按导向功能原路返回。要注意的是回溯功能一般会把回溯路线放进某一默认路线（比如route0）中，查看GPS的说明书，使用前要先检查此线路是否有数据，若有，要先复制到另一条空线路中去，以免覆盖。回溯路线上的各路点用系统默认的临时名字如“T001”，有的GPS定义第二条回溯路线时会重用这些名字，由于路点引用的名字被重用了，所以路线也会改变，不是原来那条回溯路线了。有必要的话，对于需要长期保存的TraceBack路线，要拷贝到空闲路线，并重命名所有路点名字。

2. 如何选择GPS

确定GPS方案，要从以下几个方面入手考虑：

（1）GPS芯片

导航的准确性，关键的是接收卫星信号的精度和算法。而卫星接收性能主要由GPS的芯片决定。GPS的芯片相当于电脑的CPU。现在主流的是Sirf（瑟浮）三代芯片，具有20个卫星通道（Sirf二代有12个通道）。其他的还有Sony的芯片和瑞士的RFMD芯片。

（2）GPS电源

人们在使用GPS的时候，一般都是在车上或户外，有时导航时间会比较长（比如长途旅行）。因此，在选择GPS的时候，要注意GPS的电源或电池的能力。对于车载GPS，一般的蓝牙GPS和一体机都有车载充电器。在徒步旅行时，有的采用和诺基亚电池通用的电池。有的采用大容量电池。有的干脆配备可以外接的干电池盒。这些都可以解决电源问题，关键看哪一种更适合自己。

（3）GPS天线

GPS天线可以增强接收能力，同时扩展接收范围。比如屋子里面收不到信号，可通过室外天线接收。Sirf三代芯片的GPS都不用GPS天线，即使在贴金属膜的车内也不需要。但是在特殊的情况下，比如天气情况不好、高层建筑物遮挡等情况下，可以购买天线备用。信号好的时候，安装天线也可以提高信号强度。

（4）GPS产品特点

每一款GPS产品，在设计的时候，都有它的侧重点。任何产品都不可能十全十美。有的机器侧重性价比，有的侧重小巧时尚美观，有的侧重功能多样性，有的使用大容量电池。因此，在选择的时候，要根据自己的实际需要来选择。

本章小结

本章系统概要地介绍了GPS的基本概念、GPS组成、GPS原理、GPS定位方式和特点。使读者对GPS有了全面系统的了解。本章还介绍了GPS的应用，车载GPS组成和功能，网络GPS监控中心的组成和功能，物流企业采用GPS的意义。

思考与练习

1. 什么是GPS?
2. GPS的基本功能是什么?
3. GPS有哪几部分组成?
4. GPS导航系统功能是什么?
5. 网络GPS监控中心由哪几部分组成?

小组模拟仿真

（要求小组讨论，并将活动成果以小组为单位提交电子作业）

利用PPT设计物流运输中可能出现的各种问题和解决问题的方案

1. 分析问题

1）以司机角度,调查和讨论在长途运输过程可能出现的问题和麻烦。
2）以运输公司管理者的角度，调查和讨论司机在运输过程中可能发生的不良行为。
3）针对上述问题，找出问题的解决方案。

2. 活动要求

分组调查和讨论这些问题，并以PPT的形式列出这些问题和针对问题的解决方法。

3. 制作步骤

1）小组任务要分工，以司机和运输公司管理者分别进行调查和讨论。
2）小组要将问题一一列出。
3）调查和讨论解决这些问题的方案，证实GPS的应用对这些问题解决所起的作用。

4. 注意事项

考虑的问题要尽可能全面，解决问题的方法要符合现实情况，并且司机和管理者都能接受。

5. 作业展示及点评

考核评分见下表。

考核评分表

考评小组		被考评小组	
考评地点		考评时间	
考评内容	物流运输中可能出现的各种问题和解决问题的方案		
考评标准	内容	分值	实际得分
	问题全面、客观	60	
	解决方案现实，双方都能接受	30	
	思路清晰，表达明白、简约	10	
合　计		100	

注：考评满分为100分，60～74分为及格；75～84为良好；85分以上（含85分）为优秀。

第 9 章 GIS 技术

GIS 技术现在物流中正逐步得到应用，这项技术将改变传统的配货、运送等方式，对现代物流产生积极影响。本章内容主要介绍 GIS 技术，以及在现代物流中如何应用 GIS。

9.1 GIS 概述

学习目标

1. 了解 GIS 的定义
2. 了解 GIS 的基本组成
3. 了解 GIS 的基本功能和用途
4. 了解 GIS 的发展概况

案例导入

小丁担任物流公司的信息技术部经理，对物流信息技术非常了解。现在发达国家的许多物流公司正积极准备进入中国，而小丁所在的物流公司信息化水平还很低。公司如果不迅速提高物流信息化平，在同国外先进物流竞争中，最终可能被淘汰。GIS 技术现在被许多国外物流公司采用，对公司产生很大积极影响，小丁正准备给公司老总写报告介绍 GIS，以期在公司开展 GIS 的应用工作。

必备的理论知识

9.1.1 GIS 的基本概念

GIS 是 geographic information system 的英文缩写，中文意思是地理信息系统，是用于输入、存储、查询、分析和显示地理数据的计算机系统。

GIS 的根本目标是使现实世界中具有地理属性的信息实现数据地图化、数据可视化和思维可视化，从而为决策、分析提供支持。

GIS 属于信息系统的一类，GIS 具有信息系统的各种特点。在企业，GIS 与其他信息系统共同构成完整的管理信息系统，提供多方面的信息，为企业提供管理和决策支持。

GIS 是综合性学科，建立在多个学科基础上，如数学、地理学、计算机科学、统计学等。

GIS 的用途十分广泛，可以为各类应用目的服务，典型的有金融、电信、紧急救护、交通、农林、水利、测绘、地矿、环境、航空、城市规划建设、国土资源综合利用等。

与 GIS 有关的学科和应用如图 9.1 所示。

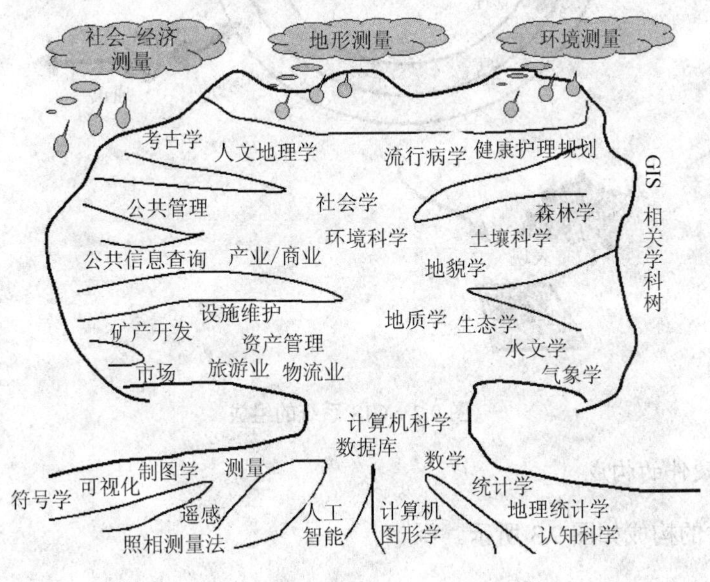

图 9.1　GIS 学科应用树

9.1.2 GIS 的构成

1. GIS 的基本构成

GIS 主要由计算机硬件、软件，地理数据库，系统维护和使用人员四部分共同构成，其中，计算机硬件是基本条件，软件是核心，地理数据库是基础，人员起决定作用。

GIS 的组成如图 9.2 所示。

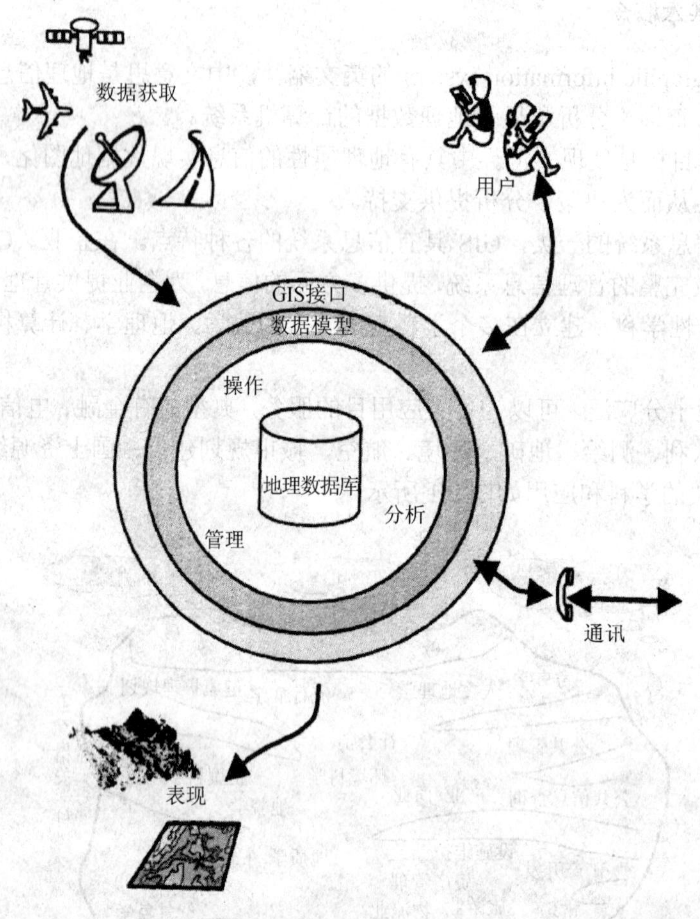

图 9.2　GIS 系统的组成

2. GIS 硬件的构成

GIS 硬件的构成如图 9.3 所示。

3. GIS 软件的构成和功能

GIS 软件的功能如图 9.4 所示。

GIS 软件的功能如图 9.5 所示。

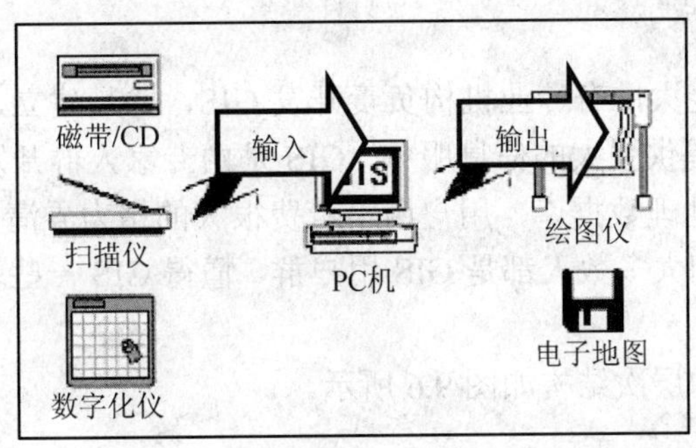

图 9.3 GIS 硬件的构成

图 8.4 GIS 软件的构成

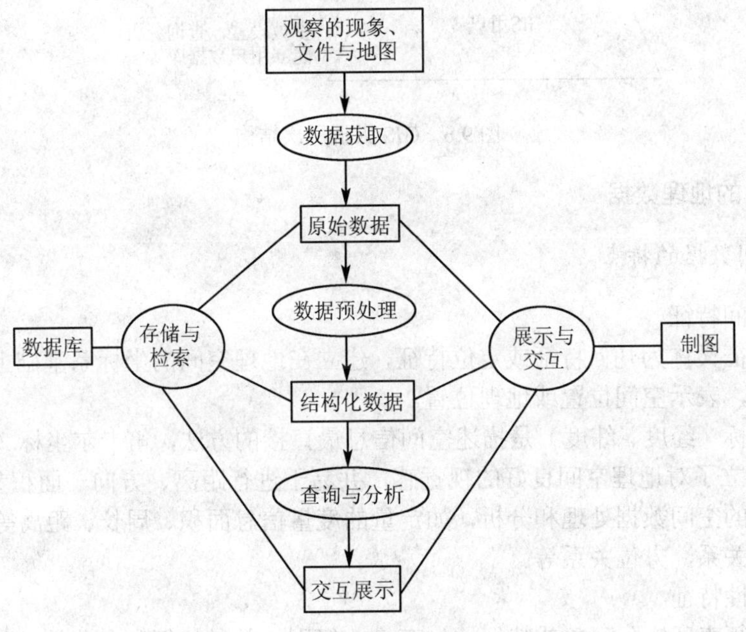

图 9.5 GIS 软件的功能

GIS 的基本功能是将各类地理数据转换为地理图形显示出来，然后对显示的结果进行浏览和分析。其显示范围可以从洲际地图到非常详细的街区地图，显示对象包括人口、销售情况及运输路线等。

4. GIS 人群的构成

GIS 十分复杂和庞大，有专业机构负责开发 GIS，并且建立、组织、管理地理空间信息数据库，为用户提供强大的信息服务。GIS 是由专家人群开发研制，专业地理人群采集数据，组织管理地理数据库，用户用不着费很大的精力弄清 GIS 复杂的处理过程，读懂枯燥的数据。我们大多数人都是 GIS 用户群，懂得 GIS 一些基本原理和技术，就会使你更好地利用 GIS。

GIS 人群有明显的层次结构如图 9.6 所示。

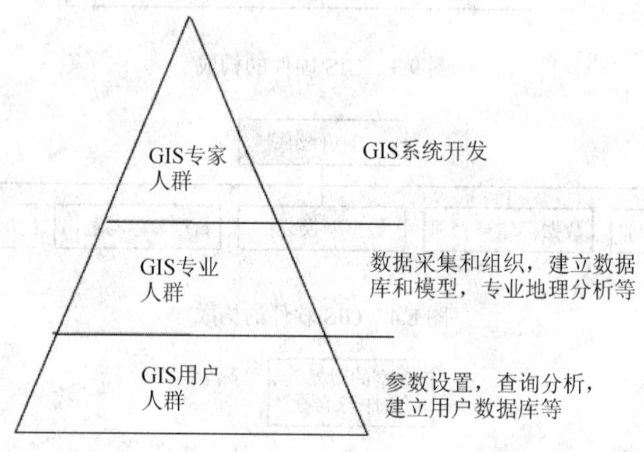

图 9.6　GIS 人群层次结构

9.1.3　GIS 的地理数据

1. 空间数据的特点

（1）空间特征

空间特征又称为几何特征或定位特征，建立在地理空间的坐标系基础上，一般以坐标数据表示，表示空间位置或地理位置。

地理坐标（经度、纬度）是描述空间信息最直接的方法，笛卡尔坐标（平面直角坐标 x，y）建立了对地理空间良好的视觉感，并易于进行距离、方向、面积参数的量算，以及进一步的空间数据处理和分析，如定量的度量信息面积、周长、距离等，定性的空间关系拓扑关系、方位关系等。

（2）属性特征

属性特征表示实际现象或特征，如变量、级别、数量特征和名称等。

属性特征是地物所固有的，不是由于地物空间分布所带来的特征，如某地的年降雨量、土地酸碱、人口密度、交通流量、空气污染程度等。这类特征通常以数字、符号、文本和图像等形式来表示。

（3）时间特征

时间特征指现象或物体随时间的变化，其变化的周期有超短期的、短期的、中期的、长期的等。

空间数据涉及时间特征的几个方面，如地物的生命周期（产生、消亡）；地物的移动（移动点）；属性的时效性。

GIS 空间数据特点如图 9.7 所示。

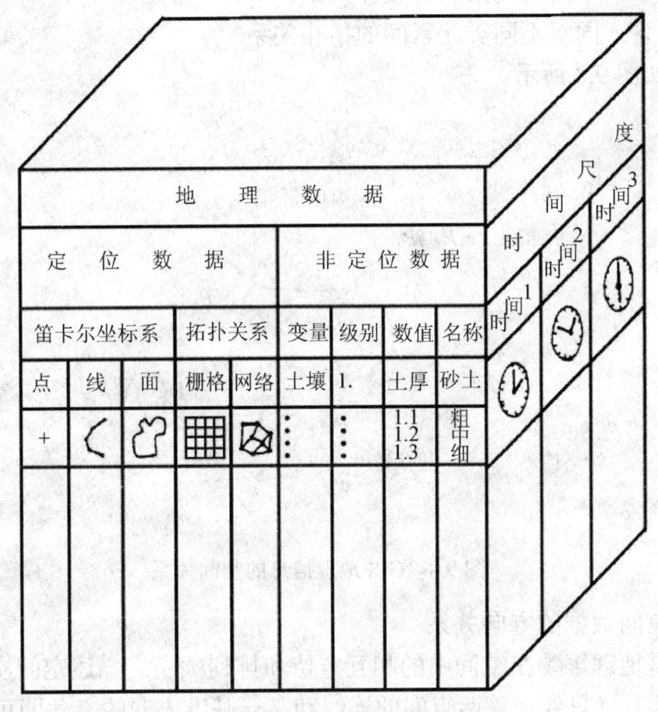

图 9.7 GIS 地理数据特征的三面性

2. 地理空间数据类型

1）型数据：居民点、交通线、土地类型分布等。

2）面域数据：多边形中心点、行政区域界限和行政单元。

3）网络数据：道路交叉点、街道和街区等。

4）样本数据：气象站、航线等。

5）曲面数据：高程点、等高线和等值区域。

6）文本数据：地名、河流名和区域名称。

7）符号数据：点状符号、线状符号和面状符号。

3. 地理信息的空间关系

（1）地理空间数据的拓扑关系

拓扑结构是明确定义空间结构关系的一种数学方法。在 GIS 中，不但用于空间数据的组织，而且在空间分析和应用中都有非常重要意义。地理空间数据的拓扑关系如下：

1）拓扑邻接：同类元素间的拓扑关系。

2）拓扑关联：不同类元素间的拓扑关系。

3）拓扑包含：同级不同类元素间的拓扑关系。

具体表示如图 9.8 所示。

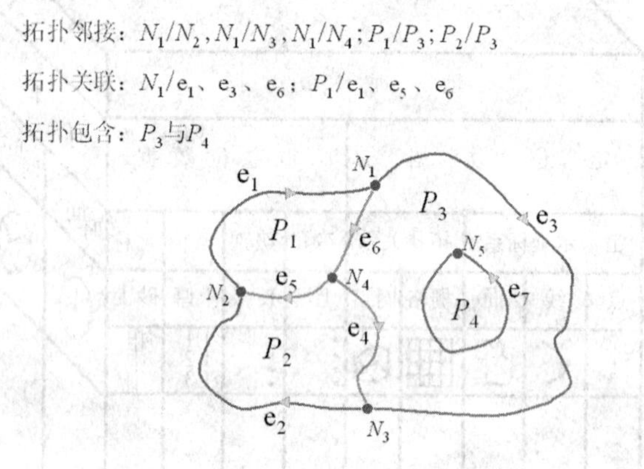

图 9.8　GIS 地理信息的空间关系

（2）地理空间数据的方向关系

方向关系是地理事物在空间中的相互方位和排列顺序。描述空间实体的方向关系，对于点状空间实体，只要计算两点间的连线和某一基准方向的夹角即可，该夹角称为连线的方向角。基准方向通常有真子午线方向、磁子午线方向和坐标纵线方向 3 种。同样，计算线状和面状空间实体时，只需将线状和面状空间实体视为由它们的中心所形成的点状实体，然后按点状实体来求解方向关系即可。

（3）地理空间数据的量度关系

量度空间关系主要指空间对象的距离关系。这种距离关系可以定量地描述为特定空间中的某种距离，如 A 实体距离 B 实体 200m，也可以应用与距离概念相关的术语，如远、近等进行定性的描述。

4. 地理信息空间数据结构

数据结构是指数据记录的编码格式及数据间的关系。不同类型的数据，只有按照一定的数据结构进行组织，并且映像到计算机存储器中，才能进行存储、检索、处理和分析。GIS 中，地理空间数据常用的数据结构有两种：栅格（raster）结构和矢量（vector）结构。栅格结构和矢量结构如图 9.9 所示。

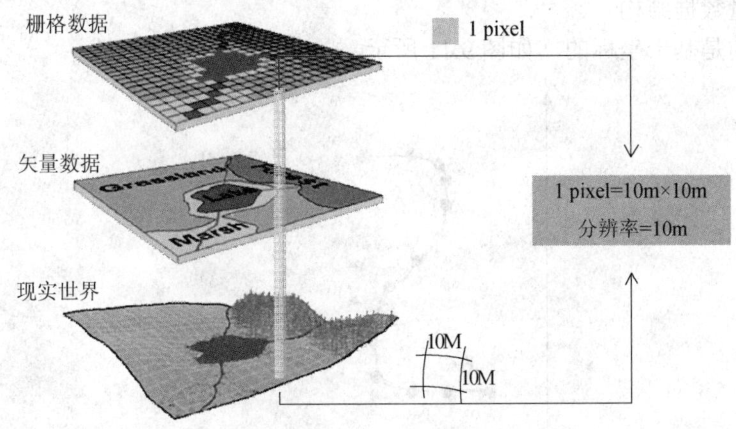

图 9.9　栅格结构和矢量结构

（1）栅格数据结构

栅格结构中，空间被有规则地分成了许多小格，地理实体用这些小格所占据的栅格的行、列来定义，栅格同时具有属性值。栅格密度越大，表示的越精确。栅格结构常用于表示地质、气候、土地或地形等任意面状要素，栅格数据的表达如图 9.10 所示。

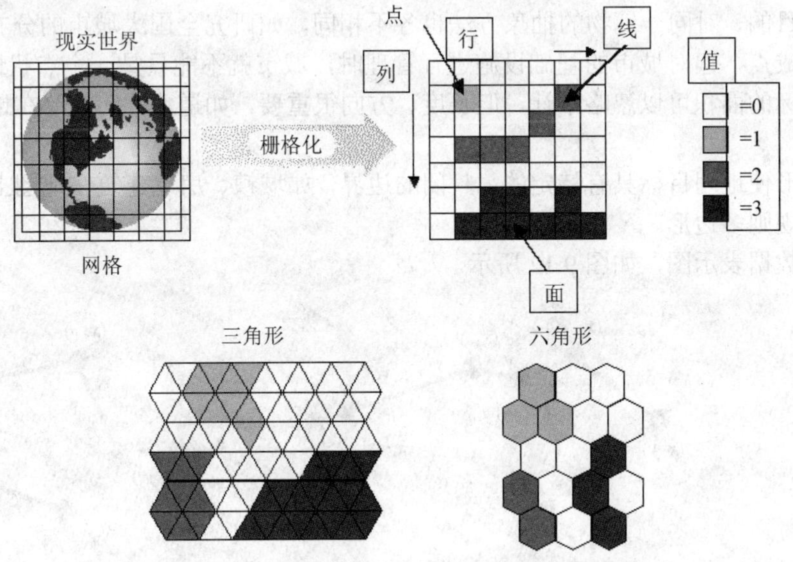

图 9.10　栅格数据的表达

栅格可以有多种形状，如三角形、正方形、六角形等，最常见的是正方形。各个栅格点大小一致，栅格点越小，分辨率越高。栅格结构特点是属性明显，定位隐含。

（2）矢量数据结构

矢量结构是基于坐标的，如图 9.11 所示。

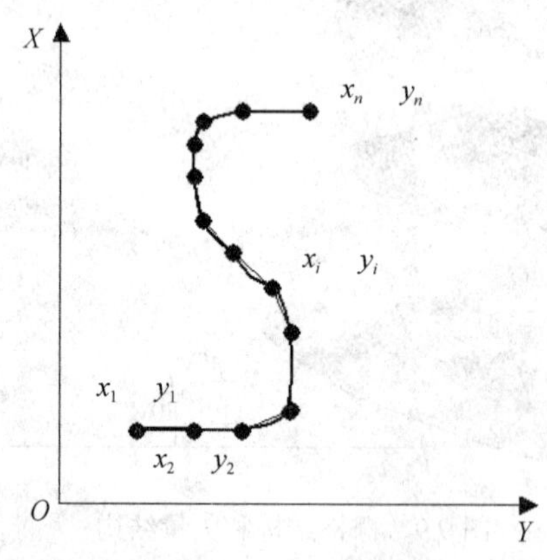

图 9.11　矢量数据结构

矢量数据表示的是点、线和多边形集合，可以用高度抽象的方法将地理实体抽象成几种基本类型——点、线、多边形。

点是该地理目标的大小，长度可以忽略不计，如井口、监测中的车辆等。当然，不同的使用目的，对同一地物的抽象方法也各不相同，如研究全国大城市的分布时，可将城市抽象成点，但对城市的基础设施进行管理时，城市就不能只是一个点状地物了。

线目标的面积可以忽略不计，但长度、方向很重要，如道路、河流等在地图上用线表示。

多边形使地理目标具有特定的、封闭的边界，如城镇、房屋建筑在地图上就是由线围成的不规则多边形。

矢量数据表示图，如图 9.12 所示。

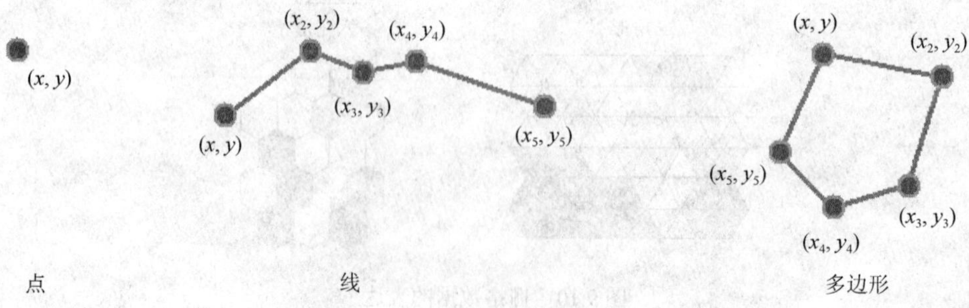

图 9.12　点、线、多边形的矢量数据表示

矢量结构特点是定位明显，属性隐含。

矢量数据结构和栅格数据结构的比较如表 9.1 所示。

表 9.1　矢量数据结构和栅格数据结构比较

比较内容	矢量结构	栅格结构
数据结构	复杂	简单
数据量	小	大
图形精度	高	低
图形运算、搜索	复杂、高效	简单、低效
软件与硬件技术	不一致	一致或接近
遥感影像格式	要求比较高	不高
图形输出	显示质量好、精度高，但成本较高	输出方法快速，质量低，成本比较低
数据共享	不易实现	容易实现
拓扑和网络分析	容易实现	不易实现

从表中比较看出，两种数据结构各有特点，它们共同存在于 GIS 中，可以借助计算机工具软件实现这两种结构数据的相互转换。

9.1.4　地理数据库

GIS 的基础是空间数据库——地理数据库，是为地理信息而建立起来的，从根本上说，GIS 的数据库是用地理术语描述世界而建立。GIS 数据库中数据表示如下。

（1）地理描述

作为 GIS 数据库设计的一部分，用来描述指定地理目标的面貌。比如，城市区域被描述成一个几何多边形；街道在地图上用线标出；井口用点标出等。这些不同地理面貌被分类收集整理，所有 GIS 的数据库都有描述地理目标的数据。

（2）属性描述

除了地理描述之外，GIS 数据包括传统的表格属性，用以描述地理目标的属性，如道路的等级、宽度、长度，某区域的人口密度等。对地理目标及其属性都可以有一个或多个关键字进行连接，如果使用关键字，许多表格就可以被连接到地理目标，就像传统的数据库应用一样。这些表格信息和关联在 GIS 数据模型中扮演重要的角色，如图 9.13 的示。

（3）空间关联：拓扑和网络

空间地物间的位置关系——空间关联，也是 GIS 数据库重要的部分，比如拓扑和网络。拓扑被用于组织公共边界，也用来支持拓扑查询和导航（如决定面貌邻接和连通性），拓扑也用于复杂编辑和从非结构几何形状确定面貌（如从线建立多边形）。

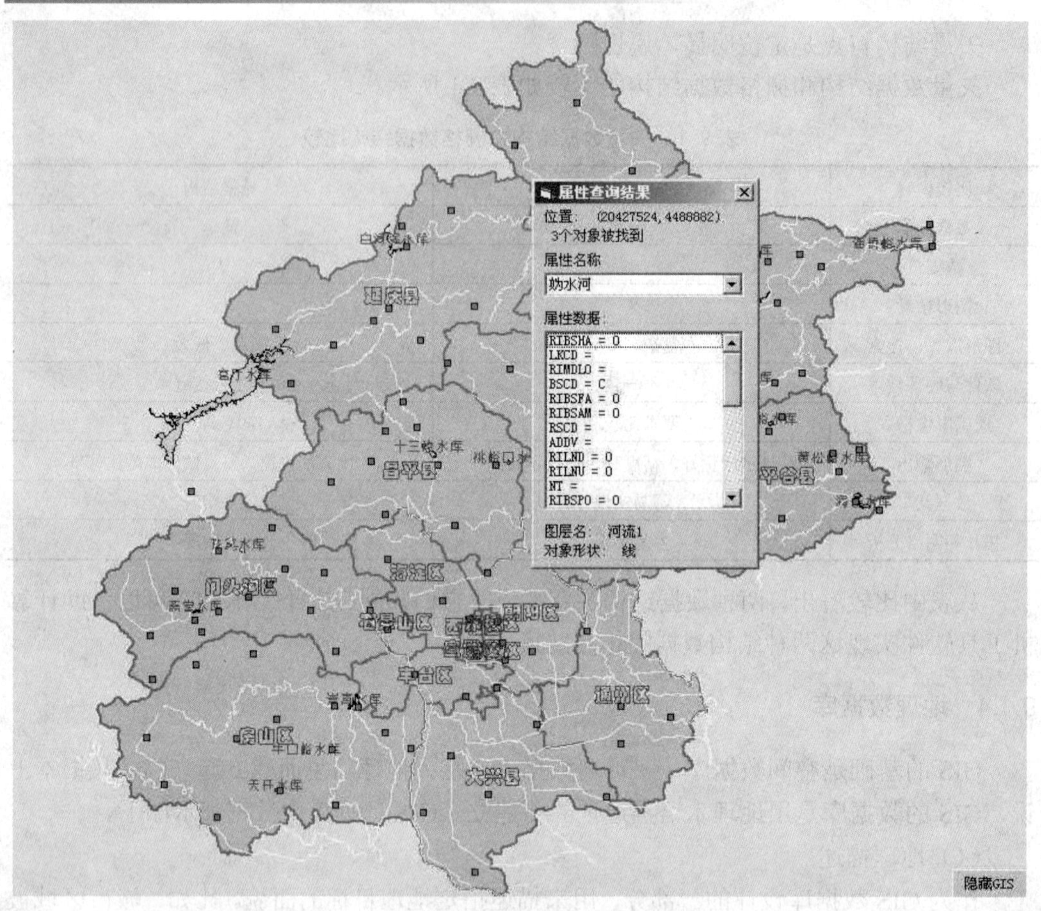

图 9.13 属性描述

（4）有主题的分层和数据组

GIS 将地理数据组织到一系列有主题的层和表格中，GIS 中地理数据组被用于地理参考，它们都对相同地理位置进行描述，并且一层叠一层。

在 GIS 中，数量众多的地理目标被收集到不同的层，如行政区、井口、建筑、拍摄的图像和栅格立体模型等。

准确定义地理数据组对使用地理信息系统非常重要，层的概念和有主题的信息对 GIS 数据集非常重要。这些层共同工作来对同一地理位置的面貌特征进行描述，使用时，只选择和自己的问题相关的层就可以了，GIS 整合了多种类型的地理空间数据，如图 9.14 所示。

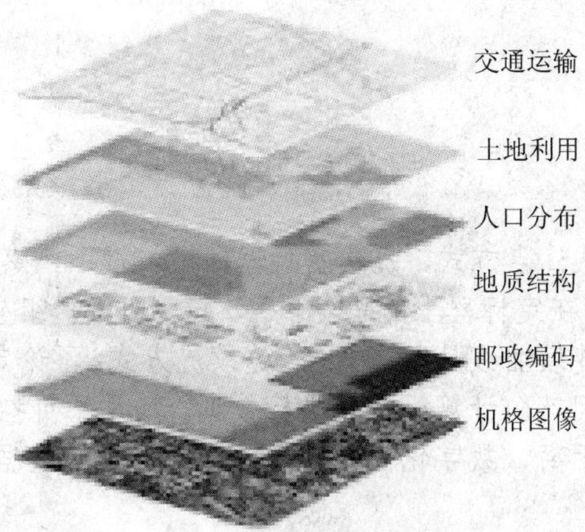

图 9.14　分层的地理数据

9.1.5　地理数据的输入与处理

GIS 需要大量的数据，数据有多种来源，数据采集方式有多种。

（1）手工方式

通过手工在计算机终端上输入数据，主要是键盘输入，主要用于输入属性的数据。

（2）手扶跟踪化数字方式

手扶跟踪数字化仪是一种图形数字化设备，是目前常用的地图数字化方式，主要生成矢量数据，如图 9.15 所示。

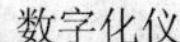

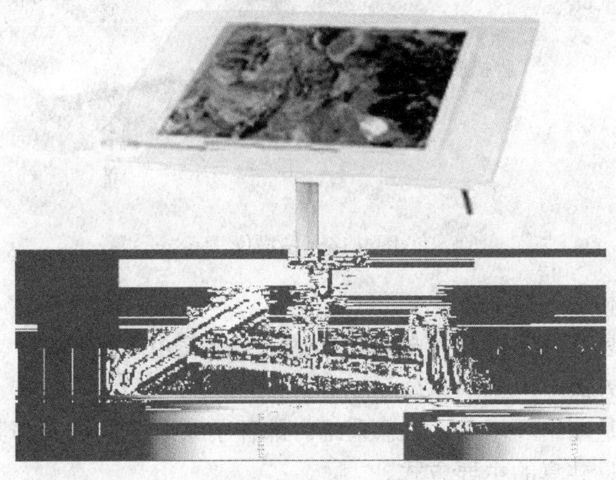

图 9.15　数字化仪

知识链接

数 字 化 仪

数字化仪的工作方式：点方式，每次定标器的键被按下，感应板发送一对坐标数据到计算机；开关流方式，在定标器上，每按下一次键，即将一组坐标数据发送到计算机。当用数字化来输入一条连续曲线是很有效的；连续流方式，不论定标器的键是否被按下，数字化仪每隔一定的时间就向计算机发送坐标数据，即是不可控的；增量方式，当定标器在感应板上移动某个距离，数字化仪就发送一对绝对坐标数据。

（3）扫描方式

扫描仪是图形、图像输入设备，可以快速地将图形、图像输入计算机系统，是目前发展最快的数字化设备，主要生成栅格数据，如图 9.16 所示。

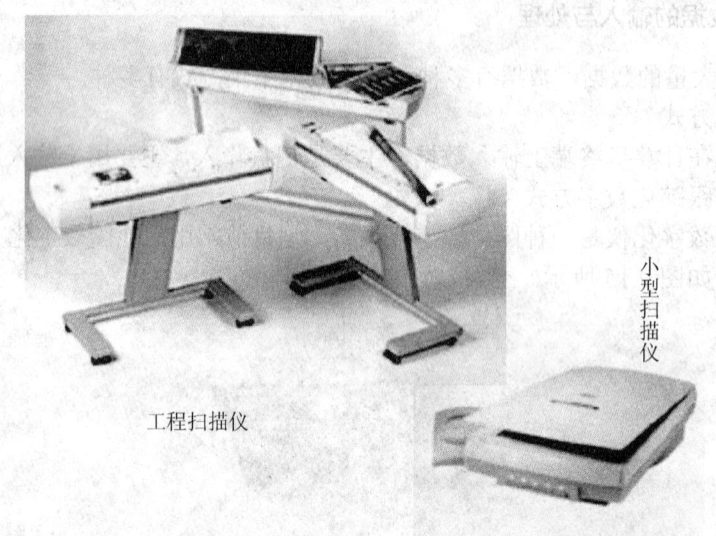

图 9.16　扫描仪

（4）影像处理和信息提取方式

影像处理和信息提取方式是指从遥感影像上直接提取专题信息。

（5）数据通讯方式

数据通信方式是网络环境中，信息系统内部各子系统之间以及与其他信息系统之间实现信息交流和信息共享的主要方式。

9.1.6　GIS 的输出

GIS 分析和处理的过程或结果可以通过输出设备，如显示器、打印机和绘图机等以图形、表格、数据或文字等形式输出。主要输出方式有如下几种：

（1）屏幕显示

屏幕显示是通过显示设备将 GIS 的分析和处理结果以字符、数字和表格的形式在荧光屏上显示出来。

（2）打印机输出

打印机输出是 GIS 的主要输出设备，它将 GIS 的数据处理和分析结果以字符、汉字、表格、图形等形式打印在纸上。

（3）绘图机输出

绘图机输出是输出图形的主要设备，目前绘图机的种类主要有平台式绘图机、滚筒式绘图机、喷墨式绘图机和静电绘图机。

（4）电子地图的编制

地图是地理信息的载体，是人类使用地理信息的一种强大工具。

电子地图是以地图数据库为基础，以数字形式存储在外存储器上，并能在屏幕上快速显示的可视地图。电子地图是 GIS 提供的主要操作界面，如图 9.17 所示。

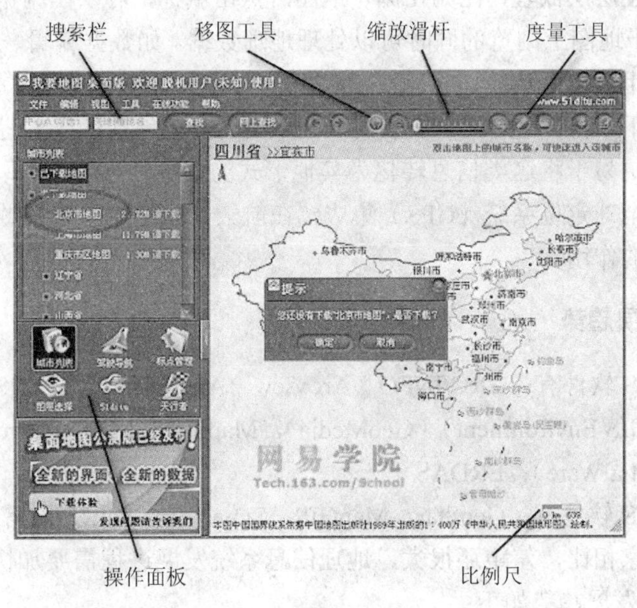

图 9.17　电子地图

GIS 电子地图除了具有交互性外，和传统的静态纸张地图非常相似。我们已经习惯从纸张地图上获取地理信息，比如地理疆界的划分、道路情况、河流情况等。在纸张地图上“所见即所得”。摊开纸张地图时，在你面前展现出城市、道路、山脉、河流、铁路和疆界，城市被表示成小点或小圆圈，道路被表示成红线或黑线，山顶被表示成小三角，湖泊被表示成蓝色区域。

在电子地图上，所有纸张地图上的信息，比如点的位置、路的长度、甚至湖泊的面积，这些数据都以数字形式存储在数据库中。GIS 整合了各种类型的地理数据，提供多层的地理信息。这些地理数据作为层数据在计算机屏幕上显示，每层表现特定的主题。比如一个主题是交通道路的组成，一个主题表示土地利用，而另一个主题表示人口密度分布等。这些主题一层叠一层，以堆叠的形式表示同一地理区域的多层信息。具有相同性质的目标都组织在同一层，每层地图的显示可以开启和关闭。比如你是某个物流公司的机动车驾驶员，只关心交通道路情况，而不关心其他地理信息，那么只打开交通道路层的地图，关闭其他层的地图就可以了。

此外，层与层之间是有联系的，层之间的许多空间关联可以通过它们的共同地理位置很容易地得出，GIS 利用数据层和丰富的工具管理集，可以衍生出许多重要的层关系。

在浏览交互式电子地图时，可以上下左右移动和放大缩小视图，以适当的图示比例进行浏览，也可以随时关闭和打开所需的地图层。

电子地图往往层层嵌套，比如在浏览地图时点击鼠标，可以在浏览器中打开更深一层的地图。在电子地图上浏览的同时可以处理地理数据，如数据编辑、属性描述、制图、分析、查询和应用数据采集等。

在许多情况下，电子地图比一般表格或图形更为有效地帮助我们进行趋势和策略方面的研究，而且更易于将这类信息转化为其他形式的信息。

电子地图与全球定位系统（GPS）集成，在航天、航空、军事领域以及汽车导航中发挥着十分重要的作用。

9.1.7 GIS 的发展趋势

国外主流 GIS 软件有：ARC/INFO（ArcView、ArcObject、ArcMIS）、GENAMAP、MGE（Modular GIS Environment）（GeoMedia），MapInfo（Mapinfo Proserver、MapX、MapXtreme、SpatialWare）、ERDAS 等。

我国主流 GIS 软件有：GeoStar、MapGIS、SuperMap、CityStar 等。我国的 GIS 整体水平与发达国家相比，差距还很大，地理信息系统发展进程需要加快。

目前 MIS 的发展趋势如下：

① GIS 与遥感和全球定位系统进一步结合，构成地理学日趋完善的技术体系。

② 空间数据结构与数据管理的研究更加深入。

③ GIS 应用模型开发日趋加强。

④ GIS 智能化。

⑤ GIS 网络化。

⑥ 三维 GIS 的研究不断深入。

⑦ 宏观与微观应用进一步加强，并形成新的产业。

GIS 是一个具有集中、存储、操作和显示地理参考信息的计算机系统，是非常庞大复杂的信息系统。GIS 能提供多种方式地理信息，应用十分广泛，有巨大的发展应用前景。

9.2 GIS 在物流企业中的应用

学习目标

了解 GIS 在物流中的应用

案例导入

公司老总看了小丁提交的介绍 GIS 报告，意识到 GIS 的重要意义，让小丁进一步考察 GIS 在现代物流中具体的应用。

必备的理论知识

现代物流所需解决的最大的问题是如何用最优的成本完成物料运输，简单地说就是如何节约运输成本，GIS 应用于物流分析，主要是指利用 GIS 强大的地理数据功能来完善物流分析技术，降低运输费用，如优化配送系统的运输线路。

配送系统模块如图 9.18 所示。

GIS 物流分析软件中集成的物流分析模型，包括车辆路线模型、最短路径模型、网络物流模型、分配集合模型、设施定位模型等，这些模型既可以单独使用，解决某些实际问题，也可以作为基础，进一步开发适合不同需要的应用程序，这些模型代表性地说明了 GIS 在物流分析中的应用水平。

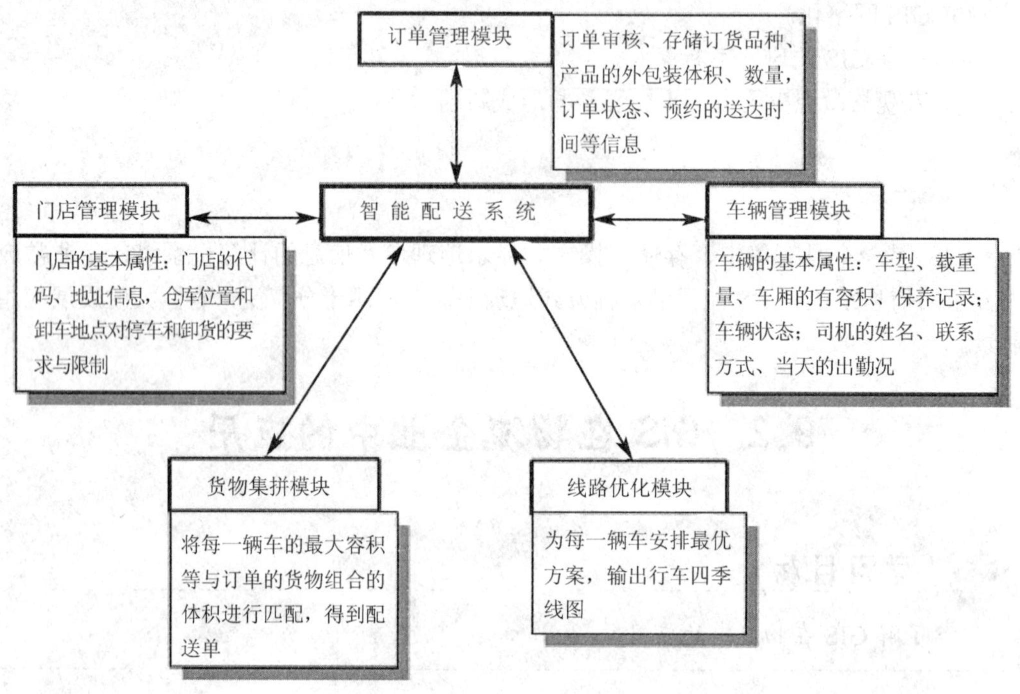

图 9.18　配送系统模块

9.2.1　车辆路线模型

车辆路线模型用于解决在一个起点、多个终点的货物运输问题中，降低操作费用并保证服务质量，包括决定使用多少车辆，每个车辆经过什么路线的问题。

物流分析中，在一对多收发货点之间存在着多种可供选择的运输路线的情况下，应该以物资运输的安全性、及时性和低费用为目标，综合考虑，权衡利弊，选择合理的运输方式，并确定费用最低的运输路线。例如，一个公司有一个仓库，而零售店有 30 个，并分布在各个不同的位置上，每天用卡车把货物从仓库运到零售商店，每辆卡车的载重量或者货物尺寸是固定的，同时每个商店所需的货物重量或体积也是固定的，因此，需要多少车辆以及所有车辆所经过的路线就是一个最简单的车辆路线模型。

实际问题中，车辆路线问题还应考虑很多影响因素，问题也变得十分复杂。例如：仓库的数量不止一个，而仓库和商店之间不是一一对应的；部分或所有商店对货物送达时间有一定的限制，如某商店上午 8 点开始营业，因此要求货物在上午 5 点至 7 点之间运到；仓库的发货时间有一定的限制，如当地交通规则要求卡车上午 7 点之前不能上路，而司机要求每天下午 6 点之前完成一天的工作；在每个车站，需要一定的服务时间，最常见的情况是不管卡车所运货物多少，在车站上都需要固定的时间让卡车进站接受检查，当然也有检查时间随着所运货物多少而变化的情况等。物流 GIS 中的车辆路线模型可以综合考虑这些因素加以解决。

GIS 软件的界面如图 9.19 所示。

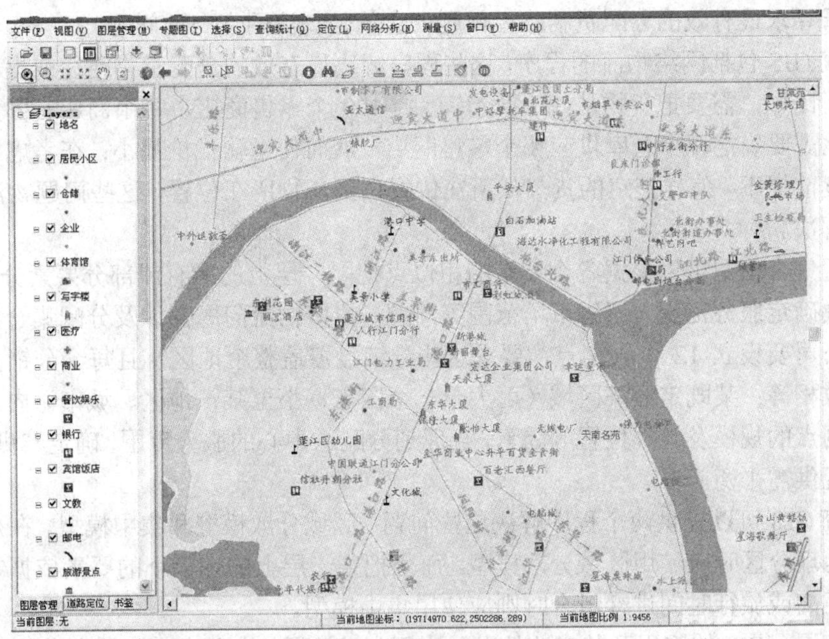

图 9.19　GIS 软件界面

9.2.2　设施定位模型

设施定位模型用来确定仓库、医院、零售商店、加工中心等设施的最佳位置，其目的同样是为了提高服务质量，降低操作费用，使利润最大化等。设施定位模型可以用于确定一个或多个设施的位置。

在物流系统中，仓库和运输线共同组成了物流网络，仓库处在网络的“节点”上，运输线就是连接各个“节点”的“线路”，从这个意义上看，“节点”决定着“线路”。具体地说，在一个具有若干资源点及若干需求点的经济区域内，物资资源要通过某一个仓库的汇集中转和分发才能供应各个需求点，因此，根据供求的实际需要并结合经济效益等原则，在既定区域内设立多少仓库，每个仓库的地理位置在什么地方，每个仓库应有多大规模（包括吞吐能力和存储能力），这些仓库间的物流关系如何等问题，就显得十分重要。而这些问题运用设施定位模型可以很容易地解决。

设施定位模型也可以加入经济或者其他限定条件，运用模型的目的也可以是使各服务设施之间的距离最大或使其服务的人数总和最大，同时，也可以是在考虑其他已经存在设施的影响的情况下，确定设施的最佳位置，等等。对于这些形式不一的问题，物流 GIS 都可以通过运用现有的模型，或者修改一定的参数加以解决。

9.2.3 网络物流模型

用于寻求最有效的分配货物路径问题，也就是物流网点布局问题。

物流 GIS 包括网络物流的程序，这些程序解决最有效的分配货物路径或提供服务路径问题。比如，需要把货物从 15 个仓库运到 100 个零售商店，每个商店有固定的需求量，因此需要确定哪个仓库供应哪个零售商店，从而使运输代价最小；在考虑线路上的车流密度前提下，怎样把空的货车从所在位置调到货物所在位置，这些问题物流 GIS 都能有效解决。

分配集合模型可以根据各个要素的相似点把同一层上的所有或部分要素分成几组，用于解决确定服务范围、销售市场范围等问题。很多物流问题都涉及分配集合模型，例如：某公司要设立 12 个分销点，要求这些分销点覆盖整个地区，且每个分销点的顾客数目大致相等；某既定经济区域（可大至一个国家，小至某一地区、城市）内，考虑各个仓储网点的规模及地理位置等因素，合理划分配送中心的服务范围，确定其供应半径，实现宏观供需平衡。

物流 GIS 可以提供两个程序解决这些问题：区域分散模型和集中模型。在想把某一区域做地理分区时应使用区域分散模型，而想把某一层上的许多小的要素依据它们彼此之间的距离或旅行时间进行组合时则应使用集中模型。

在我国，GIS 的应用及其产业的发展水平与发达国家相比，差距还很大，而且缺乏有效的宏观调控，把 GIS 应用于物流研究中，迄今为止还处于起步阶段。国内许多物流分析 GIS 软件都是从国外引进的，必须处理好已有模型和二次开发的关系。

我国现在已经加快了地理信息系统产业化进程，一批我国自行设计的 GIS 软件研制成功，并陆续投入使用。但应注意宏观指导和协调，避免重复开发，浪费资源，无序竞争，尽快实现 GIS 软件应用的国产化，建立全面的系统的 GIS 数据库。物流企业也应该加大对 GIS 应用的投入，提高信息化水平。

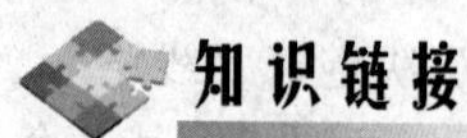

GIS 和 MIS 的关系

GIS 和 MIS 都是以计算机为核心的信息处理系统，都具有数据量大和数据之间关系复杂的特点。但 GIS 主要处理空间数据，如土地资源、森林资源、交通运输网络、人口分布等数据。而 MIS（management information system）主要处理物资、设备、资金、产量、库存、劳动力以及人事档案、生产合同、计划任务等非空间数据。

在大型 MIS 系统中集成部分 GIS 功能，这种应用模式将越来越广泛。

本章小结

本章全面系统概要地讲述了 GIS 的基本概念、GIS 的基本组成、GIS 的基本功能、GIS 相关的学科和技术、GIS 中数据类型、GIS 数据库、GIS 中的数据输入设备、GIS 输出形式以及 GIS 应用和发展趋势、GIS 在物流中的作用。

思考与练习

1．什么是 GIS？
2．GIS 的基本功能是什么？
3．GIS 的软件组成是什么？
4．举例说明 GIS 的应用。

小组模拟仿真

（要求小组讨论，并将活动成果以小组为单位提交电子作业）

利用 PPT 找出最佳路径

1．分析问题

1）从学校出发，经过六个地点，最后返回学校。
2）找出最佳路径。

2．活动要求

1）要经过 6 个地点在本地要有代表性。
2）这 6 个地点不能在一条直线上，尽可能分散。
3）分组去找，并以 PPT 的形式表示最佳路径。

3．制作步骤

1）小组任务要分工，找出全部的路径。
2）估算出经过每条路径所需要的时间。
3）估算出每条路径的长短。
4）估算出每条路径的安全、方便程度，并且量化。

4. 注意事项

以自行车为标准交通工具；考虑的情况要尽可能全面。

5. 作业展示及点评

考核评分参见下表。

考核评分表

考评小组		被考评小组	
考评地点		考评时间	
考评内容	利用 PPT 找出最佳路径		
考评标准	内容	分值	实际得分
	时间最少	60	
	路径短	30	
	道路安全、方便	10	
合　　计		100	

注：考评满分为 100 分，60～74 分为及格；75～84 为良好；85 分以上（含 85 分）为优秀。

第10章 智能运输系统概述

现代物流表现为企业生产与运输一体化的供应链管理与服务，其中货物运输所需的成本、时间及货物在途的状态控制是整个供应链管理过程中的重要环节，将智能运输技术与物流管理相结合，将会极大地提升物流的服务水平。现代物流与智能运输的结合点是交通运输信息的采集与提供，就智能运输技术而言，可用于物流管理的有移动信息技术、车辆定位技术、车辆识别技术、通信与网络技术等。智能物流运输系统能够有效地控制运输成本、时间及运输状态，提高物流运输效率。

10.1 智能运输系统的产生与发展

学习目标

1. 理解智能运输系统
2. 了解智能运输系统的发展过程
3. 了解我国智能运输系统的发展

案例导入

老张是某物流公司的汽车运输司机，由于公司业务量很大，每天都要将货物准时安全地运送到目的地，虽说有些忙碌，但为了公司的发展他也了乐此不疲。每次运货途中，最令他头痛的是交通堵塞问题，其实每个经常出行的人都有这样的经历。虽然相关部门作了很大的努力，但从根本上还是没有多大变化。能否有个更好的方法解决这种问题或预知一些相关信息，从而节省在路途中的时间呢？

必备的理论知识

10.1.1 公路交通面临的问题与对策

20世纪六七十年代，世界经济发展进入了一个高速增长期。汽车数量急剧增加导致已有的道路远不能满足经济发展的需要，交通状况日益恶化，如图10.1所示。

图10.1 拥挤的交通

在整个工业化世界中，交通阻塞普遍存在。在汽车与商业车辆成为主要因素之前，交通阻塞首先在城市中存在。汽车数量的迅速增加，要求铺筑大量的道路，包括城市道路与乡村公路网。但是由于道路建设资金的不足，以及道路用地的困难，道路里程的增长速度往往落后于汽车增长的速度，交通问题依然很突出。当汽车与货车的数量增长速度超过道路的修建速度，交通阻塞就会存在，从而导致需要修建更多的道路。

想一想：

随着社会经济的不断发展和人们生活水平的普遍提高，整个社会对交通运输的需求日益增加。虽然世界各国政府已经或是正在大量投入财力于交通基础设施的建设，但交通状况恶化及其伴生的安全事故、空气污染等一系列问题越来越困扰着有关的政府当局。交通运输对经济发展的制约作用不同程度地普遍存在于每个国家/地区，如何解决大城市及周围地区交通拥挤和堵塞的现象呢？

高速公路的修建使车速得到提高，出行时间相对减少。但是，在大城市中高速公路的优点却由于交通阻塞而大大减少，许多大都市通过修建环形公路，使过境车辆绕过被阻塞地区来缓解问题。但这种措施的效果只是

暂时的，环形公路的修建重新确定了地区发展模式，新建公路沿线随着商业机构和居民的增加，交通阻塞与土地费用也将增加，从而导致扩展现有公路以提高道路通行能力的费用迅速增加。

为了解决交通阻塞问题，除了修建必要的道路网以外，人们还尝试了很多新的方法来解决问题，例如，改进道路信号控制采用道路可变信号，在交通高峰期通过道路改线增加进出境车道，而在大城市则成立交通控制中心来监控与显示公路网络的全部交通情况，这在一定程度上缓解了交通拥挤状况，可是在许多地方，这些方法实施的规则是针对预先建立的日常重复的交通模式而制定的，这些方法并不能对交通阻塞做出动态反应，也不能根据具体情况迅速改变交通处理准则。

为了解决全球共同所面临的交通问题日本、美国和西欧等发达国家，竞相投入大量资金和人力，开始大规模地进行道路交通运输智能化的研究试验。起初进行道路功能和车辆智能化的研究。随着研究的不断深入，系统功能扩展到道路交通运输的全过程及其有关服务部门，发展成为带动整个道路交通运输现代化的“智能运输系统（intelligent transportation system，ITS）”。

10.1.2 国内外智能运输系统的发展

1991年美国国会通过了“综合地面运输效率方案”（ISTEA），旨在利用高新技术和合理的交通分配提高整个路网的效率，由美国运输部负责全国的ITS发展工作，并在以后的6年中由政府拨款6.6亿美元，用来进行ITS的研究工作。日本目前在ITS项目已经形成了官方、民间、学术机构的协调体制，这对日本ITS的发展起到了很大的推动作用。

20世纪80年代中期，欧洲10多个国家投资50多亿美元，联合执行一项旨在完善道路设施提高服务水平的Drive计划，其含义是欧洲用于车辆安全的专用道路基础设施，除了欧、美、日以外，新兴的工业国家和发展中国家也开始ITS的全面开发和研究。

我国道路在未来20年内仍然处于建设期，公路主骨架的主要内容是：根据“五纵七横”的布局框架，建设12条约35000公里以高等级公路组成的国道主干线。这一期间正是智能运输系统在全世界进入全面实施的阶段，因此，中国也需要根据中国公路运输的实际需求探讨在中国公路运输网中应用智能运输系统来提高运输效率、保障安全和保护环境的可能性。1986年～1995年国家在交通管理系统方面开展了一系列科学研究和工程实施，制定了一系列的标准和规范，这些工作无疑是我们今天进行ITS研究和开发的基础。

近期内，我国的智能运输系统将在以下几个方面重点开展工作：

1）制定我国ITS发展标准。

2）改造和完善城市的交通管理系统。

3）发展公共交通系统。

4）汽车安全和事故预防系统。

5）快速货运系统。

6）监控、通信收费。

7）交通信息服务。

10.1.3 智能运输系统的含义

智能运输系统（intelligent transportation system，ITS），是将先进的信息技术、数据通信传输技术、电子传感技术、电子控制技术以及计算机处理技术等有效地集成运用于整个地面运输管理体系，而建立起的一种在大范围内、全方位发挥作用的，实时、准确、高效的综合运输和管理系统。具体地说，该系统将采集到的各种道路交通及服务信息经交通管理中心集中处理后，传输到公路运输系统的各个用户（驾驶员、居民、警察局、停车场、运输公司、医院、救护排障等部门），出行者可实时选择交通方式和交通路线；交通管理部门可自动进行合理的交通疏导、控制和事故处理；运输部门可随时掌握车辆的运行情况，进行合理调度。从而，使路网上的交通流运行处于最佳状态，改善交通拥挤和阻塞，最大限度地提高路网的通行能力，提高整个公路运输系统的机动性、安全性和生产效率。

对于公路交通而言，ITS（智能运输系统）将产生的效果主要包括以下几个方面：一是提高公路交通的安全性。据专家估计，采用 ITS，在今后 20 年内可降低 8%的交通灾难，每年交通事故的死亡人数可减少 30%～70%。据预测，到 2012 年，ITS 技术可使交通堵塞减少 20%；二是降低能源消耗，减少汽车运输对环境的影响；三是提高公路网络的通行能力。据估计，ITS 可使现有高速公路的通行能力至少增长 1 倍；四是提高汽车运输生产率和经济效益，并对社会经济发展的各方面都将产生积极的影响；五是通过系统的研究、开发和普及，创造出新的市场。

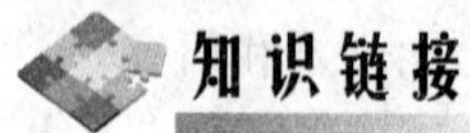

传感技术

传感技术是关于从自然信源获取信息，并对之进行处理（变换）和识别的一门多学科交叉的现代科学与工程技术，它涉及传感器（又称换能器）、信息处理和识别的规划设计、开发、制/建造、测试、应用及评价改进等活动。获取信息靠各类传感器，它们有各种物理量、化学量或生物量的传感器。按照信息论的凸性定理，传感器的功能与品质决定了传感系统获取自然信息的信息量和信息质量，是高品质传感技术系统构造的第一个关键。信息处理包括信号的预处理、后置处理、特征提取与选择等。识别的主要任务是对经过处理信息进行辨识与分类。它利用被识别（或诊断）对象与特征信息间的关联关系模型对输入的特征信息集进行辨识、比较、分类和判断。

小　结

智能运输系统（ITS）是将先进的信息技术、数据通信传输技术、电子控制技术以及计算机处理技术等有效地综合运用于整个运输管理体系而建立起的一种在大范围内、全方位发挥作用的，实时、准确、高效的综合运输管理系统。它是目前国外解决城市以及高速公路交通阻塞、提高行车安全和保护环境的主要措施，也是解决道路交通建设的限度，即受到土地资源制约的问题，提高国际间的竞争能力，培育新兴产业的战略措施。

10.2 智能运输系统的组成

学习目标

1. 了解ITS研究的情况
2. 理解ITS的主要构成
3. 了解世界各地智能运输系统

案例导入

老张所在物流公司在货物配送方面，一般还是采用传统的物流配送方式，但这种配送过程环节极为繁琐，送货员不能完全掌握路况信息，而且货主不能随时了解该货物的运行位置和准确的到达时间，货主不能完全对货物随时进行全过程的跟踪与定位管理。老张是个爱思考和学习的人，他通过一些途径知道了“智能运输系统”可以解决上述问题，那么它是怎样构成的呢？

必备的理论知识

10.2.1　智能运输系统的研究现状

ITS是由若干技术开发项目组成的。这些技术项目加强了道路、车辆和驾驶员三者之间的联系，借助系统的智能，驾驶员对交通状况了如指掌，管理人员则对车辆的行驶状况一清二楚，因此提高了公路的安全性、系统的工作效率、环境质量等。欧洲最著名的ITS研究计划是19位企业家投资50亿美元的联合项目EUREKA。在这个总计划中有许多具体项目，如普罗米修斯（Prometheus）、欧洲交通安全道路体系Drive等。美国的ITS研究起步较晚，1991年才开始投资进行开发研究，但后来者居上，凭借其先进的技术优势，目前在试验研究和实践应用上都处于领先地位。在智能运输系统发展规划中，它非常重视ITS将形成的巨大市场，对ITS的服务领域进行了广泛而又深远的研究。根据《1991年综合地面运输效率法案（ISTEA）》，1995年3月，美国运输部正式出版公布了“国家智能运输系统项目规划”，明确规定了智能运输系统的应用领域和用户服务功能。日本是最早研究ITS的国家，它在研究过程中的一个显著特点就是政府有关各部门共同参与，密切合作，以保证在技术发展过程中没有漏洞。1993年7月，日本“车辆、道路与交通智能协会”成立，从而在与智能运输系统有关的五个省：建设省、通产省、邮政省、运输省和警事厅之间建立了加强合作的机制。1995年8月，在详细分析ITS用户服务范围的基础上，上述五个有关部门提出了日本《公路·交通·车辆领域的信息化实施方针》，其目的在于在ITS的统一规划下推进其工作。

目前世界上已经形成美国、欧洲、日本三大研究基地，分别在各自的ITS组织的协调指挥下，进行着各具特色的研究。

智能运输的有关技术于1989年10月进入中国。在北京召开了北京国际公路运输技术交流与展览会，在学术交流会上，欧共体（也就是今天的欧盟）的专家介绍了DRIVER研究计划和主要内容。原国家科委从1996年开始组织国内有关部门和专家与欧盟进行交流。1998年中欧专家共同进行了中国智能运输系统发展预测研究，从1999年到2001年由国家统一协调各部门，对我国智能运输系统体系框架的研究并通过国家鉴定和验收，该研究成果从整体上勾画了智能运输系统的构成，将指导我国今后ITS的发展，为我国开发和应用智能运输系统打下基础。

10.2.2 智能运输系统的主要构成

目前发达国家的ITS项目很多，ITS又正处于开发试验阶段，其功能和规模不断发展扩大，对其构成的描述也不尽相同。

以美国为例，目前的ITS系统主要由以下七大部分组成：

1）先进的交通管理系统（advanced traffic management systems，ATMS），如图10.2所示。该系统通过对现有道路设施的有效管理而提高道路的通行能力，实现道路交通的安全与高效，其研究目标为：

① 事故的检测与管理。借助于交通监视、警察巡逻报告及网络交通流监视及事故自动检测算法，实行人工或自动检测道路上出现的交通异常，提供控制策略，发布相关信息及分流方案，给旅行者提供建议以及特殊的紧急车辆管理策略。

② 交通需求管理。维持道路系统的交通量在一定水平，并发布旅行计划信息。

③ 交通网络监视。采用传感器及交通预测模型确定交通干扰源。检测交通信号、信息标志等状态。

④ 交通控制。提供自适应信号控制，控制车道的进入使用，为旅行计划发布信息等。

⑤ 停车管理。对停车设施的停车率、可达性及利用率发布信息。

⑥ 施工管理。实现对交通流的影响最小的协调策略，给旅行者提供绕行信息。

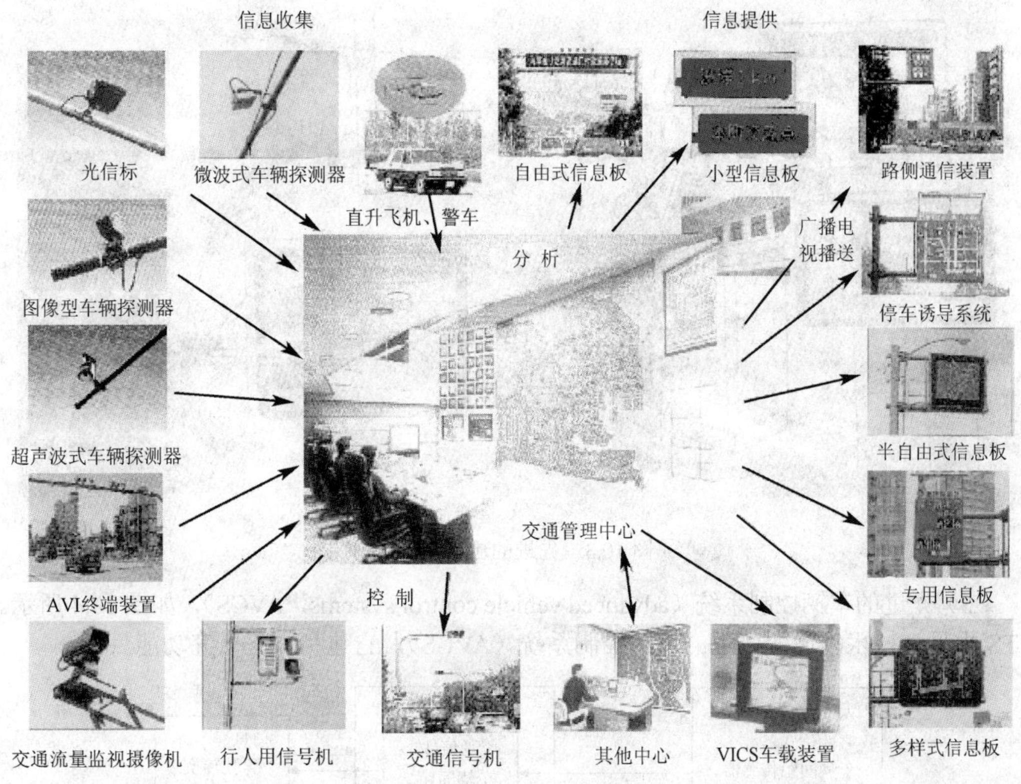

图 10.2 ATMS 结构

⑦ 电子收费。实行车辆自动识别技术、预付账联网技术、收费卡等的处理技术。

2）旅行者信息系统（advanced traveler information systems，ATIS），如图 10.3 所示。ATIS 系统包括旅行数据的采集、分析及旅行计划的产生，它的主要目标是：

① 旅行者咨询。提供道路阻塞信息、天气条件等的咨询、道路异常的建议信息等。

② 施行者服务信息。确定旅行服务的对象，提供可得到的停车位信息以及其他公共服务信息。

③ 旅行规划。提供可选方案及收费信息，提供阻塞路段的延误，估计信息的可靠性和实时性，帮助选择出行模式、路线及出发时间等。

④ 地点确认及显示。使用无线定位及航迹推算技术，在数字地图上更加定位信息显示。

⑤ 路线选择。考虑到用户的出行习惯，利用历史的及实时的数据，提供适当的旅行计划。

⑥ 路线诱导。使用简化的街道图及转弯箭头引导旅行者，即将路线规划转化为路线引导指令，为变换车道、转弯及高速公路进出等提供建议。

⑦ 车内警告信息。使用声音或图形单元，显示旅行建议，指示最大行车速度及弯路告警等。

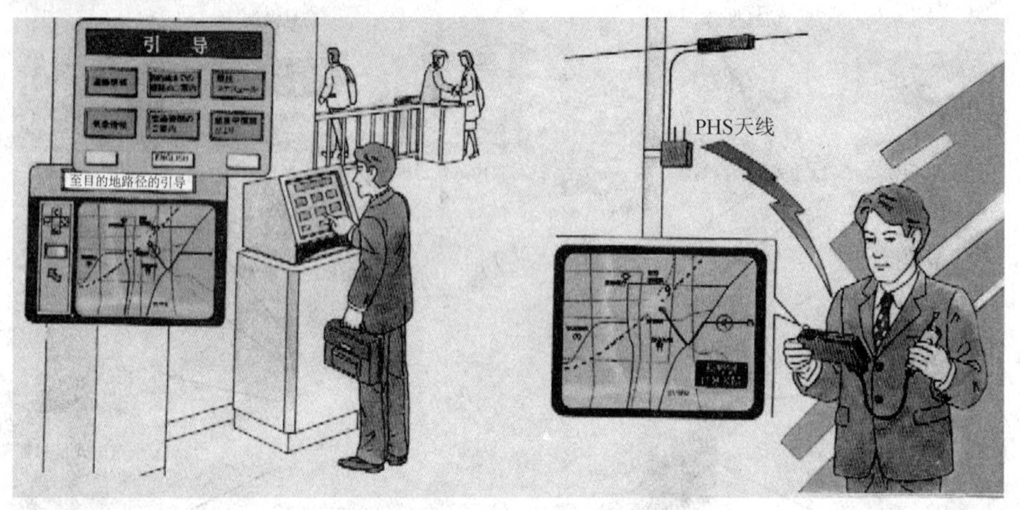

图 10.3　先进的旅行者系统

3）先进的车辆控制系统（advanced vehicle control systems，AVCS），如图 10.4 所示。ITS 中另一技术领域即先进的车辆控制系统（AVCS），它包括如下研究功能目标：

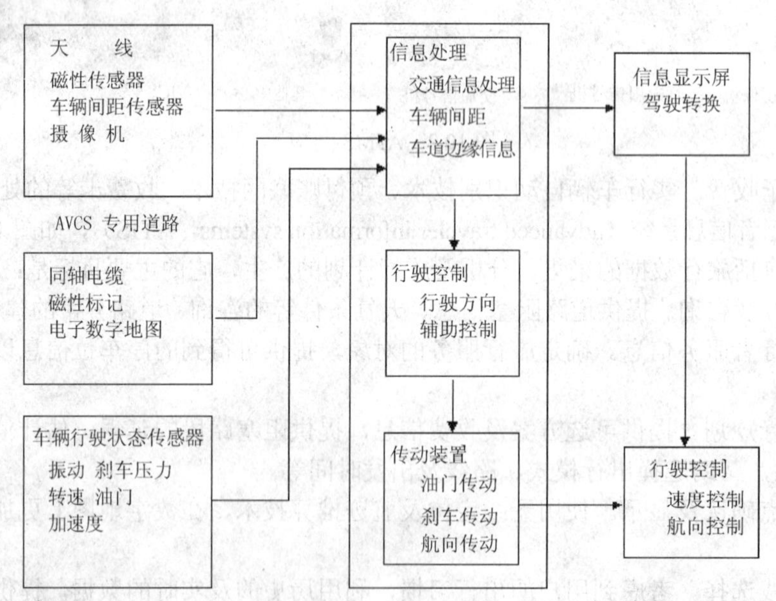

图 10.4　AVCS 结构及工作原理

① 驾驶员辅助车辆控制系统。包括自适应巡航控制、自动车辆控制、避碰警告与控制、驾驶员的状态及行为监视、交叉口危险警告、视觉增强、车辆状态及工况监视。

② 车辆检测与控制。包括车辆的自动登记、自动检测、车辆横向纵向控制、失效

控制、交通调节控制等。

③ 车队控制。车队间的通信与控制、车队内各车间距与速度控制。

4）商业车辆管理（Commercial Vehicle Operation，CVO）。商业车辆管理系统是ITS研究开发最早的子系统之一，其技术已经成熟，出于商业上的考虑，国外许多运输公司及车队管理人员很快采用这种技术，其主要功能有：

① 运输计划。提供关于路网状况以及车辆/货物状态的数据，运输模式自动选择。

② 线路规划。使用自动车辆定位（AVL）及双向通信技术，实现动态线路规划、动态车辆的调配及货物派送。

③ 危险货物的监视与跟踪。使用自动车辆识别技术（AVI）监视危险货物的行踪，协调可行驶路线，提供事故信息及阻塞信息。

④ 车辆及载货状态信息。使用自动车辆定位（AVL），动态称重（WIM）、自动车辆管制（AVC）、自动车辆识别（AVI）及双向通信等技术提供车辆的位置及实时的载货状态。

⑤ 执法。丢失/被盗车辆的追踪及返还；加快燃油税及关税的征收过程。

5）先进的公共运输系统（advanced public transportation systems，APTS），如图10.5所示。APTS包括短途火车、公共汽车以及合乘。它主要有如下几个功能：

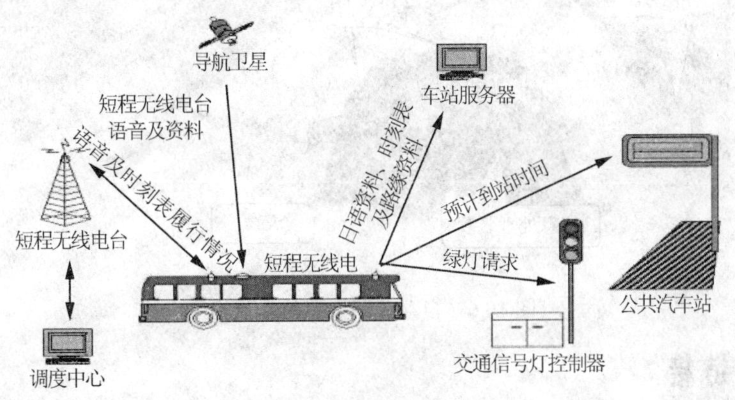

图10.5　公交系统应用图解

① 计划及调度系统。公共车辆的动态计划及调度；路旁咨询终端为乘客提供调度信息，旅行者信息服务的提供，通过计算机、电话、电视及无线广播Internet等辅助紧急救援车辆的调度及分配。

② 信号优先交通控制。滤波带控制、公共交通优先控制等。

③ 动态合乘。合乘搭配及合作驾驶、动态合乘的实施策略。

④ 到达时间预测。预测公共汽车到达时间，并在路旁咨询终端提供相关信息。

6）先进的城间运输系统（advanced rural transportation systems，ARTS）。ARTS主要是货物运输而不是人的运输。在许多发展中国家这种长距离的货物运输最先采用铁路运输，但是在美国和西欧城市之间，长距离的货物运输大多采用公路运输，系统具有如下功能：自动导航系统；视觉增强系统；司机的安全与保护。

7）自动公路系统（automated highway systems，AHS），如图10.6所示。AHS系统的主要目的是改进车辆的安全，提高道路的通行能力。它的关键技术是对现有车和路进行新的改造，以适应自动公路系统的高效运行，它的主要功能包括：车辆自动汇入/分出；车队行驶的组织与协调；自动驾驶/自动车辆控制；自动公路系统高可靠性和容错性设计；车辆纵向/横向控制系。

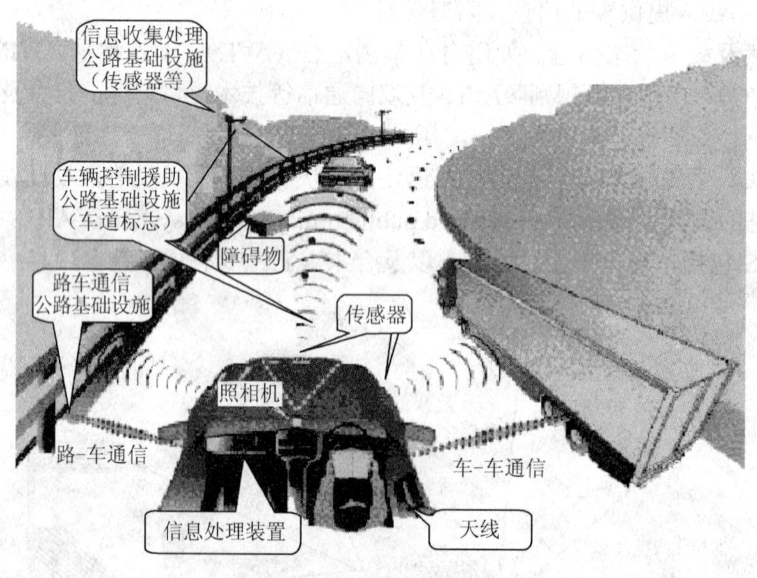

图10.6　自动公路系统基本结构

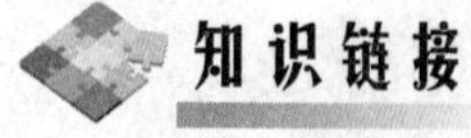

世界ITS系统示例

1. 日本ITS系统

日本ITS研究的一个显著特点就是政府有关各部门共同参与，密切合作，以保证在技术发展过程中没有遗漏。1993年7月，日本“车辆、道路与交通智能协会”成立，从而在与智能运输系统有关的五个省：建设省、通产省、邮政省、运输省和警事厅之间建立了加强合作的机制。1995年8月，在详细分析ITS用户服务范围的基础上，上述五个有关部门提出了日本《公路·交通·车辆领域的信息化实施方针》，其目的在于在ITS

的统一规划下推进其工作。根据此方针，ITS由导航系统、自动收费系统、安全驾驶援助系统等九个开发领域和20个用户服务功能构成。

1）导航系统，主要包括卫星导航系统和公路交通信息通信系统。卫星导航系统是指以全球定位系统GPS的方式接收卫星电波，进行位置计算，并在地图上显示出目前汽车所在位置，标示出抵达目的地的距离和方位，以帮助驾驶者抵达目的地的系统。公路交通信息通信系统是指为方便驾驶人员，减少和缓和堵塞等，通过公路上设置的信标和FM多路播放，向导航系统等车载装置实时提供堵塞情况、所需时间、施工/交通限制等有关公路交通信息的系统。主要服务对象为驾驶人员，包括两个服务功能：

① 路途引导交通信息提供系统。

② 与目的地相关的信息提供系统。

2）电子收费系统，是指为了解除收费公路收费站上的堵塞，实现无现金化，提高便利性，利用收费站处设置的天线和通行车辆车载装置之间的无线通信自动付费，使收费公路收费站非停车通行成为可能。主要服务对象为驾驶人员、运输企业、管理部门，它只有电子收费一个功能。

3）安全驾驶辅助系统，是指为防止事故，确保安全驾驶，通过公路上设置的传感器等收集路面情况等信息，并使其在公路与车辆之间传播，向驾驶人员发出“前方发生危险”等警告。另外，配合高度的车辆控制技术，以实现“自动回避冲撞”，进而实现“自动驾驶”的系统。主要服务对象为驾驶者，包括四个服务功能：

① 驾驶和道路信息提供系统。

② 危险警告系统。

③ 驾驶辅助系统。

④ 自动驾驶公路系统。

4）交通管理的最佳化，即通过路途诱导、信号控制等实现交通管理的最佳化。其主要服务对象为管理部门、驾驶者，包括两个服务功能：

① 先进的交通流控制系统。

② 交通事故通报系统。

5）公路管理的效率化，即通过提供特殊车辆管理、通行限制状况等来提高公路管理的效率。其主要服务对象为管理部门、运输企业、驾驶者，包括三个服务功能：

① 管理事务的高效化。

② 特殊车辆管理系统。

③ 道路危险信息通报系统。

6）公共交通援助系统，即通过提供公共交通运行状况等措施来提高公共交通的运营效率。其主要服务对象为公共交通使用者、运输企业，包括两个服务功能：

① 公共交通信息提供系统。

② 公共交通运行援助系统。

7）业务用车的效率化，即业务用车的运行管理援助系统，该系统是指为了提高业务用车的运输效率，减少业务交通量，提高运输安全，实时收集卡车、旅游车等的运行情况等，作为基础数据向运输事业公司等提供，从而援助运行管理的系统。主要服务对象为运输企业，包括两个服务功能：

① 商用车运行管理支援系统。

② 商用车连续自动运行系统。

8）步行者援助系统，是指为了形成使步行者，特别是高龄者、残疾人等行走不便的人们能够安心利用的、安全、舒适的道路环境，利用携带的终端机等装置就现在所处位置、设施和路线等，为步行者提供援助的系统。其主要服务对象为步行者，包括两个服务功能：

① 步行路线指引系统。

② 车辆—步行者事故规避系统。

9）紧急车辆运行援助系统，即灾害/事故发生以及发生情况的自动通报和救援系统。主要服务对象为驾驶者，包括两个服务功能：

① 紧急情况自动通报系统。

② 紧急车辆线路诱导/救援活动支援系统。

2. 欧洲ITS系统

欧洲的ITS研究开发是由官方（主要是欧盟）与民间并行进行的。同时，由于欧洲的国家大部分很小，因此，ITS的开发与应用是与欧盟的交通运输一体化建设进程紧密联系在一起的。1969年欧共体委员会就提出要在成员国之间开展交通控制电子技术的演示。自1986年以来，西欧国家主要是在“欧洲高效安全交通系统计划（PROMETHEUS）”和“保障车辆安全的欧洲道路基础设施计划（DRIVE）”两大计划指导下开展交通运输信息化领域的研究、开发与应用。

1）欧洲高效安全交通系统计划是欧洲研究协调局领导下，主要由汽车制造企业和供应商联合组织的研究计划。它是私营企业间组织的计划，并且主要是从车辆方面研究智能运输系统的建设。该计划于1987年正式启动，为期7年，研究试验项目分为以下几个领域：

① 视觉增强技术。

② 摩擦力监视和车辆动力学控制系统。

③ 车道跟踪保持技术。

④ 视野范围内的监视技术。

⑤ 驾驶员状况监视技术。

⑥ 避撞系统。

⑦ 协同驾驶系统。

⑧ 自动化智能行驶控制系统。

⑨ 自动紧急呼救系统。

⑩ 车队管理系统。

⑪ 双向通信路线诱导系统。

⑫ 出行与交通信息系统。

1994年，欧洲高效安全交通系统计划进入结束期，各成员单位经协商后同意建立新一轮的研究计划——“欧洲运输机动化计划（PROMOTE）。该计划将涉及更广泛的综合交通运输系统问题，而不再只是集中于车辆系统，同时，还向公共部门开放，不再限于企业范围。

2）保障车辆安全的欧洲道路基础设施计划是欧盟根据其“研究与发展框架计划”分阶段组织的大型研究开发计划，旨在通过改善道路交通基础设施来提高安全性、运输效率以及减少环境污染等。该计划于1988年发出第一阶段的项目申请，目前已完成三个阶段的工作，其主要研究内容有如下:

① 交通需求管理。

② 出行与交通信息。

③ 综合城市交通管理。

④ 综合城间交通管理。

⑤ 驾驶服务与辅助驾驶。

⑥ 货运与车队管理。

⑦ 公共运输管理。

⑧ 网络管理、运行与控制。

⑨ 车辆控制。

⑩ 集成与评价。

⑪ 支持问题。

从研究结果来看，欧洲的研究领域和系统功能与美、日大致相同，但它不是以一整套统一的用户服务为起点和依据，而是在不同系统结构研究项目成果基础上进行分类和集成的。这种自下而上的建立结构方式与美国和日本相比有所不同，其效果和质量也将有所不同，在国际标准化的过程中，它们之间将发生竞争并相互影响。

小　结

ITS的开发也将以诸多信息通信、汽车方面的新技术开发为支柱，创造出众多的新兴产业，进而形成巨大的市场。根据日本道路交通车辆智能化推进协议会的试算，仅就导航系统的开发，到目前就已创造出20亿美元规模的市场。随着今后ITS的推进，以车载装置为主，在信息收集机器、信息发送机器等电子、通信、汽车等领域，预计今后20年ITS整体将创造出5000亿美元的巨大市场。因此，对于企业来说，这也是很有潜力的事业领域。目前，推进 ITS 支柱的主要项目包括自动公路系统 AHS、不停车自动收费系统 ETC、公路交通信息通信系统 VICS 等。

10.3 智能运输系统在物流中的应用

学习目标

1. 了解电子商务下的物流要求
2. 理解智能运输与物流管理的关系
3. 理解智育运输系统在物流中的应用
4. 了解智能物流运输系统的基本框架

案例导入

通过学习司机老张对智能运输有了一定的了解，也知道一些大型物流企业，由于业务需求，在全国许多城市中设有运输节点（分支机构），在货物运送过程中，经常要求货物及时准确地到达目的地，而且要求尽量降低运输成本，他们成功地运用了智能运输系统，使运输效率大大提高。他们是如何实现的？

必备的理论知识

10.3.1 电子商务时代下的现代物流

在电子商务时代，要提供最佳的服务，物流系统必须要有良好的信息处理和系统，使商品在几乎不停留的情况下快速流动、直达目的地。这样才能基本上实现“零库存”，充分降低商品库存成本和风险，实现比较好的经济效益，现代物流业由此应运而生。现代物流包括运输、仓储的合理化和系统化，加工配送的一体化及信息管理的网络化等，国外一般在大型的配送公司里，往往建立了 ECR（有效客户信息反馈）系统，有了它就可做到客户要什么就生产什么，而不是生产出东西等顾客来买。这样，可使仓库的吞吐量大大增加。配送不仅实现了内部的信息网络化，而且增加了配送货物的跟踪信息，从而大大提高了物流企业的服务水平，降低了成本，自然也增强了竞争力。这种物流配送能使商品流通智能化、社会化、使货畅其流，物尽其用，既减少生产企业库存，加速资

金周转，提高物流效率，降低物流成本，同时又刺激了社会需求，有利于整个社会的宏观调控，也提高了整个社会的经济效益，促进市场经济的健康发展。

10.3.2 智能运输与物流管理的关系

降低货物运输成本，缩短货物送达时间，随时掌握货物在途中的状态，是整个物流运输管理中的重要环节，近年兴起的智能运输恰恰能满足货物运输这些方面的需求。智能运输系统 ITS 的核心是应用现代通信、信息、网络、控制、电子等技术，建立一个高效运输系统。这些技术的成功应用能够使人和物以更快、更安全的方式完成空间移动，显著地减少交通事故，缓解交通拥挤，智能运输与物流都具有信息管理网络化、实时化的要求。将智能运输技术与物流管理有机地结合起来，一方面智能运输为物流管理创造了一个快捷、可靠的运输网络，降低了物流成本；反过来物流管理也为智能运输产品与服务开辟了一个巨大的市场，可促进智能运输的发展，两者的结合面是运输信息的管理与服务。如表 10.1 所示，为 TS 可向物流企业提供的服务内容。

表 10.1 ITS 可向物流提供的服务

ITS 功 能	服 务 内 容
提供交通信息、气象信息等	可以向运行车辆和物流企业提供区域性的实时信息
提供电子地图及地理信息系统	可以同时纳入车载装置（终端），安装在物流企业，并提供廉价的经纬度、位置、单位、电话号码等信息查询
提供路线选择咨询	可以为运行车辆提供最短路线的引导，而且还可以辅助物流企业多客户循环路线的优化配车管理
提供车辆位置信息	可以向驾驶员提供车辆的准确位置信息，并同时将该高精确的位置信息传递给物流企业
具有双向通信系统	提供与手机、MCA 无线电系统、卫星通信等多种媒体相适应的多通道车载信息服务

10.3.3 智能运输系统在物流管理中的应用分析

ITS 通过技术平台可向物流企业管理提供的服务主要集中在物流配送管理和车货集中动态控制两方面，如提供当前道路交通信息、线路诱导信息，为物流企业的优化运输方案制定提供决策依据；通过对车辆位置状态的实时跟踪，可向物流企业甚至客户提供车辆预计到达时间，为物流中心的配送计划、仓库存货战略的确定提供依据。

如图 10.7 所示，可知在现代物流发展过程中，主要可在以下四个方面利用智能运输技术：

1）移动信息技术为了将移动的车辆信息纳入物流运转的信息链中，则需要使用移动信息系统，该系统和物流企业的信息中心构成统一的整体，确定的合同数据、运输路线数据、车辆数据和行驶数据都需要进行收集、存储、交换和处理。将货运车辆纳入信息链所采用的主要手段是在车辆上配置（便携式）计算机或专门开发的信息处理和无线发射与接收装置。

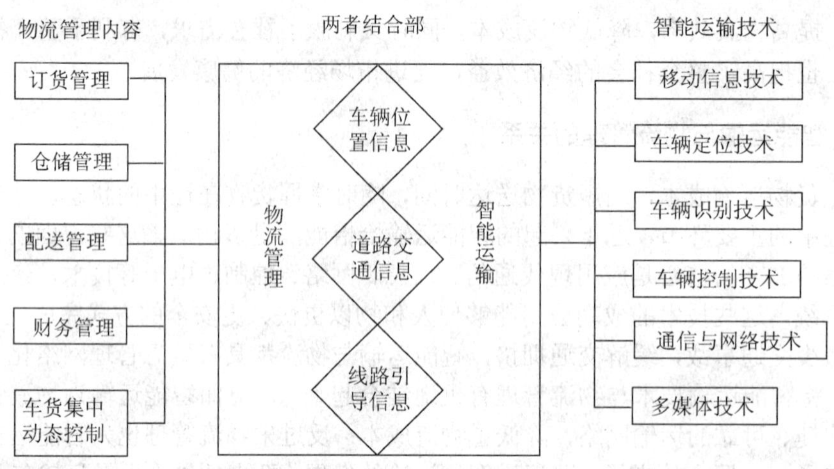

图 10.7　智能运输与物流管理界面

2）车辆定位技术车辆的实时定位，有助于物流控制中心在任意时刻查询车辆的地理位置并在电子地图上直观地显现出来，动态掌握车辆所在位置可帮助物流企业优化车辆配载和调度。

另外，车辆定位技术也是搜寻被盗车辆的一个辅助手段，这对运输贵重货物具有特别重要的意义。GPS 技术是车辆定位最常见的解决方案，对于网络 GPS 的用户，还可使用 GSM 的话音功能与司机进行通话或使用安装在运输工具上的汉字液晶显示屏，进行汉字消息收发。驾驶员按下相应的功能键，将需要了解的道路交通情况的请求和当前运行状况信息反馈到网络 GPS，网络 GPS 工作站管理员在显示屏上确认后，可传送相关信息，同时也了解并控制整个运输作业的准确性（如发车时间、到货时间、卸货时间、返回时间等）。

3）车辆识别技术借助电子识别系统，使运输中的货物可通过一个号码与特别的信息加以区别，方便运输途中时间及地点的跟踪与监控。还可以与其他系统衔接，用于控制物流中运输、转运、代销和存储过程。

4）通信与网络技术在现代运输网络中，越来越多地需要远程输送与交换数据。采用标准化电子数据交换（electrical data interchange，EDI）信息网，可使数据具有较好的兼容性与适用性，有利于加速信息流程，降低手工输入错误率，减少纸张需求，使数据易于检验等。远程数据通信可利用专门的数据交换网（如 X．25），也可借助于互联网（Internet）。由于互联网络具有低通信成本、高互联通率的优点，近年来越来越多的货运企业把互联网作为数据交换台，进行数据通信。基于网络的及时、准确的信息传递保证了物流系统高度集约化管理的信息需求，保证了物流网络各节点和总部之间以及各网节点之间的信息充分共享。它能够使物流企业实时地掌握运输计划和仓储计划的执行情况、货物在仓库和在途情况，准确地预估货物的销售和库存情况，从而组织新一轮的生产资料采购和生产过程。同时它能够使第三方物流企业在最短时间内获得客户的采购或供应信息，并及时作出响应，实现整个物流系统的高效运转。

10.3.4 智能运输系统在现代物流中的应用

ITS 主要应用于物流中的货物运输和配送活动，为现代物流活动带来巨大变化，表现为通过提高运输的效率和安全性来实现物流的效率化和最优化，最终达到物尽其用、货畅其流的目的。ITS 的应用，对现代物流的作用主要有以下几个方面：

（1）实现物流的畅通

在物流运输和配送过程中，往往由于物流车辆的驾驶员对路网中的交通拥挤、交通事件（如灾害、事故、重大事件的交通管制等）等信息不能及时获取，导致货物在途的时间延长以及道路的通行能力急剧下降，从而出现物流成本上升、效率下降、服务水平降低、环境污染加重等一系列问题。据统计，美国由于交通延误导致的经济损失每年可达 500 亿美元。随着我国经济的发展，每年由交通延误导致的经济损失也在逐渐增加，交通运输的瓶颈严重地制约我国物流业的发展。通过对 ITS 技术的应用，可及时有效地为物流运输的驾驶员提供实时的交通信息，使他们避开拥挤的路段来尽快完成运输和配送任务，从而实现物流的畅通，同时也有助于提高路网的通行能力，减少交通阻塞的发生。

（2）实现物流能耗的降低和物流快速化

当驾驶员在获取有关路段交通信息后，为避开拥挤路段，需要及时地调整其行驶路线以便在客户需要的时间内尽快完成任务，如果没有 ITS 技术的支撑，几乎不可能对物流车辆进行实时的配送路径规划和诱导，这样就不可避免地导致由于运输路线的不合理（例如配送中的迂回运输）而造成物流能耗的增加，更严重的是，有可能由于货物在途时间的增加而致使货物不能按期送达客户，由此产生物流服务信誉危机问题。通常，在同样的情况下，通过动态诱导的驾驶员平均比未被诱导的驾驶员要少用 10%的驾驶时间。因此来讲，在现代物流中应用 ITS 技术有利于降低物流的能耗和实现物流的快速化。

（3）实现物流的安全性

物流安全性的实现对提高物流的效率和服务水平有着重要的作用。ITS 技术最大的贡献之一就是为车辆的安全行驶提供了保障，运输车辆的安全行驶是物流安全性的基础。物流管理者通过车辆跟踪和定位可实时地对在途货物进行监控，这样使物流管理者容易实现对物流的全程跟踪，利于保证运送货物的安全性，也利于对驾驶员进行监督。此外，在在途车辆或货物出现意外情况时，能使物流管理者根据监测到的信息迅速做出应对决策，使物流损失减到最低限度。

（4）有利于提高物流效率

物流快速化和实时调度是提高物流效率的有效途径。随着消费者消费观念的变化，物流的需求呈现出个性化和多样化的趋势，要求实现多品种、多频次和零库存的物流服务，传统的物流技术很难实现，ITS 技术对这一要求的实现提供了新的思路。ITS 技术实现了安全、快速、高效的运输，这为物流“零库存”的管理模式准备了条件。物流管理者对运输车辆的实时调度能充分满足消费者对物流需求适时变化的需要，例如，物流中心根据货物配载系统提供的信息为在途车辆提供货源信息，以降低车辆的空返率；再如，当消费者对已发货物的需求有变动时，物流中心借助于 ITS 技术可对需要改变行程的车辆进行及时调度，以便在消耗最低的情况下尽可能提高物流效率等。因此，ITS 技术从根本上说有利于提高现代物流的效率。

知识链接

物流企业智能物流运输系统应用

1. 物流企业智能物流运输系统的基本框架

对于第三方物流企业，其业务的核心为客户提供生产（流通）供应链管理服务。随着物流服务社会化程度的提高，优化的市场物流管理模式是建立区域的物流交易中心，借助先进的信息技术，通过合理的技术平台，变信息封闭型为开放型，变信息单方向、单通道传送为双方向、多通道的传送，使货运市场的信息资源在共享的基础上得到优化利用。在智能运输系统的辅助下，使货物运输全过程始终处于动态控制中、达到社会物流优化目标。典型的第三方物流企业的智能运输系统的框架，如图 10.8 所示。该系统的基本功能有:

1）收集市场业务信息。主要来自于两方面：其一通过通信网络和 EDI，接收运输市场的交易信息，参与货物运输“标的”竞标，中标的货物业务即进入本企业的数据库；其二通过客户服务系统，取得长期、固定客户的业务需求信息，也同样集中存储于数据仓库中。

2）取得道路交通信息。通过通信网络和 GPS，利用交通控制中心的资源，取得运输网络上的道路交通状态信息和企业车辆位置信息，实现对车辆的动态跟踪。设置信息咨询服务器，一方面供企业生产管理决策之用，另一方面结合车辆载货信息，向客户提供货运动态信息。

3）可视化管理平台，是物流企业车辆运用计划、运输方案优化、车货动态控制等工作平台。需要开发相应的软件，实现计算机辅助决策的功能。

4）仓储管理、财务管理和客户服务子系统，是企业对客户实行全程供应链管理的必要组成部分。也需要开发相关的软件，与运输调度功能相结合，构成完整的智能物流运输系统。

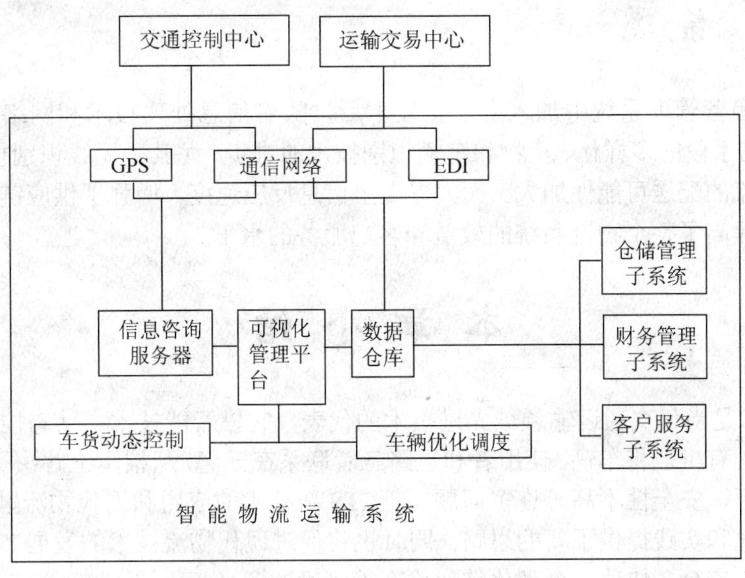

图 10.8 智能物流运输系统框架

2. 成功案例

当前，中国经营水平较高的物流企业，大都实现了业务管理计算机化。上海浦菱储运有限公司就是一家中日合资的物流企业。主要经营进口的或中日合资企业生产的家电产品（如电视机、电冰箱、洗衣机等）的全国配送业务。在全国的城中市设有 18 个运输节点（分支机构）。该公司基于 Internet 开发了运输/仓库管理系统. 在上海总部设立了信息中心，通过 Internet 对各分支机构进行统一管理。在公司所属的 50 辆长途厢式货车上安装了 GPS 定位装置，每隔一定时段（如 1 小时）总部可以对车辆的当前位置进行确认。需要时，可通过 GSM 与司机进行联系，下达指令或了解发生的问题，客户可以用公司提供的用户密码登录该管理系统，进行有关信息查询。显然，该公司的运输地库管理系统，仅是生产管理系统，要实现物流管理智能化尚需在这几个方面进行完善：

1）订单信息电子化。将客户货运需求信息以电子订单方式，通过 Internet 传递至公司信息中心，直接进入仓库数据库。

2）开发运输调度计算机辅助系统。在信息电子化的基础上，通过开发运输决策支持系统，实现车辆运用方案优化制订。

3）开发财务管理子系统。该系统除完成企业内部的经济效益和成本核算外，还能通过网络与客户实现合同处理与费用结算，提供 B2B（business to business）的电子商务服务。

小　　结

在传统运营管理系统中加入上述新技术后，随着信息处理技术和网络化技术的进步、移动通信手段的多样化、货物和车辆识别技术的进步、尤其是无线识别技术的进步，统一管理物流的配送可能性加大。大大提高了信息反应速度，增强了供应链的透明度和控制能力，提高了整个物流系统的效益和客户服务的水平。

本 章 小 结

ITS 技术是当代交通运输领域先进技术的代表，它以智能技术、动态控制技术和信息技术为基础有机地将车辆、使用者和道路三者联系在一起，从根本上解决了交通拥挤、运输效率低下、安全性不高等许多问题。把 ITS 新技术的应用和现代物流融合在一起，为物流的研究和实践提供了新的思路，同时也将促进现代物流技术的发展。这将对实现物流的高效、安全、快速、合理化的运输有着深远的意义。

思考与练习

1. 什么是智能运输系统？
2. 以美国为例，目前的 ITS 系统主要由几部分组成？
3. 智能运输与物流管理的关系是什么？
4. ITS 技术对现代物流中的作用是什么？

小组模拟仿真

（要求小组讨论，并将活动成果以小组为单位提交电子作业）

智能运输系统

1. 活动要求

1）分析当前交通运输拥挤的主要原因是什么。
2）解决交通拥挤现象的传统方法有哪些？存在什么弊端？
3）目前世界上解决交通问题的最佳方案是什么？

2. 活动要求

为了能够充分展示自己的观点，可用一些相关的图片资料。

3. 活动目的

通过活动，谈谈你对未来的交通有何设想。

4. 作业展示及点评

考核评分见下表。

考核评分表

考评小组		被考评小组	
考评地点		考评时间	
考评内容	智能运输系统		
考评标准	内容	分值	实际得分
	功能齐全，设计合理	60	
	标志形象，美观大方	30	
	整体内容连贯，素材运用得当	10	
合　　计		100	

注：考评满分为100分，60～74分为及格；75～84为良好；85分以上（含85分）为优秀。

参 考 文 献

鲍吉龙，江锦祥. 2004. 物流信息技术. 北京：机械工业出版社

陈健. 2000. 管理信息系统. 北京：石油工业出版社

李建成. 2005. 现代物流概论. 北京：中国财政经济出版社

李平，赵丽华，马丽. 2005. 管理信息系统. 北京：清华大学出版社

王世文. 2006. 物流管理信息系统. 北京：电子工业出版社

钟雁. 2006. 管理信息系统开发案例分析. 北京：清华大学出版社

http://210.41.4.20/

http://5s5w.dahe.cn/shtmlnewsfiles/ecomnews/466/2006/20061103_145531.shtml

http://china-56.net

http://tech.163.com/school/

http://tech.tom.com/zhuanti/ jialiluejihua.html

http://www.365tj.com

http://www.56b2b.com

http://www.5s5w.com

http://www.china-barcode.cn

http://www.code128.net

http://www.dianzinet.com

http://www.microsoft-isv.com/solution/serve_supermap.asp

http://www.rfidchina.org/

http://www.stkeda.com/companypage1/GeoInfo/Rain.aspx

http://www.systron.com.cn/txm-15.htm

http://www.ztrfid.com